AF234575

Luis López Molina

SOBRE RAMÓN GÓMEZ DE LA SERNA

Prólogo de Laurie-Anne Laget

Albert editor
colección aiR / nº 2
Asociación Internacional Ramón Gómez de la Serna

Luis López Molina
Sobre Ramón Gómez de la Serna
Prólogo de Laurie-Anne Laget

de los textos
    Luis López Molina

del Prólogo
    Laurie-Anne Laget

cubierta y cuidado editorial
    Albert editor
    www.albert-editor.com
    juan.juancarlos@gmail.com

depósito legal
    M-7577-2024

ISBN
    978-84-127150-9-5

impresión
    imprimelibros.com

Índice

Apéndices

Luis López Molina,
atento lector de Ramón Gómez de la Serna

Este segundo volumen de la Colección de la aiR (asociación internacional Ramón) es un feliz doble homenaje: por
una parte a Ramón Gómez de la Serna, cuya obra —amplia
y polifacética, la cual, no obstante, se nos aparece como
profundamente coherente y modern(izador)a— es objeto de
todos los ensayos aquí reunidos, y por otra al autor de todos
ellos, Luis López Molina, una de las voces críticas que desde
la temprana fecha de 1981 se ha dedicado al minucioso
estudio de la obra literaria y ensayística de Ramón. La
publicación de este volumen viene a reconocer el valor de una
de las voces críticas claves en la recuperación de la figura de
Ramón después de su muerte.

Desde 1981, como recuerda el propio López Molina en
uno de los ensayos de este libro ("Un aspecto de la creatividad
léxica ramoniana"), su labor ha estado en diálogo con las
distintas etapas por las que han pasado los estudios
contemporáneos sobre Ramón, que arrancaron con los libros
de Luis Sánchez Granjel y Gaspar Gómez de la Serna (ambos
de 1963), que ofrecían un recuento de la vida y obra de
Ramón, así como, en la década siguiente, los ensayos de José
Camón Aznar (1972) y Francisco Umbral (1978) que
presentaron sendas lecturas personales del conjunto de la obra
ramoniana.

Habría que añadir que, en paralelo a estos ensayos, se inició
una recuperación desde la academia, y en especial desde el
hispanismo norteamericano, a través de las primeras tesis
dedicadas a la prosa ramoniana (después de las dos pioneras
de Rodolfo Cardona y Vilma M. Bornemann, realizadas en
los años 1950), con un énfasis en las greguerías: Richard L.
Jackson defendió en 1963 la teoría de la greguería como
género literario nuevo; diez años después, Miguel González-
Gerth consideró la greguería como una variación del aforismo
y, en 1980, Teodoro Llanos Álvarez propuso un estudio del
origen y de la evolución de la greguería y Bernard Barrère de
la obra periodística del primer Ramón desde una perspectiva
sociológica. En esta línea, Luis López Molina publicó en 1981
el primer artículo aquí recogido, que sigue siendo una
referencia imprescindible para los estudiosos de la greguería,
por conseguir «poner en la nebulosa [de las greguerías] un
mínimo de orden» (p. 34). También fue el inicio de una serie
de trabajos suyos sobre la greguería, que se pueden leer en
este libro y que culminarían con la edición de *Greguerías
intratextuales*, en 2007.[1]

No obstante, la obra crítica de Luis López Molina va
mucho más allá de la greguería. De hecho, el presente libro,
que tiene el enorme valor de reunir unos ensayos hasta ahora
diseminados en libros y revistas publicados a lo largo de más
de dos décadas, ofrece un auténtico panorama de la obra de
Ramón Gómez de la Serna, al hilo de los centros de interés de
Luis López Molina, empezando, ciertamente, por las greguerías y los relatos cortos (es decir, las prosas fragmentarias

---

[1]   Ramón Gómez de la Serna, *(Greguerías) intratextuales*, ed. Luis López
Molina, Madrid: Albert editor, 2007.

tan características de un Ramón «pionero en cuanto cultivador de estas formas narrativas condensadas al máximo»),[2] siguiendo con el biografismo, luego con una serie de calas en la ingente obra periodística de Ramón (en particular, las decenas de relatos breves que publicó en los años veinte y treinta en varias revistas señeras como *La Esfera, Revista de Occidente*, o *La Gaceta Literaria*, que reflejan la variedad de publicaciones de la época en las que colaboraba Ramón, desde títulos populares de Prensa Gráfica hasta revistas de ambición marcadamente intelectual o literaria), sin olvidar la escritura teatral que el autor experimentó antes de dedicarse a la narrativa, para concluir con una valiosa propuesta de visión global de la obra ramoniana en los dos ensayos finales. En este sentido, el presente libro es un recordatorio de la complejidad y riqueza de la obra ramoniana, así como de su evolución a lo largo del tiempo. En efecto, los ensayos de Luis López Molina abarcan las distintas épocas creativas de Gómez de la Serna, desde la fase de experimentación, que incluye la formación simbolista del Ramón más temprano en la revista *Prometeo* y en sus primeras obras teatrales, hasta la madurez (la de *Automoribundia* y de las *Greguerías*), pasando por la edad de oro del Ramonismo, que corresponde a los años veinte y treinta, aquí ampliamente representados a través de los distintos ensayos sobre la narrativa ramoniana. Este recorrido permitirá a los lectores descubrir o redescubrir títulos conocidos y menos conocidos (como, por ejemplo, *La abandonada en el Rastro* que Luis López Molina considera

---

[2]   Recordemos aquí que Luis López Molina es el editor de una antología de *Disparates y otros caprichos*, en 2005 (Palencia: Menoscuarto ediciones). La cita está sacada de la contraportada de este libro.

como «relato ramoniano arquetípico»),[3] imágenes e ingenio-
sidades ramonianas de la mano de uno de sus lectores más
atentos.

Porque lo que este libro nos presenta es la visión
personal de Luis López Molina sobre la significación de la
obra ramoniana, que se revela a lo largo de los ensayos como
no sólo extremadamente variada y fecunda, sino innovadora
por su capacidad de superar las convenciones literarias. Son
especialmente elocuentes en este sentido los trabajos
dedicados a las acotaciones escénicas en el primer teatro
ramoniano (cuya estilización analiza Luis López Molina
como un modo de ir más allá de su mera función práctica,
«resulta[ndo] más bellas que aplicables a la realización
escénica», p. 338) o a la subversión de la trama narrativa en
los relatos cortos de los años veinte y treinta, que Luis López
Molina asocia con la dinámica de la asociación libre (p. 121).
Ante el conjunto de una obra que, como señala acertadamente
el ensayo que cierra este volumen, exige «una acomodación
cambiante de la mirada crítica», Luis López Molina nos
ofrece su lectura minuciosa, desde la profunda admiración y
el sincero interés por Ramón Gómez de la Serna, que no
impiden que sus estudios se desarrollen con un total rigor
metodológico y una mirada crítica. Así, por ejemplo, no duda
en denunciar las «precipitaciones de juicio», como la supuesta
«incapacidad genérica» de Ramón (p. 159), que Luis López
Molina lee acertadamente como una manera de «desmantelar

---

[3]   De nuevo, no se nos puede olvidar que Luis López Molina es un gran
conocedor de *El Rastro* —que incluyó el relato *La abandonada...* en su
segunda edición—, del que propuso una magnífica edición en 1998 (Madrid:
Espasa Calpe).

los géneros [heredados] para llevarlos a su terreno propio»
(p. 84), o el concebir la obra de Ramón como una sucesión de
greguerías (que no hay que confundir con la «sintaxis
greguerística», entendida como puntillismo sintáctico, p. 73).

Un interés especial de Luis López Molina es la creación
léxica ramoniana, desde la convicción de que el «reconstruir
un ideario lingüístico [ayuda] a la interpretación correcta de
su quehacer literario» (p. 50). Para ello, López Molina se basa
en ensayos de Ramón como "Las palabras y lo indecible"
(1936) y procede a varios esmerados inventarios de neologismos ramonianos. Es, por cierto, llamativo releer el
primero de los ensayos dedicados a este tema (que se publicó
originalmente en 1982), porque se puede comprobar que, de
las palabras recogidas por Luis López Molina, muchas ya han
entrado a formar parte del diccionario («disolvencia», «funambulesco», «gelidez», «lucernario», «miraje», «sosería»).
Aunque todavía quedan ramonismos expresivos. Valga un
pequeño botón de muestra deleitoso: «abigarración», «abruptidad», «energumenal», «ineditez», «misteriorizar» o «movimentación».

Con toda la razón Luis López Molina afirma que la obra
ramoniana reclama un lector no solo atento sino «tenaz»
(p. 235) por su fecundidad, su reivindicación de la
imperfección («la perfección del balbuceo» evocada en *El
Rastro* aparece varias veces en este libro), su mezcla de
observación y de desbordamiento imaginativo. Y tenemos
que agradecerle a Luis López Molina sus reflexiones y
aportaciones sobre Ramón Gómez de la Serna, quien «ve el
mundo como un inmenso sistema de correspondencias»

(p. 375), afirmación que no podemos sino poner en relación con la mirada sobre Ramón del propio López Molina en la interpretación del conjunto de la obra ramoniana que nos ofrecen estos artículos, por fin reunidos.

Laurie-Anne Laget
(Universidad de la Sorbona, IUF)
París, 11 de marzo de 2024

Sobre Ramón Gómez de la Serna

Nebulosa y sistema en las greguerías ramonianas

0.   Este trabajo tiene una doble finalidad: proponer unos criterios de clasificación funcional de las greguerías ramonianas e intentar un acercamiento a la índole de su significado intelectual y estético. Para redactarlo me he basado en mis impresiones de lector atento, conceptualizándolas y sistematizándolas *a posteriori*. He procurado siempre proceder de manera inductiva y con una actitud de sometimiento estricto al texto. Se echará de menos la referencia a determinados estudios anteriores. Ello no implica en ningún caso menosprecio ni tampoco, las más veces, ignorancia. Simplemente, he aspirado a la coherencia procurando encontrarla en mi propia visión. En otro momento espero volver sobre el tema y utilizar en mayor medida, para contraste y mejora de los míos, los juicios de quienes me han precedido.

Dicho esto, conviene hacer otras dos precisiones asimismo de orden metodológico: 1ª) al no serme hacedero establecer una fechación sólida de las greguerías, las he considerado sincrónicamente, en una supuesta simultaneidad;[1] 2ª) aunque lo crecido del número y lo irregular de la calidad reclaman la antología, como si se las selecciona en función del ingenio o de la belleza se aleja la

---

[1]   Ramón, nacido en 1888, cultivó asiduamente la greguería a partir de 1910.

posibilidad de entrever la trabazón del sistema que en su conjunto forman, las he considerado todas[2] al formular la clasificación tipológica y he elegido entre las mejores o más significativas los ejemplos que aduzco. Haciéndolo así, confío en haber conseguido un cierto equilibrio.

1.   Una primera distinción hay que llevarla a cabo entre las greguerías que son resultado del ejercicio de la facultad reflexiva o raciocinante y las que tienen lazos o expresan equiparaciones entre elementos de la realidad no solo distintos sino alejados y aun apuestos. A las primeras las llamo discursivas y a las segundas asociativas. Una tercera clase, más próxima a la segunda que a la primera pero deslindable de aquella, está constituida por otras greguerías que se generan en el interior del lenguaje mismo, como producto de su dinamismo interno; a estas las designo como verbales. Los tres macrotipos, que procuraré caracterizar y justificar, son susceptibles de jerarquización

---

[2]   Cf. *Total de greguerías*, Madrid, Aguilar, 1062. Este *Total*, de 1595 páginas, como suele ocurrir, no lo es. Pero sí constituye un corpus lo bastante extenso para que sea lícito sacar de él conclusiones. Es la fuente de casi todas mis citas. Además he utilizado: *Flor de greguerías*, Madrid, Espasa-Calpe, 1935; *Greguerías* (ed. Gaspar Gómez de la Serna), Salamanca, Anaya, 1969; y las contenidas en la parte V, pp. 497-667, de *Obras selectas*, Madrid, Plenitud, 1947. Siendo las greguerías unidades aisladas, prescindo en las citas de la indicación de página. Doy por conocida la significación de conjunto de la obra de Gómez de la Serna y de las teorizaciones de este sobre el género del que fue inventor (cf., sin embargo, pp. 19-80 en *Total de greguerías* o pp. 499-531 en *Obras selectas*). Para el concepto de *greguería* que ha llegado a generalizarse, véase *Diccionario de la lengua española* de la Real Academia (19*a* ed., s/v, acep. 2).

desde los puntos de vista cuantitativo y cualitativo. Me referiré por separado a cada uno de ellos y procuraré luego sacar conclusiones de alcance general.

1.1. *Greguerías discursivas.* Las incluidas en este epígrafe, no muy numerosas en total, consisten básicamente en consideraciones acerca de la naturaleza y sentido de la realidad. Falta en ellas, o es muy tenue, la conexión más o menso forzada de elementos que es propia de las asociativas. Destacan del conjunto las constituidas por juicios de valor sobre el hombre y la condición humana. En mi opinión, estas greguerías discursivas resultan imprescindibles para trazar la etopeya del escritor y para determinar su ideario estético. Ramón revela aquí su lado sombrío y desesperanzado, su preocupación obsesiva por la muerte y un pesimismo de doble filo: metafísico, relacionado con la inhibición ante la trascendencia,[3] e ideológico, ligado al desengaño de panaceas doctrinales y programas de reforma nacional.[4] Todo ello lo llevó, como es sabido, a refugiarse en un mundo de objetos familiares que lo aislasen de una circunstancia sentida como extraña u hostil y en el que prolongar hasta edad avanzada un retraimiento propio más bien de la adolescencia.[5]

---

[3]   Muy tardíamente derivará hacia lo religioso.

[4]   Este rasgo hace de él, desde muy pronto, un escritor puro.

[5]   Desde esta perspectiva adquiere también sentido la sexualidad peculiar de Ramón. Cf. estudios biográficos como el de Luis S. Granjel *Retrato de Ramón*, Madrid, Guadarrama, 1963, y el de Gaspar Gómez de la Serna *Ramón: obra y vida*, Madrid, Taurus, 1963. También, James H. Hoddie «El programa solipsista de Ramón Gómez de la Serna», *Revista de Literatura*, XLI, nº 82, 1979, pp. 131-148.

Ejemplos: «La vida o es aburrimiento o es perversión», «El gusano llega a mariposa a fuerza de arrastrarse», «Entre el hombre vulgar y el vulgo aún media un abismo», «Un mundo sin ilusiones es una frase anticipada que ahora es auténtica».[6]

Volviendo a la obsesión por la muerte, hay que señalar cómo la conciencia dolorosa del paso del tiempo, de su caducidad inevitable, inspira una serie de greguerías cuyo conjunto se dibuja con entidad suficiente. La muerte, final y abolición de la temporalidad humana, comparte aquí con esta su protagonismo: «El tiempo sabe a agua seca», «No desesperemos de esperar, el esperar agranda el tiempo», «El alba nos pasa la hoja», «Longevidad: saber dar largas al cobrador final». De múltiples maneras puede avivársenos la evidencia de ese transcurrir del tiempo, rasgarse el velo del olvido con que el ajetreo diario acalla el pensamiento de nuestro fin: «Hay una taza entre las tazas que será en la que pediremos la última tisana». En consecuencia, se invita a vivir el presente como única realidad a nuestra medida: «Nunca es mañana, siempre es hoy». En general, se aprecia una vigorosa resonancia estoicosenequista, filtrada a través de Quevedo, del que Ramón —téngase presente— fue biógrafo a su manera:[7]

---

[6]   El avance de las especializaciones, de la tecnificación y del consumismo no inspiran tampoco reacciones entusiastas: «Todo se especializa y un día leeremos: encuadernaciones para alérgicos», «La lucha está entablada entre el libro con un agujero y el sin agujero: entre el libro y el disco», «Las escaleras mecánicas llevan más deprisa hacia gastos más inútiles».

[7]   Ramón publicó su biografía *Quevedo* en 1953. Antes, en 1935, *Los muertos, las muertas y otras fantasmagorías*.

«No lo olvidemos: somos el rostro de nuestra futura mascarilla», «El primer sonajero y el hisopo final se parecen demasiado». En este concierto desolado solo una nota suena, si no alegre, incitadora; es lo que la muerte tiene de sorpresivo y auroral, de mundo nuevo inaugurado: «Todos seremos paletos de la muerte», «es tan inédita la muerte que el que va a morir inaugura la muerte como el primer muerto», «Las momias fueron fajadas como recién nacidos de la muerte».

Otras greguerías, entre las discursivas, expresan puntos de vista sobre la naturaleza y sentido del arte. Así como sobre el quehacer del artista. Su formulación, de tan concisa, puede hacerlas pasar desapercibidas pero, sin embargo, Ramón consigue en ellas sintetizar apretadamente y con eficacia lo que un lenguaje ensayístico al uso diría más por extenso pero no mejor. Son estas, según adelantaba arriba, las greguerías ilustrativas de su ideario como escritor. He aquí algunas muestras: «El arte no solo es no admitir lo inadmisible, sino exigir lo inexigible» (interpreto: el arte tiene la doble misión de arrinconar lo caduco y de dilatar la realidad con bellos añadidos), «De pronto se ve una cometa alta en el cielo y no se nota quién la tiene agarrada por el hilo; ese es el poeta» (o sea: la técnica no debe notarse, lo meritorio no es exhibir la dificultad sino vencerla), «El buen escritor no se sabe nunca si sabe escribir» (se añadiría: porque no ha llegado a amanerarse y todo en él es devenir), «El escritor quiere escribir su mentira y escribe su verdad» (es decir: en el fondo de sus ficciones revela su yo más profundo). Los ejemplos podrían multiplicarse.

También lo erótico resulta aquí clarificado. Es verdad que el mundo de las greguerías es en su mayor parte ajeno al amor. Poco de libidinoso, y nada de procaz, tiene cabida en él. Sin embargo, la sexualidad hace sentir a veces su presencia. Cuando esto ocurre, el tono es recatado, sin urgencias ni exhibicionismos. Su orientación es sectorial y fetichista, si cabe decirlo así, con dos focos de atracción: piernas-medias y senos-descote. Del primero podría servir de lema esta greguería: «Al roce de las medias de seda se enciende el fósforo del deseo». Del segundo, esta otra: «El sostén es el antifaz de los senos» (o sea: el que los hace, por semivelados, más incitantes). Las medias son *prólogo* de las piernas y *colador* o depurador de su belleza; ningún *pizzicato* es más sugestivo que el de la liga sobre ellas. En cuanto a los senos, *misterio móvil*, pueden alcanzar vida propia («Cuando se ahogó ella se escaparon sus senos al cielo, como dos burbujas ideales»), desplazarse por el cuerpo femenino («Hombros de dama: senos de carne y hueso») y ser imaginados donde menos se los esperaría: «Rosa: seno hacia dentro». En uno y otro caso, Ramón podría haber hecho suya la conocida afirmación de Antonio Machado de que el hombre realmente erótico no olvida nunca el vestido cuando piensa en la mujer.

1.2. *Greguerías asociativas*. Constituyen, con mucha diferencia, el grupo más numeroso y el más relevante en términos artísticos. También en ellas se manifiesta arquetípicamente la peculiaridad del humor ramoniano y la índole de su actividad subversiva y allanadora, a los que me referiré después.

Una greguería, muy expresiva de la excentricidad de su autor, dice: «Nadie está esperando a que le crezca un lirio azul en la cabeza. Yo, sí». Efectivamente, lo que se hace a lo largo de miles de greguerías es sobre todo postular un mundo en el que todo sea posible,[8] en el que los mecanismos rectores de la normalidad se paralicen y donde la asociación libre campe por sus respetos, como primer principio, omnipotente y omnipresente. Dicho de otro modo, se reivindica un mundo dominado por la «hermandad de las cosas», hermandad no estática o de mera yuxtaposición sino activa y dinámica, dado que en ella todo se mezcla con todo para sustituirlo o ser a su vez sustituido, estableciéndose relaciones, parangones o incluso identidades entre los elementos más alejados o discrepantes entre sí. Haciendo gala de un ingenio auténticamente formidable, Ramón baraja los seres y los objetos, forzando hasta el límite la elasticidad de lo real. E importa señalar que, en su conjunto, este complicado juego asociativo no es gratuito sino que tiene un carácter de revelación. Hombre *agudo* —según se lo entendía en el Barroco, es decir, superdotado para crear *conceptos*, llamando conceptos, con Gracián, a aquellos actos del entendimiento (aquí pondríamos más bien: de la percepción) que expresan las correspondencias que se hallan entre los objetos—, descubre relaciones y semejanzas insospechadas que nuestra visión, más rutinaria y obtusa, suele ser incapaz de aprehender. La idea no expresa de que la naturaleza es mejorable por el arte, de que este no ha de plegarse a lo preexistente reproduciéndolo sino aumentarlo por los medios que le son propios, se instala en la base de esta actividad. Y todo se inscribe sin esfuerzo en el

---

[8]   Este mundo es, por lo tanto, negación del otro: el nuestro de cada día. El mundo real, siempre constrictivo en mayor o menor grado, hace del hombre un enfermo crónico de alteridad.

entusiasmo de las vanguardias, se sintoniza con su fe en los poderes y en la autonomía del arte.

Una riqueza específica de las greguerías asociativas consiste en la pluralidad de maneras en que puede hacerse la comparación en la que consisten o en la que se basan. En los casos más simples hay mención expresa de los dos términos: «El elefante tiene orejas de planta de tabaco», «Xilófono: música a la parrilla». Un adjetivo o sustantivo precedido por *de* introducen la precisión complementaria requerida: «Grano de pimienta: ojo de pájaro picante», «Libélula: sacacorchos de las flores», «La hélice es el trébol de la velocidad». Cuando la complicación aumenta, solo un término alcanza mención expresa (en estos casos se ha de completar el dato que falta): «Los húsares van vestidos de radiografía» (omitido: *adornos del uniforme*), «El colchón está lleno de ombligos» (omitido: *botones de las bastas*), «La gallina llena el suelo de asteriscos» (omitido: *pisadas*), «El reloj se afeita pero se deja el bigote» (omitido: esfera lisa + agujas en determinado ángulo). En los casos más complejos ninguno de los dos términos es objeto de designación directa: «El huevo nos mira con su roja pupila interior» (*ojo / yema*), «Un chino inventó el gato» (*ojos oblicuos / pupila rectilínea*).

La comparación puede ser más o menos forzada, en cuanto al tamaño o función de los términos comparados o en la medida en que uno de ellos se deforma o estiliza. Véanse ejemplos. En cuanto al tamaño: «La lenteja con bicho es el más minúsculo reloj de cuco», «Cacahuetes con cáscara: féretros con pequeñas momias dentro», «La oruga del dentífrico». En cuanto a la función: «Las algas son los tirantes del mar», «Tanques: zapatones de la guerra», «Los peces son los abrelibros de la novela del mar».

Deformación o estilización: «La jirafa es un caballo alargado por la curiosidad», «El jabón gastado acaba en tarjeta de visita».

En las greguerías asociativas la relación no suele establecerse mediante nexos convencionales del tipo *ser como*, *parece* o *parecerse a*. Mucho más a menudo se expresa como identificación —«Los cangrejos son las espuelas del mar», «Patillas: musgo en la cara»— o como absorción de un elemento por otro: «Al lirio se le han saltado los puños». Una comparación expresa puede también contener otra tácita: «Velas de los balandros como servilletas de las copas del banquete del mar» (*vela / servilleta* contiene *superficie marina / tablero de mesa*). En rigor, lo que define a la greguería no es tanto hacer asociaciones como partir de ellas para afirmar algo que solo tiene sentido en la medida en que se les refiere: «Las cerezas tocan las castañuelas» (asociación de base: unión de dos en dos), «Boleadoras: virilidad del aire pampeano» (asociación de base: esfericidad). Hay casos más complejos: «La sandía es una hucha de ocasos» (asociaciones de *hucha / sandía* y *pepita / moneda* + asociación de color, no expresa, *pepita / ocaso*). En general, y cualesquiera que sean los procedimientos concretos aplicados, en estas greguerías seres, objetos, aspectos, actitudes, acciones, funciones y comportamientos se mezclan, encabalgan, interpenetran y sustituyen, produciendo las consecuencias más insólitas.[9] Todo ello con oscilación entre dos polos o índices ideales

---

[9]   El análisis más pormenorizado de estos procedimientos permitiría establecer una subclasificación que, para ser debidamente justificada y ejemplificada, requiere un espacio del que no dispongo ahora.

de derrotero: belleza poética («El ciprés es un pozo que se ha hecho árbol») y comicidad («Al cocinero negro no se le apaga el carbón»).[10]

1.3. *Greguerías verbales.* De alguna manera, estas greguerías no son esencialmente distintas de las aso-ciativas. Unas y otras comparten la complacencia en la relación sorprendente, no prefigurada, lúdica, niveladora, tendente a constituir, paralela a la realidad convencional, otra que, sin dejar de referirse a ella, la rectifica y prolonga. Ahora bien: para un escritor auténtico —y Ramón lo fue— el idioma es, además de referencia a la realidad, clausura, coto cerrado y autosuficiente. El trato y compromiso con él son demasiado absorbentes y exclusivos para que quepa negarles autonomía y relegarlos a una función subordinada. Además, en una estética que se quiere antirrealista —que lo sea o no y, si lo es, en qué medida, ya es otra cuestión— la palabra, «pábilo encendido de cada cosa», es también sustantiva, aspira a vida independiente. Así, mientras que las greguerías asociativas se encuentran al fin y al cabo ancladas en una objetividad cuyos elementos revueltos y reordenados impresionan de mil maneras imprevistas unos sentidos negados a la percepción perezosa y tópica, las verbales se vuelven de espaldas a esa misma objetividad. Ahora es el idioma el que, hermético, se constituye en reducto de otra actividad asociativa que no llega a rebasar los nuevos límites que le son impuestos. El idioma, así, se

---

[10]   Otros ejemplos de ambas tendencias: «Jarra blanca, paloma de agua», «El arpa ya es de por sí un ala», «Las varas de nardo son banderillas para toros blancos», «El mapamundi logra hacer con la tierra un par de huevos fritos», «Garbanzos, rodillas de explorador».

alimenta de su propia sustancia, se agota a sí mismo. Lo que ocurre es que, dicha de este modo, la cosa parece demasiado solemne y se trata de todo lo contrario, porque aquí sí que nos movemos en la intrascendencia plena. De acuerdo con ello, la actitud que adopta Ramón es unas veces la ingenuidad programática respecto del lenguaje —prescinde de la cultura y *se pone a verlo* como si fuera un niño, o un analfabeto, o un bobo— y otras su manipulación juguetona, armándolo y desarmándolo. En ambos casos, hay entrega sin resistencia a las sugestiones internas del vocabulario.

De acuerdo con esto, la mayor parte de las greguerías verbales se basan en la connotación. Tomo esta palabra en un sentido amplio y en general próximo al que admite la lingüística, que sería el siguiente: todo aquello que una palabra es capaz de evocar o de sugerir, de manera más o menos neta e imprecisa. El punto de partida suele ser alguna particularidad —forma de las letras, ortografía, sonidos, parecido con otra, etc.— desde la cual se dispara una consideración-asociación imprevista y por eso mismo cómica. Ejemplos: «Viernes: día picudo», «Se le pone otra h a Sánchez y es Shakespeare», «Picnic: pájaro de las excursiones», «Tataranietos: eso se canta», «La idiosincrasia es una enfermedad sin especialista», «La jaqueca es la coquetería del dolor de cabeza», «Grajo: palabrota con alas», «Admón de loterías es un nombre bíblico más que una abreviatura».

En otras ocasiones la greguería juega con la duplicidad de acepciones de una palabra, tanto las lexicalizadas como las que aún no lo están o se inventan. Ejemplos de lo primero: «Aquel agitador acabó moviendo cócteles en un bar», «El ateo no debería tener hueso sacro», «Contar la velocidad en nudos me parece un sistema retardatario». De lo segundo: «Artículo de primera necesidad: el que uno envía al diario», «El matrimonio es bilingüe: por eso muchas veces no se entienden los cónyuges». A veces, la bisemia se consigue yuxtaponiendo a una expresión lexicalizada una palabra que le presta nueva carga semántica: «peces: lenguas vivas», «Mujer: nubosidad variable».

«Cada palabra tiene un hueso incomestible: su etimología». No conforme con ello, Ramón le hinca el diente a su propio aserto para invalidarlo. Ignorando todo rigor gramatical, de nuevo en actitud de ingenuidad forzada, el juego consiste ahora en desmontar palabras para reconstruirles el sentido en función de unos presuntos elementos integrantes, inventándoles etimologías más o menos *populares*. Ejemplos: «Pandemónium: una tahona de demonios», «Monólogo significa mono que habla solo», «Cuando se dice luterano se ve a un caballero más enlutecido y severo que los demás mortales», «Cuando se dice los viandantes se ve a unos transeúntes que llevan las viandas a cuestas».

Otras greguerías, entre las verbales, se fundan, según el sentido corriente de la figura retórica que llamamos paronomasia, en el parecido fonético, ya sea etimológico o casual, de las palabras. Ejemplos: «Berenjena: nombre de reina» (se suple *Berenguela*), «Lo malo de La Bruyère es que tiene nombre de queso» (se suple gruyère).

Otro procedimiento de crear greguerías verbales se ejerce a partir de acuñaciones idiomáticas previamente lexicalizadas, sometiéndolas a un tratamiento peculiar. A la expresión consagrada se la modifica, sustituyendo alguno de sus elementos, se la retoca o se la prolonga. Procediendo así, se logra en todos los casos darle un sentido inesperado. Ejemplos: «Desvío amoroso: huelga de abrazos caídos», «¡Pobre! Hasta la memoria le era infiel», «Pie avizor: calcetín con agujeros», «Carterista: caballero de la mano en el pecho... de otro».

2. En literatura, cuando se afirma el valor de algo, cabe hacerlo desde una perspectiva histórica o refiriéndolo al tiempo presente. En este sentido, las greguerías exigen, desde mi punto de vista, enjuiciamientos diversos. Intentaré, pues, caracterizarlas diferenciadamente.

Las greguerías tienen hoy, por una parte, interés de época. Ayudan a entender la aventura personal de un hombre cuya obra literaria es central y señera en el panorama de las vanguardias españolas.[11] Lo cual, obviamente, contribuye a la mejor captación del perfil peculiar del novecentismo[12] y lleva como de la mano a poner de relieve el valor de las greguerías en cuanto a su aplicabilidad para el conocimiento de la historia española, o mejor de la intrahistoria, en la medida en que, más allá de lo personal, las envuelve una atmósfera colectiva. Precisaré: las envuelve a todas y no solo a las pocas que no

---

[11]   Cf. Francisco Umbral *Ramón y las vanguardias*, Madrid, Espasa-Calpe, 1978.

[12]   Emparedada entre dos generaciones, las de 1898 y 1927, sentidas como más definibles, la época novecentista ha resultado desfavorecida. Entre las aportaciones recientes a su conocimiento, Guillermo Díaz-Plaja *Estructura y sentido del novecentismo español*, Madrid, Alianza, 1975, y José Carlos Mainer *La Edad de Plata*, Barcelona, Los Libros de la Frontera, 1975.

se han vuelto anticuadas[13] al invalidarse las referencias que se instalan en su base misma. Lo que ocurre, en definitiva, es que en Gómez de la Serna había, como agazapado y vergonzante, un vigoroso escritor realista que, temeroso o impotente para serlo de manera acumulativa u orgánica, fragmentaba y barajaba sus materiales, procedentes de una capacidad privilegiadísima de observación, hasta el extremo de pulverizarlos y hacerlos objeto de las conjunciones más insólitas. A esto hay que añadir la índole colectivista de la empresa.[14] Porque Ramón supo sacar el máximo provecho de una experiencia cotidiana y comunitaria, es decir, compartida con mucha gente, lo que, por supuesto, no implica como toda esa gente ni con la misma escasa acuidad de ella.

Las greguerías destacan también por su humorismo y por la acción, a su manera subversiva, que en ellas se lleva a cabo. Comentaré brevemente ambas cosas.

Una conocidísima fórmula ramoniana —humorismo + metáfora = greguería— la más compendiosa de las definiciones del género, ha contribuido a la idea de que

---

[13]   Ejemplos: «La manga de hacer café es un gorro de dormir que se emplea como colador», «La reja es el teléfono de más corto hilo para hablar de amor», «A la perfecta turista la embellece la carbonilla», «La avispa es el moscardón en traje de baño».

[14]   Una greguería, de mucho sentido autobiográfico y que es toda una clave interpretativa, reza: «Solo el que no sabe ser turista en la ciudad en que vive necesita viajar». Ente urbano, ramón prodiga ironías contra el campo: «El campo le sienta muy bien al campo», «Campo: muchas pajas para el aperitivo y el aperitivo no aparece». En efecto, el mundo de las greguerías está anclado en la ciudad. Su urbanismo lo limita y define.

todo el conjunto de las greguerías se halla impregnado de comicidad. Sin que quepa negar la importancia del ingrediente, me atrevo a pensar que se le ha atribuido una importancia desmesurada. Más omnipresente está para mí la voluntad decidida de *desjerarquización* o nivelación de la realidad, a fin de poder combinar insólitamente sus componentes una vez que se los tiene a todos en el mismo plano, actividad que, si bien emparentada con la humorística, no llega a identificársele. Las greguerías propiamente cómicas —aunque, desde luego, existen— son más bien habas contadas. Suelen consistir en definiciones sorprendentes y en visión de cosas o situaciones desde una óptica inédita. Ejemplos: «Golf: juego para ratones que se han vuelto ricos», «Gran nombramiento: ser nombrado toalla del baño de Venus», «Iniciales: nombres vistos por una rendija o de perfil», «El polizón se ofrece a hacer de hélice cuando le pillan infraganti». Pero, junto a ellas, aparecen burlas, no exentas de tristeza, sobre las miserias materiales de la vida literaria (conocidas por experiencia) y comentarios amargos sobre nuestra condición de mortales: «La mayor ingenuidad del novel círculo literario es el nombramiento del tesorero», «Escritor: flor del aire», «Después de nudista se es huesista», «La tortícolis del ahogado es incurable», «Cuando se jubiló, el viejo burócrata se ponía manguitos para tomar la merienda» (en intento patético de recuperar el tiempo laboral, es decir, juvenil).[15]

En cuanto a lo subversivo, sería desenfocado —me parece— hablar aquí de desmitificación en el sentido que

---

[15] Estas greguerías se inscriben, con pleno derecho, en los repertorios de humor negro.

ahora solemos atribuir a esta palabra. Como tendencia general del conjunto que forman, se puede afirmar que en las greguerías se subvierte pero con tal de que se especifique acto seguido que al hacerlo la intención tiene más de lúcida que de vengativa o reformadora sobre todo en el plano moral. La religión, por ejemplo, no es tratada con irreverencia verdadera sino simplemente humanizada, incluyendo en la humanización cuanto de precario e incluso de ridículo hay en el hombre. Dicho de otro modo: se habla de ella con la misma despreocupación que si fuese una bagatela,[16] se la incluye como una cosa más en una visión del mundo que prescinde de todo énfasis reverencial. Lo mismo sucede con el universo y la naturaleza, y con los más sólidos prestigios de la cultura.[17] Todo ello, según postuló

---

[16]   El sentido valleinclanesco de la *bagatela* —«trato burlón de algo muy profundo»— viene aquí muy a cuento.

[17]   Ejemplos: «El alma sale del cuerpo como si fuese la camisa interior a la que le llegó el día de lavado», «El creador guarda la llave de todos los ombligos» (manera juguetona de aplicar la omnipotencia), «Vía Láctea: cenicero de colillas estelares», «Cuando cae una estrella parece que se le ha corrido un punto a la media del cielo», «Freud: teoría del ojal que se escapó en busca de un botón lejano», «La filosofía es el cuello postizo del pensamiento» (porque lo atiranta en sistema), «La intuición es como montar a caballo en un perro». La falta general de respeto por la realidad *establecida* y por el sistema de relaciones que rige en ella produce un subtipo de greguerías *correctivas* (de la obra humana o de la naturaleza), que señalan cómo en el mundo sobran unas cosas, faltan otras y abundan las que, por defectuosas o incompletas, necesitan corrección o retoque: «Si ha caído el rayo, el aviso del trueno sobra», «Todavía no ha inventado la naturaleza la fruta con cáscara de cierre relámpago», «Las croquetas deberían tener hueso, para que pudiéramos llevar la cuenta de las que

Ortega en *La deshumanización del arte*, corresponde a una voluntad general antimayestática, de desengolamiento y desafectación. Y, quizás ante todo, de renuncia al abstractismo, designio este último en el que veo una clave interpretativa importante. Porque efectivamente en Ramón, que en esto tenía mucho de primitivo (cf. 1.1), reinan los objetos y además él sabe arreglárselas para verlo y decirlo todo, o por lo menos casi todo, *objetivamente*.[18] El suyo es un mundo cuyo arquetipo podría ser el Rastro (*El Rastro* se titula una de sus obras maestras): un amontonamiento caótico de objetos erradicados, puestos en situación de disponibilidad forzosa, listos para instalarse en la confluencia de nuevas relaciones.

Pasando a una perspectiva de actualidad surge la pregunta de qué se puede esperar hoy de las greguerías. ¿En qué sentido puede ejercerse su influencia, si es que llega a ejercerse? ¿De qué manera pueden enriquecer la creación literaria de las últimas décadas del siglo XX?

Para mí, son las greguerías asociativas las llamadas a ejercer mayor influjo. Su máximo valor de conjunto lo veo en el hecho de que constituyen un formidable entrenamiento de la percepción y una depuración intensa de la sensibilidad. Casi se siente uno tentado a afirmar que

comemos», «Los trenes deberían tener rabo para que se agarrasen a él los que llegan tarde», «Al chorizo le faltan patitas para que pudiese correr y fuese un producto de caza».

[18]   Así lo ha señalado Francisco Ynduráin: «La atención casi obsesiva y obsesionante por las cosas constituye [...] el nervio de la obra de Ramón». V. «Sobre el arte de Ramón», en *Clásicos Modernos*, Madrid, Gredos, 1969, pp. 192-201. La cita en p. 200.

su lectura, paradójicamente, puede ser más útil para
pintores que para escritores.[19] De estos, tanto narradores
como poetas pueden inspirarse en ellas, y de los primeros
tal vez ante todo los cuentistas, en la medida en que el
cuento moderno emana muy a menudo de una impresión
difusa que se clarifica al dilatarse.[20] En cualquier caso,
siendo como son las greguerías unidades textuales
mínimas, literatura pulverizada, su influencia ha de ser
también puntual y de ningún modo constructiva. Esto
parece evidente.

En cuanto a las greguerías verbales, ha de vérselas
básicamente como perduración de un barroquismo que,
más o menos soterrado o adelgazado, nunca abandonó del
todo a Ramón. En una época como la presente —en que
para las masas domina el descuido respecto del idioma y

---

[19]   El mismo Ramón ya señaló el hecho de que algún pintor se había
inspirado en sus greguerías (cf. Prólogo a *Total*, p. 53). En este sentido
hay además que destacar las greguerías ligadas a la imagen, de las que
existen dos tipos: *a*) acompañan dibujos del mismo Ramón a los que
sirven de pie, sirviéndoles a su vez ellos de referencia explicativa; *b*)
sugeridas por la forma de los números y más a menudo de las letras: «El
9 es la oreja de los números», «La q es la p que vuelve de paseo», «La
ñ tiene el ceño fruncido», «La B es el ama de cría del alfabeto». El interés
de Ramón por las artes plásticas y su buen conocimiento de estas,
patentes en su gran libro *Ismos*, se sitúa en la base de todo.

[20]   Pienso, entre otras, en las greguerías que captan el espíritu de los
seres y de los objetos, desentrañando la peculiaridad del mensaje que
comunican. Ejemplos: «En el columpio abandonado está ahorcada toda la
alegría del jardín», «El puesto de naranjas consuela la calle del invierno»,
«Bajo la mantilla la rubia es morena sin dejar de ser rubia».

para los escritores la renuncia al *buen decir* tradicional y la absorción de niveles idiomáticos proscritos antes— pueden ser un incentivo, entre otros, a experimentar con las palabras.[21] El punto débil tal vez esté en su gratuidad, excesiva desde el punto de vista de una pesquisa del lenguaje más tensa e intencionada, como suele serlo la que hoy da el tono de la creación literaria.

3.   En todo caso, y cualesquiera que puedan ser su penetración e influencia posibles, una consideración de las greguerías en su totalidad obliga a poner de relieve lo irregular de su valor. Leyéndolas se asiste al espectáculo de una genialidad en dispersión. Bastantes son triviales; otras, muchas menos desde luego, confusas; algunas, pocas, desacertadas sin paliativos.[22] En general, están escritas tibiamente, con flojedad, en cuanto a tensión y designio de estilo. Apresada la asociación insólita, hecha la pirueta, Ramón suele descuidarse al verbalizar. Por eso, a despecho de la brevedad, en muchas greguerías hay lastre, sobran palabras. Es verdad que, al escribirlas, el autor otorga preferencia al nivel corriente del idioma, a lo que

---

[21]   Valdría la pena comparar en detalle las greguerías verbales ramonianas con las manipulaciones idiomáticas de escritores hispano-americanos como Augusto Roa Bastos y Guillermo Cabrera Infante, por ejemplo.

[22]   Un recuento minucioso, a lo largo de cientos de páginas, no arroja más allá de una treintena. Se peca por falta de originalidad («Gracias a lo que transpira el botijo el agua está más fresca»), o por vulgaridad y mal gusto («Los puentes están hechos para que escupamos desde su pretil», «El ósculo se diferencia del beso en que deja agujero»). Pero, insisto, son caídas muy esporádicas.

asentimos, pero luego no se cuida de potenciarlo.[23] De ahí que, en una lectura prolongada, la atención resbale y solo de vez en cuando la sobresalte un hallazgo de primera calidad. Doble y diferente admiración la que se experimenta. Si se considera el conjunto, por el formidable alarde de capacidad creativa que implica. Respecto de una selección (cada lector puede hacérsela a su medida), porque esta proporciona un resultado inscribible sin violencia entre los mejores logros de la literatura española de nuestro siglo.

4.   Llegado aquí, me asalta el temor de parecer demasiado cartesiano. Se me podría objetar que, por ser las greguerías una masa informe, cualquier intento de apresarlas en una malla de una clasificación es ilusorio. Y que, en todo caso, no es difícil, entre tantos ejemplos posibles, elegir un puñado en apoyo de cualquier parcelación. Pienso, sin embargo, que no es así, que lo intentado tiene sentido e invito al lector a comprobar por sí mismo la validez de estos criterios de vertebración. Como última disculpa haré notar que, en la literatura moderna española, nada se resiste tanto a ser sistematizado como las greguerías: unidades textuales mínimas y múltiples, sin contexto, que invitan a una lectura discontinua y desorganizada. De ahí precisamente que, por reacción, uno se sienta tentado a poner en la nebulosa un mínimo de orden.

---

[23]   Algunas greguerías expresan esta actitud: «¿Speaker o locutor? Pregonero», «Necrópolis: cementerio para pedantes». Podría dar otros ejemplos.

El donjuanismo
y las literaturas de vanguardia:
un ejemplo español

Someteré a vuestra atención algunas ideas sobre una manera moderna, española, de tratar el tema literario de don Juan. Para ello he elegido una obra, *El incongruente*,[1] de nuestro mayor escritor de vanguardia: Ramón Gómez de la Serna.[2] Esta novela, que el autor consideraba su obra más

---

[1] He consultado las ediciones siguientes: *El incongruente*. Novela grande, Madrid, Calpe (Los humoristas), 1922; *El incongruente*, Barcelona, Picazo, 1972 (prólogo de José Carlos Mainer); *El incongruente*, Buenos Aires, Albino y Asociados (Papeles de Ramón), 1979. Cito por esta última edición.

La primera edición (la de 1922) constaba de 37 capítulos, convertidos después en 41. «He añadido algunos capítulos que no han aparecido sino en la edición francesa de Jean Cassou y André Wurmser) y hoy aparecen por primera vez en español, aunque el titulado "En la playa de los pisapapeles" ha sido publicado en 1926 en Argentina, en la revista *Proa*», dice Ramón en la introducción a la edición de 1972, pp. 33-34. Los capítulos añadidos son: XIII "Detrás de los decorados de teatro"; XXVI "En la playa de los pisapapeles"; XXIX "Citación del Tribunal"; XXX A puerta cerrada"; XXXVI "Su retrato en el salón". En cambio, el capítulo XXXIV de la primera edición, "Otra mujer de París", ha sido eliminado.

[2] Nace en 1888 y muere en 1963. *El incongruente* corresponde al comienzo de su período de madurez como narrador.

innovadora,[3] me parece digna de ser destacada desde el punto de vista del tema que nos hemos propuesto desarrollar aquí.

1.   Si a la vasta producción narrativa de Ramón[4] se le aplican criterios de interpretación y de evaluación emanados de la fórmula "realista", casi no se puede sino hacerle reproches. La indeterminación del ambiente, la intemporalidad, el esquematismo, el estilo deshilvanado, la inconsistencia psicológica de los personajes, la ausencia de estructura, el laxismo de la construcción serían quizás los más evidentes. Todo muy distinto, en cambio, si se considera que esta obra presagia fórmulas novelescas que no se consolidarán o se impondrán sino años más tarde. Es cierto que, aun así, ofrece más tentativas que verdaderos aciertos. Despeja caminos pero no llega a hacerlos practicables sin esfuerzo. Pese a todo, es en esta manera de desbrozar, de entrever, como se funda la significación de Gómez de la Serna para la historia de la novela contemporánea. Como nuestro objeto de estudio conlleva aquí una laguna —nos falta aún una monografía completa que permita determinar y medir su influencia— nos parece legítimo comenzar a llenar el vacío mediante contribuciones parciales.

1.1.   *El incongruente* se inscribe, junto a otras obras como *¡Rebeca!* o *El hombre perdido*, en el grupo que el

---

[3]   Sobre todo porque, según él, se adelanta a Kafka. No voy a detenerme aquí sobre el presunto aspecto kafkiano de *El incongruente*, que merecería un estudio detallado.

[4]   Una veintena de novelas extensas y siete volúmenes de cuentos y relatos cortos. Sobre el conjunto de esta producción v. Eugenio G. de Nora. *La novela española contemporánea*, II, 1968 (2ª ed.), pp. 94-154.

autor mismo llamó "novelas de la nebulosa". Por nebulosa habría que entender aquí una especie de universo con formas cambiantes, proteicas y, en la medida en que son tales, imprevisibles y amenazadoras.[5] Más allá de la anécdota, que varía naturalmente de una obra a otra, el tema fundamental es, por todas partes, el enfrentamiento del hombre con una inseguridad radical, cósmica y ontológica.

Si de la temática pasamos a los procedimientos de construcción, nos encontramos frente a un rechazo deliberado de la exhaustividad narrativa. Es conocida la antipatía de Ramón por la técnica del catálogo y del detalle de Galdós y de Baroja, contra los que escribió cosas crueles[6] pero comprensibles, incluso si no del todo justificables, desde el punto de vista de su estética particular. En el caso que nos interesa, más que hacer el inventario de todas las incoherencias que llenan la vida del personaje (Gustavo), el autor se apodera de algunas, dejando al lector el cuidado de imaginar "todo lo que ha podido pasar durante los otros días que no se señalan" (p. 20).[7] Se trata, en consecuencia, de una concepción expresionista de la novela, que procede mediante selección de elementos representativos actuantes en profundidad, lo

---

[5]   V. el prólogo de José Carlos Mainer: ed citada, pp. 9-31.

[6]   Ha llamado a Galdós "trapo de café" (es decir, que absorbe la suciedad) y a Baroja "comisionista de la novela" (o sea, que transporta elementos inoperantes estéticamente).

[7]   Él (protagonista) había desmentido de tal manera todas las cosas y suponía de tal manera que unas podían ser iguales a las otras, que su destino estaba alterado. "Era, por así decirlo, un disolvente de todas las cosas de la vida", p. 12.

que no es muy diferente —pienso en la intención más que en el resultado— de lo que haría Valle Inclán, poco tiempo después, en su *Tirano Banderas*.[8]

1.2. Desde el punto de vista espacial —los marcos de la acción— tenemos un relato flotante y como "desencarnado". Hay lugares reales e irreales y no es fácil distinguir unos de otros. Su Madrid archiconocido —al que ha dedicado toda una serie de libros— se hace tan evanescente como, por ejemplo, Ginebra en *El Gran Hotel*. Ahora bien, esta aproximación de lo real y de lo irreal constituye un factor particular de cohesión y genera un tipo de "espacio literario" adecuado para la acción de la incoherencia. Una vez más, lo que aparecía como un defecto desde el punto de vista realista se convierte en hallazgo interesante y positivo a partir del momento en que se sitúa al autor en el lugar que le corresponde: el de precursor de la novela que se hará más tarde.

1.3. En otro plano, si se deja de lado el capítulo primero, que no es sino una breve presentación del protagonista durante su infancia, vemos cómo el "cuerpo" de la novela toma forma cuando Gustavo, a los dieciocho años, es decir cuando es ya un sujeto erótico, va a casarse. Pero, al no tener lugar esta boda, comienza la serie de aventuras, que acaban en un matrimonio, efectivo esta vez, anunciado pero no novelado. El ciclo del donjuanismo coincide así con el de la incoherencia y ambos, en su

---

[8]   Aunque la edición definitiva, en forma de libro, data de 1926-1927, Valle-Inclán la tenía entre manos desde 1923. V. la introducción de Alonso Zamora a su edición de *Tirano Banderas*. Madrid, Espasa-Calpe, 1978, pp. VIII y X.

interacción, constituyen el ciclo ficcional. El resto no tiene cabida en la novela.[9]

Volvamos a las aventuras amorosas. Hay que destacar su número: no menos de una veintena. El donjuanismo literario —no el real, obviamente— había más bien evolucionado de la pluralidad de episodios a la singularidad: concentración en pocos episodios, o incluso en uno solo, ejemplares y definitorios. Ramón, reiterativo por naturaleza (sus libros son en general variaciones en torno a un mismo tema) y poco dotado para "sostener" un personaje,[10] no lo hace y, a su manera, tiene razón. Así como en la manera clásica de tratar este tema la persistencia o reiteración en la "rebelión" presagiaba y justificaba el desenlace (moralizante), la sucesión de amores absurdos se hace aquí indispensable para apreciar como es debido la acción de la incoherencia. De nuevo, lo que parecía no tener sentido lo tiene.

2.   En la obra de Ramón Gómez de la Serna el tema de don Juan[11] es una manifestación secundaria (importante sin duda) de otro tema más vasto y substancial: el erotismo. Este está siempre presente, tanto en su dimensión especulativa o teórica (el amor) como en la dimensión operante y práctica (el sexo). El autor mismo ha subrayado

---

[9]   "Toute proportion gardée", ocurre lo mismo en el Quijote: el ciclo novelesco coincide con el de la locura del protagonista.

[10]   Estas observaciones, por supuesto, tienen sentido desde el punto de vista "realista".

[11]   Ha inspirado igualmente otras novelas como *El Gran Hotel* y *La quinta de Palmyra* (cuyo protagonista es una mujer).

muchas veces, con orgullo,[12] esta tendencia obstinada que es la suya. Se da en su caso una exaltación del erotismo en cuanto cumbre de un vitalismo donde él se compromete como con el camino de la salud, frente a la consciencia que tiene del sin sentido de la vida, pero que no llega a ocultar una insatisfacción profunda.

Dicho esto, trataré de abordar, desde otro punto de vista, el perfil de *El incongruente*.

2.1. Empezaré señalando lo que tiene de autobiográfico. Gustavo, prácticamente protagonista único de la obra, participa en gran medida de la manera de ser de su creador. Este, por su parte, no le oculta su simpatía y llega a hacer de él un super-ego. Como Ramón, se sume en las cosas porque encuentra en ellas complejidades que no reconoce en las mujeres[13] y está entusiasmado por las muñecas de cera y los pisapapeles de cristal.[14] Como Ramón, evita a cualquier precio el incurrir en lugares comunes. La coincidencia más significativa se manifiesta, sin embargo, en el erotismo de cada uno de ellos. Pese a todos los avatares de la incoherencia, Gustavo revela su predilección por las mujeres con experiencia, no demasiado jóvenes, es decir, esta fijación absorbente de "imágenes"

---

[12]   «Durante 40 años no ha trascurrido una sola noche sin que mi mano no repose sobre el arco magnifico de la mujer, esta colina arqueada durante el sueño», dirá en su *Automoribundia*, Buenos Aires, Sudamericana, 1948, p. 426.

[13]   «Gustavo sabía que no hay mujeres diferentes, no hay sino casa, balcones, habitaciones diferentes, muebles de diferentes clases, posiciones mas o menos oscilantes», p. 41.

[14]   Cf. Cap. XXIII y XXVI.

femeninas maternales, que se ha señalado en la biografía de Ramón.[15]

He aquí algunos parecidos evidentes. Ahora bien, como la literatura no se explica solamente a partir de la experiencia vivida, sino también y tal vez ante todo a partir de la experiencia leída, es decir, de la literatura misma, intentaré situar a este seductor de vanguardia respecto de la lista, larga ya, de sus precursores.

2.2. El primer don Juan, el de Tirso, lleva a cabo una negación práctica —la negación teórica era aún prematura históricamente, al menos en España— del orden sobrenatural católico.[16] Quiere hacer su vida tal como él la concibe, sin trabas extrañas a la vida misma. Dicho de otra manera, le da la espalda a la trascendencia. Sin negar categóricamente el más allá, impone en realidad su más acá, y, cada vez que se trata de enfrentarse con aquél, lo aplaza para más tarde ("Qué largo me lo fiais"). Es en esto donde radica el alcance de la rebelión y correlativamente la grandeza de esta. Se diría que Tirso, en cuanto artista y en cuanto hombre, ha experimentado por su personaje una "simpatía" en el sentido etimológico de "comunidad de

---

[15]   La mujer, en el ejercicio del erotismo, es para él devoradora. En su primera aventura, una rubia «lo sorbía, como se sorbe un huevo; él, se ponía pálido por momentos». (p.30). En la última, la mujer que está a su lado en el cine «parecía chuparle la vida con el movimiento de sacacorchos con el que le había pegado su pierna regordeta, huesosa, y sin embargo flexible» (p. 215). Para la biografía: Luis S. Granjel, *Retrato de Ramón*, Madrid, Guadarrama, 1963, y Gaspar Gómez de la Serna, *Ramón: obra y vida*, Madrid, Taurus, 1963.

[16]   Véase F. Fernández Turienzo: "El Burlador, mito y realidad", en *Romanische Forschungen*, LXXXVI, 1974, pp. 265-300.

sentimientos", que no ha podido experimentar en cuanto sacerdote. No es imposible que haya que ver en ello el impulso genético básico de la obra.

A medida que pasa el tiempo y que el barroco se queda atrás, don Juan se desinteresa de su sentido originario. Como se hace más incrédulo, el riesgo que implica su actitud resulta subjetivamente menor. El dramatismo pierde mucho con ello. Una vez evaporado o menos operativo el aspecto religioso, lo que subsiste es la rebelión contra los principios sociales y morales, una rebelión de un nivel más humano. Con ello, el romanticismo aporta una novedad importante: la posibilidad de salvación para el alma de don Juan gracias al amor de una mujer. Un paso más y, en la segunda mitad del siglo XIX, el mito de don Juan se verá contaminado por la biología sexual y la psiquiatría. Entramos así, casi definitivamente, en nuestro propio mundo cultural.

2.2.1. En cuanto a la evolución histórica del don-juanismo literario, este personaje de Ramón representa una experiencia múltiple. Se percibe en él una atrofia total de los contenidos básicos del mito: burla, sensualidad, rebelión, voluntad de poder, perfidia seductora; de la misma manera, el desbarajuste sensual y la intrepidez temeraria —indispensable si el héroe tiene que entrar en conflicto con la trascendencia— han desaparecido. Si se quisiera encontrar alguna relación con otras maneras no españolas de tratar el tema podríamos quizás pensar en Shaw o en Lenormand. En Bernard Shaw, la lucha entre el principio masculino y el femenino toma la forma de una partida de caza. Pero aquí don Juan no es victimario, sino víctima. Lo mismo se da en nuestro caso. En Lenormand tenemos el tema del aprisionamiento en un laberinto, con la dificultad-imposibilidad de salir de él. Lo mismo sucede en nuestra novela incluso si ahora no se trata tanto de rechazo de una solución sexual aberrante como de la imposibilidad de escapar a una incoherencia elevada al rango de factor supremo del orden (orden desde el punto de vista del absurdo, desorden desde el punto de vista racional de la existencia humana).

2.3. Veamos ahora, más concretamente, cómo funciona el donjuanismo de Gustavo. Las mujeres lo atraen en cuanto género, no individualmente: ni su libido ni su afectividad se fija en una de ellas. Su impulso de conquistador —y aquí reside más bien su signo distintivo— se ejerce como un reflejo, en el sentido fisiológico de la palabra. Me explico: una vez que la casualidad lo pone en la pista de una mujer o ella lo provoca, su reacción es automáticamente de aceptación y de complicidad. Su papel se hace activo a posteriori. A partir de este momento su conducta es siempre la misma: compone su aspecto, calcula el efecto de sus palabras, define una estrategia encaminada a la posesión. No duda en ocupar el lugar de otro hombre (recurso antiguo, desde Tirso mismo). Pero su encarnizamiento amoroso, a pesar de la cobertura humorística, no oculta una frustración esencial. Sus aventuras se ven truncadas a veces, pero, incluso en caso de éxito, desembocan en la continuación o en el rechazo.[17]

2.4. En cuanto seductor, Gustavo es igualmente consecuente con su visión particular del mundo. Aguarda las aventuras amorosas sin precipitarse, contando con el

---

[17]   Se estaría tentado de ver en ello una influencia, probablemente inconsciente o difusa, de la novela picaresca clásica.

hecho de que el destino trabaja para él. Su colaboración consiste en no oponérsele, en no paralizar la acción del azar, en jugárselo todo a una carta, en optar alegremente y de manera irresponsable por una u otra de las posibilidades que se le ofrecen.[18] La vocación de don Juan se inscribe así en la órbita, más vasta, del absurdo. Esto explica que, cuando mujeres casuales aspiran a convertirse para él en mujeres para toda la vida, se apresure a huir. Su aversión al matrimonio se explica menos por el hecho de que reduce la actividad erótica dispersa que porque su rigidez institucional lo hace incompatible con el juego de libre asociación hombre-mujer que existe en la incoherencia.

3.   Se ha dicho, y con razón, de Gómez de la Serna que él solo equivale a todo un movimiento de vanguardia.[19] Sus novelas donjuanescas, me parece, se hacen transparentes desde una perspectiva vanguardista: la suya. Intento mostrarlo acto seguido.

3.1. En cuanto artista, Ramón preconiza un mundo donde todo sería posible y donde se paralizarían los mecanismos que rigen la «normalidad» convencional, un mundo entregado a la asociación libre. Dicho de otro modo, reivindica una «superrealidad» dominada por la «fraternidad de las cosas» (son sus propias palabras), pero una fraternidad dinámica, dado que en ella todo se asocia a todo y se mezcla con todo. Es hacia la obtención (en el plano

---

[18]   «Se hacía urgente hacerle su declaración de amor; había que orientar esta aventura en un sentido o el otro. Podía ser de adioses diferidos o la aventura para toda la vida.»

[19]   Su obra —muy abundante, multiforme y en general precipitada (como Lope, del que fue biógrafo, Ramón es pródigo de su genio)— ofrece una resistencia tenaz a todo intento de interpretación sistemática.

ficcional y textual) de este desiderátum hacia donde apunta la mayor y mejor parte de sus greguerías, su creación más conocida. La premisa principal de este deseo vehemente de borrar la realidad es la nivelación de los diferentes planos de ésta, la no aceptación de jerarquías entre dichos planos. La combinación insólita de los elementos más heterogéneos y más lejanos unos de otros tiene como punto de partida esta voluntad de ponerlos a todos en situación de igualdad y de nivelación. Estas ideas las he desarrollado más ampliamente en otro trabajo.[20]

3.1.1. Así, pues, a partir de este punto de vista, típico de la visión del mundo de Ramón, las conquistas de Gustavo adquieren igualmente sentido. Está en un mundo a la vez real e irreal, como se ha visto (cf. 1.2), y donde todo se hace posible. Al lado de escenarios como Madrid, París y un tren que comunica estas dos urbes encontramos una ciudad de muñecas de cera y otra ciudad feliz donde los habitantes van vestidos de arlequines y donde todas las muchachas solicitan a Gustavo, mientras los niños gritan «ha llegado nuestro nuevo papá». Durante las aventuras los mecanismos de la normalidad cesan de funcionar. Una hermosa morena llama al protagonista desde lo alto de un balcón y, cuando sube a su encuentro, es una rubia la que lo recibe en sus brazos. Una mujer a la que no ha visto nunca aparece a su lado en una fotografía, despertando así en él el deseo de conocerla; más tarde esta misma mujer aparecerá como prometida imprevista al lado de otra (esta sí, prevista) durante una ceremonia nupcial que acaba con la huida vertiginosa del novio. Una mesa, de las que se

---

[20]   "Nebulosa y sistema en las greguerías ramonianas", en *Versants*, nº 1, 1.981, pp. 109-120.

utilizan para las sesiones de espiritismo, persigue a Gustavo y a su amante de turno (una viuda que se servía de esta mesa para preguntar a su marido difunto hasta dónde podía ir en esta aventura) y acaba por provocar un incendio.[21] Y, lo que es más concluyente: que todo se mezcle con todo. Las aventuras de este hombre podrían haber sido las de otro u otros. La incoherencia, destino-demiurgo enloquecido, mezcla los hilos de sus marionetas haciendo con los objetos asociaciones pasajeras sor-prendentes. Es por esto por lo que Gustavo, que lo sabe y lo acepta, es capaz de ir a citas dadas a otros o de leer cartas que no le van destinadas a él. En consecuencia, y en definitiva, este donjuanismo tampoco conoce jerarquías. Desde la criadita de al lado, que acude a consolarlo un domingo triste por la tarde, hasta la viuda opulenta (sin hablar de la esposa de un banquero riquísimo) el amor de Gustavo recorre, como el de don Juan Tenorio de Zorrilla, «toda la escala social".

3.2. Añadiré una última consideración. Gustavo aparece —como don Juan y como incoherente (hemos visto, cf. 2.4, que lo segundo engloba lo primero)— marcado desde su nacimiento. En él no tiene lugar la evolución propiamente dicha, ni tampoco el devenir (dejar de ser lo que era para ser otra cosa). Cree en una fatalidad particular cuyo único proyecto es precisamente no tenerlo, es decir, la ausencia total de un proyecto «razonable» (en

---

[21]   La mesa suplanta así la función vengadora del honor conyugal que, según Calderón, incumbe al marido. En el cap. 2 se veía ya la «subversión» de un motivo de la historia del Cid: durante la boda Gustavo mata al que iba a ser su suegro con el tapón de una botella de champán y la novia rehúsa casarse con el asesino de su padre.

el sentido vulgar de «sensato» y en el más culto de «sometido al código del pensamiento racional»). A partir de aquí está conforme con su destino y asume su condición sin resistencia. La tranquilidad no lo abandona nunca porque sabe que, de las malas situaciones en que lo ponga su destino, este mismo destino lo va a sacar de ellas. Está seguro, intuitivamente, de que una especie de providencia ayuda a los perseguidos por la acción de la absurdidad, lo que, en última instancia, conduce a una coherencia superior. La aceptación de esta absurdidad, al actuar como antídoto contra el sentido común de la responsabilidad, genera despreocupación e incluso alegría de vivir. La muerte misma, vista así, deja de ser temible, y la consideración de su inexorabilidad deja de ser aplastante.

Ahora bien, nuestro personaje no se siente separado, por ser como es, de sus semejantes. Al contrario, es un espécimen de ellos, un arquetipo. Piensa que la incoherencia de su vida es la incoherencia de la vida, de la vida de todo el mundo. Solamente que los otros rehúsan verlo así, y es en esto en lo que consisten su alienación y extravío. Él no es sino un caso extremo del mal del siglo, un solitario, solitario porque los otros no han asumido con él el nivel histórico alcanzado. En realidad es un pequeño redentor que, al tener más perspicacia, acepta sufrir en su propia carne el absurdo radical del mundo. Su absurdidad —que para la galería se disfraza de humor frívolo— es en el fondo lancinante, como lo es siempre, más allá de las apariencias, lo que de mas valioso se encuentra en la obra de Ramón. La actitud de don Juan desarraigado (desarraigado en cuanto referencia al mundo en el que vive y en cuanto a la tradición literaria que lo precede en el tiempo) se revela así no solamente en cuanto manifestación de la irresponsabilidad de los movimientos de vanguardia (ludismo, gratuidad del arte, etc.) sino como queja del hombre por su alteridad incurable.

Notas sobre el léxico ramoniano

1. La obra literaria de Gómez de la Serna, tan copiosa y proteica, presenta respecto a la de sus contemporáneos una vigorosa personalidad. Este aserto, sostenible a nuestro juicio mediante varios argumentos de peso, encuentra en la selección y creación de léxico por parte del autor una de sus justificaciones principales. Empezaremos por decir que, en una primera lectura, lo peculiar del vocabulario ramoniano puede pasar inadvertido. Con algo más de esmero, o al volver sobre lo leído, se va perfilando sin embargo lo mucho que tiene de alejamiento, incluso ruptura, de la convención idiomática. Como la índole y el alcance de lo llevado a cabo por Ramón no son comunes, tiene sentido el intento de iniciar una caracterización.

1.1. Como Picasso, al que dedicó páginas penetrantes,[1] Gómez de la Serna llevó más lejos su capacidad creadora que la aptitud para teorizar sobre ella.[2] No obstante, algunos escritos que a su manera cabe calificar de teóricos[3]

---

[1] Véase «Picassismo», en *Ismos*, Madrid, 1975, p. 42-107.

[2] Así lo ha señalado Guillermo de Torre: «Picasso y Ramón. Paralelismos y diferencias», *Doctrina y estética literaria*, Madrid, 1970, p. 734-757.

[3] A su manera porque Ramón se veda el estilo ensayístico establecido, incluso el de su época, bastante susceptible, piénsese en Ortega y Gasset, de literaturización.

y multitud de afirmaciones dispersas por sus libros permiten reconstruir con precisión relativa un ideario lingüístico que ayude a la interpretación correcta de su quehacer literario. Como lo ha señalado Eugenio de Nora,[4] Ramón «es, antes que nada, un modo de escribir, una fuerza de creación lingüística excepcional» y lógicamente esto no es posible sin una conciencia teórica. En este ideario, que no por difuso deja de resultar operante, hay luces y sombras, afirmaciones y negaciones que conviene considerar por separado.

1.1.1. Por lo pronto, Ramón se refiere expresamente a determinados tipos de lenguaje sentidos por él como reprobables y en los que pone cuidado de no incurrir. Tal es el caso con la expresión de corte clasicista o «clasicizante», por ejemplo. Evocando el famoso café literario conocido por El Parnasillo, elogia el rechazo que allí se hizo de una fraseología trasnochada y el designio decidido de evitar rebuscamientos y menciones indirectas.[5] Efectivamente, su práctica lo confirma, fue siempre adversario declarado de la frase ampulosa, así como de la gravedad y estiramiento de cuanto aspira a constituirse en modelo o en sentencia. Contra una y otro esgrimió el arma de su greguería, que es ante todo captación de la instan-

---

[4]   *La novela española contemporánea*, Madrid, 1979, II, p. 101.

[5]   De El Parnasillo «salió la reforma de la fraseología clásica, que invadía la poesía del primer cuarto del siglo XIX. Allí se convino en llamar al viento viento, en lugar de Eolo, Céfiro o Favonio (...) y en dar a cada cosa su nombre (...), en la bella significación que tiene en nuestro idioma, libre de ridícula afectación» (*Pombo*, Buenos Aires, 1941, p. 32-33).

taneidad pura, de lo fragmentario, de asociaciones nunca percibidas con anterioridad.[6]

Tampoco está Ramón por el abuso, ni siquiera por el uso, del lenguaje «castizo»,[7] lo que resulta especialmente destacable en quien arrastra tanta cargazón costumbrista como él. El anticasticismo se interpenetra con el anticlasicismo, también programático, y ambos llegan casi a identificarse. Nunca cejó en su enemiga hacia un gusto literario que se quería tradicional y que, al desustanciar la tradición, la destruía.

1.1.2. Hasta aquí, lo que Ramón quiso evitar, su «antiideario» por así decirlo. En sentido opuesto, ¿cuál fue su índice de derrotero? ¿Hacia qué rumbos orientó su vocación, sostenida tan amplia y largamente, de escritor? Porque, en la medida en que lo fue, escritor auténtico, dispuso de un idioma propio inseparable de su concepción del mundo. Veámoslo.

En lo que atañe a niveles de lengua, no rebasa los límites de un español estándar[8] muy penetrado por lo coloquial. Los cultismos de acepción, o las palabras de estructura fonética culta, cuando aparecen suelen rebajarse

---

[6]   Véase nuestro trabajo «Nebulosa y sistema en las greguerías ramonianas», en *Versants*, n° 1, automne 1981, p. 109-120.

[7]   En el prólogo (de 1931) a la primera edición de *Elucidario de Madrid*, por ejemplo, condena «los insoportables ratimagos en el decir, como guizque del habla que quiere ser madrileña y que solo resulta resabio de golfemia o de chulería pretenciosa» (cito por la 2ª edición, Madrid, 1957, p. XXI).

[8]   Estándar no tiene por qué equivaler, como sucede por desgracia a menudo, a raquítico ni a desustanciado.

mediante el humorismo. Incluso las que entran claramente
en la categoría de creaciones personales son captables sin
esfuerzo para la «competencia» del hablante medio, y las
referencias que contienen se adscriben a situaciones y
vivencias accesibles para el común de los mortales.
Encontramos, sí, voluntad de estilo —vamos a ver cómo—
pero en absoluto elitismo ni pedantería. En este sentido,
parece haber hecho suyo el postulado machadiano de que
aquellas cosas que de verdad importan han de decirse en el
lenguaje de todos.

La dificultad, porque de algún modo dificultad hay,
está ligada al modo de decir. La verbosidad, el desbordamiento expresivo, la fluencia incontenible del discurso
se instalan en la base misma del estilo y lo sellan de manera
decisiva. Es la suya una lengua a menudo impremeditada,[9]
abierta a trasformaciones sorprendentes del vocabulario,
propensa a ramificarlo en acepciones novedosas, dada a
distorsiones humorísticas y apenas sensible a la norma
académica o a las exigencias del buen uso. En la medida en
que lo hace así, Ramón presagia —con una excepción
relevante: la del vocabulario «fuerte», que no emplea— la
renuncia al lenguaje literario como «buen decir», tan
característica de la narrativa contemporánea.

Por otra parte, y como buen vanguardista, Ramón
reivindicó el «adanismo» en su sentido orteguiano, la frescura auroral, la acuñación verbal idealmente desde cero.[10]

---

[9]   Los altibajos en la voluntad de estilo, muy apreciables, son
decisivos en este sentido.

[10]   Véase Pedro Salinas: «Escorzo de Ramón», en *Literatura española
s. XX*, Madrid, 1970, p. 153-158.

En un escrito teórico, «Las palabras y lo indecible»,[11] reiterando la idea de que «el estilo nuevo se veda el *barbilindismo retórico*» (el subrayado es suyo) exalta la palabra en libertad, la rotura de las asociaciones pre-existentes, preconizando la reacción enérgica contra la inercia del sistema. «Entremos en lo indecible como descubridores», llega a proclamar.[12] Al choque de la nueva idea —piensa Ramón— la palabra nueva no puede menos de irrumpir, iluminadora aunque pasajera. La expresividad, entendida como potencia para captar lo inédito e irrepetible, se erige así en el valor primero. El amaneramiento, la afectación, en máximos antivalores. Con tal de no incurrir en ellos, hasta la defectuosidad se justifica.[13]

La evitación de lo establecido, de la frase hecha, de la topicidad, tiene como consecuencia, en lo que se refiere a la creación de léxico, una dimensión bastante abultada de gratuidad o, por lo menos, de insuficiente justificación. Así, puede decirse *sibilesco, aislación, primavereño* e *insulsación,* por ejemplo, en lugar de *sibilino, aislamiento, primaveral* e *insulsez,* palabras todas bien encajadas en el sistema, y en estricta lógica unas y otras parecen significar lo mismo.[14] Este tipo de sustituciones, frecuentísimo,

---

[11]   En *Revista de Occidente*, 51, nº CLI, p. 56-87.

[12]   *Ibíd.*, p. 65.

[13]   Así, se declara orgulloso de los *malos* dibujos suyos que ilustran el libro *Ramonismo*, Madrid, 1923. Véase la *Advertencia preliminar* [p. 5].

[14]   Sin embargo, lo que le importa a Ramón no es la lógica del pensa-miento, sino la de las cosas mismas.

incluso constante en muchas de sus obras,[15] no suele
conducir de manera sostenida a logros de belleza notables
ni a precisiones intelectuales sutiles, pero en su conjunto
somete al lenguaje a un tratamiento refrescante, reju-
venecedor. La imprecisión, y hasta la defectuosidad,
previstas y reivindicadas por el escritor, no son ajenas a
ello. El fenómeno tiene por supuesto un componente lúdico
nada desdeñable. Enemigo de todo engolamiento, y por lo
tanto también del subversivo, subvierte como quien no
quiere la cosa, divirtiéndose de camino al hacerlo. De ahí
que deje de lado palabras que cabría esperar, trueque afijos,
fuerce o disloque funciones sintácticas y valores
semánticos, cree derivaciones imprevisibles. La sencillez
de la sintaxis, negada a la frase larga y a la subordinación
compleja, contribuye con mucho a que la atención del
lector se vea más solicitada por la larga serie de estas
anomalías. Todo bulle, se permuta, se deforma; nada se
fija. Ramón, o «el hormiguillo del vocabulario», podríamos
decir.

2.   Para el sondeo propuesto, que se limita por ahora a
algunas tendencias destacadas de la derivación, hemos
reunido y clasificado materiales procedentes de *Automoribundia*, principal libro autobiográfico; de una
Antología, la que en 1955 dedicaron a Ramón varias
editoriales argentinas con motivo de cumplir cincuenta
años de vida literaria, y en la que su obra alcanza
representación múltiple y dilatada en el tiempo; de tres
novelas largas (correspondientes al comienzo del período
de madurez): *Cinelandia, La quinta de Palmyra* y *El*

---

[15]   Cf. nota 71.

incongruente,[16] y de un libro, *Ramonismo*, inscrito en el grupo de los que se conocen por el mismo nombre.[17] Abreviadamente, en los paréntesis donde figuran también las referencias de página, los designamos como *Mor.*, *Ant.*, *Cin.*, *Inc.*, y *Ram.* respectivamente. En algún caso aislado (véase sobre todo 3.1 y 3.2) se aducen palabras procedentes de otros escritos.[18] Somos conscientes de la limitación relativa de los textos básicos. Sin embargo, la lectura de otras obras autoriza a suponer que lo entrevisto aquí puede ser en sus grandes líneas aplicable al conjunto. En cualquier caso, un estudio abarcador de toda la obra de Ramón rebasaría con mucho los límites de un artículo. Vayan, a título de muestra, algunos rasgos recurrentes. Para cada uno hemos seleccionado unos pocos ejemplos, de los más llamativos, entre otros posibles. Sin excepción, las palabras que se reproducen no figuran en la última edición (la 19ª, de 1970) del diccionario normativo de la Real Academia Española. Nos excusamos de antemano por la aridez

---

[16]   Sobre esta obra —y desde otro punto de vista: el del donjuanismo peculiar de su protagonista— véase nuestro trabajo «Le donjuanisme et les littératures d'avant-garde: un exemple espagnol», en *Actes du IIIe Colloque Interdisciplinaire de Treyvaux* (Friburgo) (en prensa) [ya traducido e incorporado a este libro].

[17]   He aquí las referencias completas: *Automoribundia* (1888-1948), Buenos Aires, 1948; *Antología. Cincuenta años de vida literaria*, Buenos Aires, 1955; *Cinelandia*, Madrid, 1974 (la 1ª edición es de 1923); *La quinta de Palmyra*, Madrid, 1923; *El incongruente*, Buenos Aires, 1979 (1ª ed. de 1922); *Ramonismo*, Madrid, 1923.

[18]   Son los siguientes: «La acinesia y el corazón» (*Aci.*) en *Revista de Occidente*, 13, nº CXLI, p. 241-274; *Elucidario de Madrid* (*Elu.*), Madrid, 1957 (2ª ed.), y *El torero Caracho* (*Car.*), Madrid, 1969 (1ª ed. de 1927).

inevitable de las listas. Para paliar en lo posible la
«flotancia» (el término lo presta Ramón) de estas,
intentamos situarlas respecto de la visión del mundo
peculiar de su autor.[19]

Artísticamente, Ramón concibe el mundo como un
continuo dominado por la fraternidad de las cosas. Esta
hermandad no es estática o de mera yuxtaposición sino
dinámica o interpretativa. Todo se mezcla con todo,
cualquier elemento puede sustituir a otro y/o ser a la vez
sustituido por él. Se establecen relaciones, parangones y
hasta identificaciones entre las cosas más heterogéneas o
discrepantes. Se prescinde de los mecanismos asociadores
que rigen la normalidad, por demasiado gastados, y en su
lugar se instaura la asociación libre, elevada a la categoría
de primer principio. A Ramón le interesa descubrir relaciones que escapan a la percepción física o a la consideración intelectual del hombre adocenado. La super-
dotación evidente de que gozó en este sentido es, sin duda,
lo más definitorio de su talento.[20]

Pues bien: el aspecto concreto que, a título de indicio,
destacamos en este trabajo resulta explicable desde esta
perspectiva. Los derivados verbales corresponden a la
dinamización general que queda expuesta; la invención de

---

[19]   Cf. nota 6.

[20]   Reseñando *El torero Caracho*, en el momento de su aparición,
Rafael Calleja dijo: «Desde Dios hasta Ramón no recuerdo *nadie* que haya
creado tantas formas (…) ni aparte los de Dios conozco otros ojos por
cuya retina hayan pasado, conscientemente, más aspectos inéditos,
distintos, polimórficos» (*Revista de Occidente*, 16, nº XLVIII, p. 381). El
elogio es hiperbólico —el mundillo literario tiene mucho de sociedad de
bombos mutuos— pero justo en lo esencial.

verbos permite trasladar a una cosa lo propio de otra u otras que nunca habían entrado en conjunción con ella; así, una gallina puede *asteriscar* el suelo al andar, es decir, dejar en él huellas que parecen asteriscos (mejor: que se perciben como tales y, por lo tanto, *lo son*). Si de los verbos pasamos a los sustantivos, nos damos cuenta de cómo se privilegian los que son expresivos del ejercicio de una actividad o modo de ser: derivados en *-miento* y en *-ismo*, por ejemplo: usándolos a menudo en plural, o sea, haciéndolos aplicables a la designación de acciones concretas diferentes, se los hace aptos para escapar a sus funciones referenciales establecidas; así, unas solteronas pueden tener *pajarismos*, vale decir ademanes o garrulerías de pájaro. Con los adjetivos se organiza todo un baile de cualidades y pertenencias, en virtud de lo cual pierden casi siempre las adscripciones que les son propias en la lógica trillada y trivial. En otro plano, es con ellos donde más entra en juego el humorismo: el autor se divierte en sustituir un adjetivo desgastado por otro inédito (tipo: *venenal* por *venenoso*), en construirlo de nuevo cuño (tipo: *merengal* «lo relativo al merengue») o fonéticamente rimbombante (tipo: *crisantemático*).

Con lo dicho, creemos mínimamente justificada, desde la visión del mundo propia de Ramón, la característica quizá más relevante de su estilo: la densidad considerable de derivados inusuales. Los ejemplos que siguen cumplen una función ilustrativa. Los presentamos alfabéticamente y agrupados por morfemas. Para comprobación, por razones de espacio, no podemos sino remitir a los contextos correspondientes. En algún caso, cuando la mención escueta de una palabra nos ha parecido insuficiente, intercalamos mínimas indicaciones aclaratorias.

2.1. Formación de verbos

2.1.1. Un grupo abundante, y tal vez el más caracterizador, lo constituyen los verbos en -ar formados directamente, con prescindencia del prefijo a- propio de los derivados parasintéticos, a partir de sustantivos. He aquí una serie de ejemplos: *abracadabrar* (Mor. 754), *agresionar* (Mor. 564), *autopsiar* (Cin. 74), *catastrar* (Cin. 181), *cavernar* (Cin. 143), *condumiar* (Ant. 337), *confidenciar* (Ant. 98), *corazonar* (Aci. 250), *dislatar* (Ant. 300), *escriturar* (Mor. 669), *escuerzar* (Cin. 213), *eslorar* (Cin. 151), *espiralar* (Aci. 264), *floripondiar* (Ant, 189, 286), *frigorificar* (Ram. 78, 203), *ideacionar* (Mor. 39), *improntar* (Mor. 741), *inerciar* (Aci. 244), *margaritar* (Pal. 110), *mielar* (Pal. 127), *nalgar* (Ant. 197), *oclusionar* (Aci. 250), *ortigar* (Mor. 700; Pal. 98), *oscular* (Cin. 176), *perspectivar* (Ant. 261), *pinzar* (Pal. 115), *recepcionar* (Inc. 91), *requisitar* (Ant. 34), *rescoldar* (Pal. 119), *secretariar* (Mor. 359, 774), *serruchar* (Mor. 745), *supliciar* (Ram. 24), *tirabuzonear* (Ant. 46). Casos excepcionales, a partir de adjetivos: *azulosar* (Pal. 9), *exhaustar* (Mor. 556), *pedigüeñar* (Mor. 340). Un galicismo descarnado: *reprisar* (Ant. 355). A esta lista hay que añadir los numerosos verbos que se presentan bajo las formas en -ante: *aurificante* (Mor. 402), *balumbante* (Ant. 345), *fibrilante* (Aci. 235), *obsedante* (Mor. 645), *querulante* (Cin. 83).

2.1.2. Menos llamativos, aunque también numerosos, son los verbos en -ear, de significación por lo común frecuentativa y derivados casi siempre de sustantivos, y los verbos en -izar, de sentido incoativo (que puede dilatarse para indicar acción en su desarrollo) y formados a partir de sustantivos o adjetivos. Ejemplos en -ear: *alacranear* (Mor. 487), *balconear* (Mor. 200), *carambolear*

(Ant. 185), *coimear* (Mor. 747), *combear* (Pal. 157), *chiribitear* (Inc. 49), *churretear* (Pal. 127), *lancetear* (Cin. 99), *tajear* (Mor. 376), *zarpear* (Pal. 195). Un caso especial: *machamartillear* (a partir del modismo adverbial *a machamartillo*) (Ant. 273). Un italianismo notorio: *pizzicatear* (Cin. 116). Ejemplos en *-izar* (más chocantes que los anteriores): *anemizar* (Mor. 326), *aseptizar* (Mor. 609), *bizantinizar* (Ram. 59), *cordializar* (Ant. 281), *errorizar* (Mor. 609), *erudizar* (Ant. 299), *escultorizar* (Mor. 358, 454), *esferizar* (Mor. 229, 232), *lampadariar* (Ant. 201), *mediocrizar* (Ant. 206), *miniaturizar* (Mor. 641), *misteriorizar* (Mor. 338), *monotonizar* (Mor. 630), *muralizar* (Mor. 647), *nalgalizar* (Pal. 146), *necrologizar* (Ant. 271), *panteonizar* (Mor. 438, 638), *primaveralizar* (Pal. 187), *uberrimizar* (Mor. 657), *umbelizar* «dar forma sobresaliente» (Ant. 197).

2.1.3. De las formaciones con prefijo destacan los verbos en *a-*, *en-* y *des-*. Algunos ejemplos en *a-*: *achinar* (Mor. 395), *alunar* (Inc. 187), *amañanar* (Cin. 95), *apalar* (Mor. 658), *aporcelanar* (Ram. 203), *asordinar* (Ram. 180), *atimpanar* (Ant. 327), *atirabuzonar* (Pal. 10). Verbos en *en-*: *embetuminar* (Mor. 740), *empupilar* (Cin. 95), *endormiscar* (Cin. 20), *enfondar* (Aci. 259), *engarfiar* (Ram. 228), *engripar* (Mor. 687), *enguizcar* «dentar, formar dientes» (Cin. 117), *enleprar* (Ant. 269), *enmediar* (Pal. 85). Derivados con *des-*: *desballenar* (Inc. 61), *descomedir* (Mor. 641), *desconcienzar* (sic, por *desconcienciar*) (Mor. 698), *descuellar* (Pal. 74), *desengolar* (Ant. 98), *desgravitar* (Mor. 530), *desgualdrapajar* (Mor. 636), *desgurruñir* (Ant. 301), *desintrincar* (Ant. 268), *desretinar* (Cin. 93), *destorreonar* (Mor. 490). Casos más aislados, con otros prefijos: *insumir* (Mor. 522), *malcontestar* (Ant. 286), *sobreabrir* (Ant. 277), *sobreusar* (410), *subterrar* (Aci. 246), *transversionar* (Mor. 583).

2.2. Formación de sustantivos

2.2.1. Derivados en -*aje*. Ramón prodiga las formaciones con este sufijo, que, unido a sustantivos, da origen a otros con sentido de conjunto —*bandaje* (Inc. 215), *gualdrapaje* (Mor. 162), *microbiaje* (Mor. 403), *orlaje* (Ant. 197), *racimaje* (Ant. 291), *toldaje* (Ram. 46), *volutaje* (Ant. 188), *teclaje* (Ram. 160)— y, unido a verbos (lo que ocurre más raramente), acción: *entrenaje* (Mor. 606), *miraje* (Ant. 249).

2.2.2 Los derivados en -*ancia*, sufijo que suele indicar acción y formar nombres abstractos, se documentan con más moderación que los anteriores pero no dejan de ser característicos: *globancia* (Ant. 161), *obsedancia* (Ant. 161), *performancia* (parece calco del francés *performance*) (Mor. 392), *tremulancia* (Ant. 205, 339).

2.2.3. El sufijo -*ario* tiene en Ramón cuando es sustantivo la significación de lugar —*cenizario* (Mor. 760), *secuestrionario* (Mor. 649), *tenebrario* (Cin. 52)— o de conjunto: *estampario* (Mor. 641), *eruditario* (Ant. 295), *lucernario* (Ant. 100).

2.2.4. El sufijo -*ción*, propio de sustantivos derivados de verbos y que significan acción, se da con frecuencia considerable. Ejemplos: *aislación* (Mor. 643), *alentación* (Mor. 262), *ayunación* (Ant. 360), *colegición* (Mor. 410), *descarnación* (Cin. 22), *injertación* (Pal. 24), *madrugación* (Mor. 169), *pendición* (Aci. 271), *satinación* (Ram. 39) y muchos otros. Más chocantes resultan estas formaciones cuando se hacen a partir de verbos inusuales o inventados: *condumación* (Mor. 241), *demodación* (Cin. 223), *des-*

conceptuación (Mor. 257), *fibrilación* (Aci. 274), *insul-sación* (Cin. 220), *misturación* (Mor. 261), *movimentación* (Ant. 207), *prontuación* (Ant. 297), *sarmentación* (Ant. 301), *subsidiación* (Mor. 421), *ticteación* (Cin. 159). Los ejemplos podrían multiplicarse.

2.2.5. Los postverbales en *-e*, y en *-en* (variante del anterior), abundan menos que los en *-ción*. El autor revela mayor preferencia por los en *-en*,[21] lo que refuerza el componente popularista de su estilo. Ejemplos de *-e*: *acople* (Inc. 23), *azuze* (sic, por *azuce*) (Cin. 109), *desacople* (Mor. 743), *despiece* (Mor. 508), *entorne* (Cin. 30). Ejemplos de *-en*: *degüellen* (Mor. 324), *descorchen* (Inc. 21), *desmelenen* (Mor. 242), *despedacen* (Ant. 276), *despejen* (Cin. 141), *despelusen* (Inc. 24), *desquicien* (Mor. 319).

2.2.6. El sufijo *-encia*, propio de sustantivos abstractos, se sitúa numéricamente en un segundo plano. Tiene, sin embargo, valor caracterizador: *disolvencia* (Ant. 145, 211; Ram. 194), *parturencia* (Mor. 315), *retinencia* (Pal. 80), *sufrencia* (Mor. 440). Derivados de adjetivos: *friolencia* (Mor. 308, 684; Pal. 16), *ingencia* (Mor. 463).

2.2.7. El sufijo compuesto *-ería* (de *-ero* e *-ía*) tiene en el léxico de Ramón vitalidad notable. Lo encontramos en el nombre de su creación máxima: la greguería. Aun cuando admite significados diversos, se especializa como expresivo de la cualidad o condición. Ejemplos: *arriería* (Mor. 658), *bisojería* (Ram. 34), *copistería* (Ant. 295), *cucandería* «picardía, astucia» (Mor. 207), *currutaquería*

[21]   Sobre estos últimos, y su diferencia respecto de los en -e, véase Manuel Seco «Sobre un sufijo de la lengua popular», en *Studia hispánica in honorem R. Lapesa*, III, 1975, p. 453-465.

(Mor. 518), *dominguería* (Cin. 15), *fantochería* (Pal. 142), *gatunería* (Mor. 270), *golosinería* (Cin. 170), *grotesquería* (Ram. 82), *legañosería* (Inc. 183), *lerdería* (Mor. 155), *meticondería* (Ant. 293), *murrullería* (Pal, 111), *pavisosería* (Cin. 216), *timoratería* (Ram. 199), *tristonería* (Cin. 200). En plural, estos derivados cobran el sentido de reiteración de acciones propias de la cualidad expresada en singular: «vigilaban las madruguerías del hijo mayor» (Ant. 170). Solo esporádicamente adquiere este sufijo sentidos como el colectivo o de cantidad —*grillería* «conjunto y ruido de grillos» (Pal. 163; Ant. 56, 61), *pelambrería* (Ant. 261), *semillería* (Mor. 616), *piconería* (Ant. 295)— o el de lugar: bolsillería «tienda de bolsillos [= bolsos] de señora» (Mor. 574).

2.2.8. El sufijo -*ez*, propio de nombres abstractos derivados de adjetivos, se registra con frecuencia solo relativa. Las connotaciones humorísticas que a primera vista sugiere no siempre se ven confirmadas por los contextos. Algunos ejemplos: *bisojez* (Ant. 214), *febriguez* (Mor. 236), *gelidez* (Ant. 180), *hurañez* (Mor. 568), *ineditez* (Mor. 442), *morrocotudez* (Cin. 75), *puntiagudez* (Ram. 179), *tuertez* (Mor.158; Ant. 271).

2.2.9. Los términos en -*idad* son asimismo numerosos y característicos. Con arreglo al uso general de la lengua designan nombres abstractos de cualidad derivados de adjetivos. Lo peculiar en Ramón es más bien lo peregrino de las cualidades atribuidas y sobre todo la sustitución por el derivado en -*idad* de un adjetivo de uso corriente aplicable al nombre del que se predica la cualidad en cuestión. He aquí una serie de ejemplos, entre muchos posibles: *azulosidad* (Ram. 182), *betuminosidad* (Pal. 171), *catastrofidad* (Mor. 173), *desagradibilidad* (Ant. 210), *enteridad* (Mor. 626), *innovidad* «novedad, cualidad de nuevo» (Mor. 518), *lechosidad* (Ant. 40), *lenguaridad* (Ram. 13), *patricidad* (Mor. 529), *rocosidad* (Ant. 190), *secundidad* «cualidad de secundario» (Mor. 484), *tactibilidad* (Aci. 270).

2.2.10. Muy abundante y de máximo poder caracterizador es el grupo formado por los sustantivos abstractos en *-ismo*, que comúnmente significan doctrina, manera o modo de ser y que en el léxico de Ramón se dilatan para designar toda clase de actitudes vitales, tipos de conducta, posiciones ideológicas y estéticas, gustos y preferencias, estados emotivos y de cualidades y situaciones diversas. Algunos ejemplos, entre muchos posibles: *acratismo* (Mor. 171), *alimañismo* (Ram. 85), *cordialismo* (Aci. 255), *decorativismo* (Mor. 639), *eclectismo* (Ant. 172), *ermitañismo* (Mor. 396), *incluserismo* (Ram. 19), *mundanismo* (Cin. 17), *safismo* (Pal. 177), *ternurismo* (Mor. 507).

A estos derivados en *-ismo* corresponden, aproximadamente con los mismos valores, los en *-ista*: *abstraccionista* (Ant. 283), *absurdista* (Ant. 146), *alfonsista* «partidario de don Alfonso, hermano de Carlos VII» (Ant. 229), *fantasista* (Mor. 528), *impulsista* (Mor. 217), *porvenirista* (Mor. 683), *sinsombrerista* (Ant. 110), *topicista* (Mor. 566).

2.2.11. Los derivados en *-miento*, sufijo que indica acción y/o efecto, alcanzan un índice de frecuencia elevado y por ello característico, si bien en cuanto a formaciones aisladas pueden pasar desapercibidos: *acanutamiento* (Mor. 700), *atrabancamiento* (Mor. 212), *encapullamiento* (Cin. 165), *engomamiento* (Cin. 151), *inquirimiento* (Mor. 573), *izamiento* (Mor. 500), *rebarnizamiento* (Mor. 523), *refocilamiento* (Ant. 207), *regastamiento* (Cin. 101). Los ejemplos podrían multiplicarse.

2.2.12. Por último, las formaciones con prefijo, numerosas y reveladoras del modo de manipular con el vocabulario, suelen encaminarse a la anulación, superación o refuerzo del concepto expresado por los primitivos correspondientes, que por su parte se inscriben en el nivel estándar: *contradestino* (Mor. 640), *desalquimia* (Mor. 751), *desambición* (Mor. 344), *hiperespacio* (Mor. 646), *impubertad* (Cin. 159), *innobleza* (Cin. 125), *microátomo* (Ant. 331), *politubería* (Ant. 201), *reciencia* (Mor. 284), *superaudición* (Ant. 268), *ultravisión* (Mor. 761).

2.3. Formación de adjetivos

2.3.1. Muy típicos del léxico de Ramón son los derivados en *-al* a partir de sustantivos. Se documentan muy a menudo y corresponden a una necesidad profunda por parte del autor: la de poner de relieve no solo las cosas en cuanto tales sino lo que las califica, determina o cons-tituye, a fin de que, una vez abstraído de ellas, poderlo predicar de otras. He aquí una lista, que sería prolongable sin esfuerzo: *ascensorial* (Ram. 226), *basamental* (Mor. 670; Ant. 203), *cementual* (Mor. 229), *colofonal* (Mor. 449), *concienzal* (Mor. 312), *chimeneal* (Ant. 100), *dintornal* (Mor. 700), *directorial* (Cin. 27, 30; Ant. 215), *energumenal* (Mor. 336), *equidistancial* (Mor. 423), *expectacional* (Mor. 514), *incognital* (Aci. 256), Mor. 514, 618), *interseccional* (Ant. 50), *lilial* (Mor. 637), *miniatural* (Ant. 192), *nucal* (Mor. 313), *palabral* (Aci. 269), *peliculal* (Cin. 17), *pentagramatical* (Cin. 68), *propicial* (Mor. 431), *protectoral* (Mor. 615), *resquicial* (Aci. 243; Ant. 184), *silencial* (Mor. 629), *sudarial* (Ant. 290), *suegral* (Ant. 287), *tabacal* (Mor. 709), *tesoral* (Mor. 247), *visperal* (Mor. 580, 617; Ant. 327), *zoologal* (Mor. 694). A esta tendencia, tan marcada, y no a influencia francesa parecen atribuibles *medical* (Mor. 562) y *eternal* (Ant. 252). Un caso curioso: *cursicional* (Ant. 192) (a partir de **cursición*).

2.3.2. El sufijo *-esco, -esca,* para expresar relación o pertenencia y aplicado a nombres comunes o propios, alcanza solo mediana vitalidad, pero no deja de ser «marcador» del léxico ramoniano: *amazonesco* (Pal. 125), *clownesco* (Inc. 159), *charlotesco* (Mor. 690), *drogueresco* (Ant. 51), *funambulesco* (Ant. 95), *moradesco* (Mor. 511), *quirofanesco* (Mor. 579), *sibilesco* (Aci. 252), *vaticanesco* (Ram. 244).

3.   Como complemento de las notas que preceden vamos a hacer un cotejo de nuestros materiales con la parte publicada del *Diccionario Histórico de la Lengua Española* (*a-aloja,* fascículos 1-14). En la *Nómina* que precede al tomo I[22] figuran catorce obras de Ramón, una de las cuales, *Automoribundia,* ha sido también espigada por nosotros. Aunque la representación parece a primera vista algo nutrida, tampoco tanto si se piensa en la amplitud de lo que queda fuera, se advierte pronto que lo sacado de estos catorce libros puede acrecentarse, o completarse, sin demasiada dificultad. Por una parte, se han escapado artículos enteros. Por otra, artículos con apoyo textual mínimo se revelan susceptibles de desarrollo más amplio. Consideraremos por separado ambas cosas.

---

[22]   Madrid, 1972 (fascículos 1-10).

3.1. Vocabulario ramoniano no incluido en el
Diccionario Histórico:[23] *abigarración* (Car. 35), *abracadabrar* (Mor, 754), *abretumbas*[24] (Mor. 759), *abruptidad*
(Elu. 114), *absorbedor* (Cin. 180), *abstémico* (Cin. 127),
academicidad (Ant. 187), *acanutamiento* (Mor. 700),
acaracolarse (Pal. 155) (Ac. registra el adjetivo *acara-
colado*, ilustrándolo, entre otras citas, con una de Ramón),
achatarramiento (Mor. 687), *aculebrinar* (Pal, 160), (En Ac.
aculebrinado, adj., con pocos ejemplos y ninguno literario),
aculotador (Mor. 708) (cf. en Ac., *aculotar*, acep. 1ª),
achantador (Ant. 292), *achivar* (Cin. 65) (en Ac., *achivado*,
adj., con una cita única de Valle-Inclán), *admitidor* (Ant.
310), *adormilamiento* (Mor. 523), *afilipinado* (Ram. 227),
afrodisiar (Cin. 148), *agachapandarse* (Ram. 117) (Ac.
registra, como colombiano, el modismo adverbial *a la
agachapanda* «a hurtadillas»), *agonizador* (Ant. 281),
aguaperla (Mor. 253), *alaboso* (Ant. 80), *alfonsista* (Ant.
229), *alimañismo* (Ram. 85), *almohadonar* (Mor. 279). En
total, veinticinco casos. Obviamente, y puesto que registra
otras palabras del mismo autor y del mismo tipo, el
Diccionario Histórico no se ha propuesto dejar de lado esta
clase de formaciones. Así, por ejemplo, a partir de una cita
única de Ramón ha compuesto los artículos siguientes:
*acrimoniarse, agresionar, afinismo, absurdista, alértico,
acratismo, acucharar, alcatifado.* Todos menos *absurdista*
(que está en *Retratos Contemporáneos*) proceden de *Automoribundia.* Pues bien: nuestros materiales proporcionan
siete artículos más, sacados solamente de esa misma obra:

---

[23]   En lo sucesivo, abreviadamente, Ac.

[24]   Ac. registra *abreportales* «sereno» con un único ejemplo del mismo
Ramón.

abraxadabrar, abretunbas, achatarramiento, acanutamiento, adormilamiento, aguaperla y *almohadonar*. Ello revela, al menos para este libro, una papeletización descuidada.

3.2. En los casos siguientes nuestros materiales permiten: a) documentar mejor artículos que sólo lo están mínimamente; b) descubrir usos sintácticos o acepciones especiales; c) dilatar en el tiempo o en el espacio la documentación disponible. He aquí una lista: *abracadabra* (Ant. 281) (Ac. aduce un solo testimonio literario: de Rubén Darío), *abrenuncio* (Mor. 738) (Ac. registra el uso interjectivo, procedente de la formula litúrgica bautismal, con documentación abundante, pero un único caso de uso sustantivo, con la acepción de «animal feroz», en Góngora: «yo mismo he asistido a uno de esos abrenuncios de la madrugada»), *abrumación* (Mor. 41) (Ac. hace artículo con otra cita de Ramón y un diccionario), *absolutidad* (Mor. 755) (Ac. solo da dos ejemplos: uno del mismo Ramón y otro, variante *absoluteidad*, del ecuatoriano H. Toscano Mateus), *absurdismo* (Mor. 660) (Ac. lo registra, como nombre de una tendencia artística, con dos testimonios: Ramón y el *Diccionario de los ismos* de J. E. Cirlot; en nuestro ejemplo equivale a «absurdidad» en general), *abarque* (Inc. 96) (Ac. distingue dos acepciones: «duración», con un ejemplo de Unamuno, y «pollada», americanismo tomado del lexicógrafo Malaret; en Ramón, «movimiento abarcador»: «avarientos abarques con la mano»), *académicamente* (Ant. 296) (Ac. da pocos ejemplos y ninguno literario), *acaparación* (Ram. 182) (Ac. recoge tres ejemplos: el último de 1887), *acceder* (Pal. 32) (Ac. señala que este verbo se usa siempre con la preposición *a*; en Ramón lo encontramos sin ella y en uso transitivo: «aquello que habían ido a buscar iba a verse muy accedido por las gentes»), *acople* (Inc. 23) (Ac. solo dispone de un testimonio, indirecto, de esta palabra), *acusticidad* (Aci. 270) (Ac. hace artículo con un solo ejemplo de A. Núñez Alonso), *achura* «intestino, menudo de res» (Ant. 194) (Ac. solo documenta usos americanos), *adornismo* (Ant. 188) (Ac. aduce un ejemplo de Valle-Inclán, otro de Ramón y un tercero de un diccionario), *advenidor* (Mor. 453) (para Ac., es palabra medieval solamente: variantes *aduenidor* y *avenidor*), *aislación* (Mor. 643; Ant. 203, 210, 330, 334; Inc. 81 (Ac. compone el artículo con una sola cita del mismo Ramón, quien, como puede verse, sentía debilidad por esta palabra), *alentación* (Mor. 262) (en Ac., otras dos citas del mismo Ramón son testimonios literarios únicos), *algidez* (Inc. 202) (nuestro ejemplo refuerza la acepción 2ª, «punto máximo, momento culminante», de Ac., apenas apoyada por los textos).

3.3. Con la enumeración y comentario mínimo de estas dos series de ejemplos no pretendemos en absoluto menoscabar el valor y utilidad del *Diccionario Histórico* ni menos aún la competencia científica reconocida de sus responsables. Lo ambicioso del propósito y la vastedad misma de los materiales hacen comprensibles algunas filtraciones.[25] Nos limitamos a señalar, eso sí, algo que poco a poco se nos ha ido haciendo evidente: Gómez de la Serna merece en un futuro próximo mejor trato que el dispensado hasta ahora. Su vocabulario, si se llega a explorarlo en zonas más amplias y con atención más despierta, está

---

[25]   Sobre diccionarios históricos y sobre las dificultades de su realización véase Manuel Seco, *Las palabras en el tiempo: los diccionarios históricos*, Madrid, 1980. Es su discurso de ingreso en la Real Academia de la Lengua.

llamado a arrojar mucha luz, quizás más luz que ningún otro autor español del siglo XX, sobre los mecanismos de formación de unidades léxicas de nuestra lengua. La índole del estilo ramoniano puede ser piedra de toque respecto a los límites de la elasticidad de tales mecanismos.

Un recurso ramoniano:
la greguería «intratextual»

Los estudiosos de Ramón han puesto de relieve el lugar privilegiado que en su obra le corresponde a la greguería en cuanto núcleo o embrión en torno al cual se organiza la peculiaridad más notable del estilo. La cosa es sabida y huelga insistir en ella acumulando referencias.[1] Para nosotros, se trata más bien de llegar a formular con rigor esa afirmación en gran parte intuitiva y por lo mismo imprecisa.

En la visión ramoniana del mundo aparecen reiterada e insistentemente focos de referencia o centros de atención a cuyo alrededor gravitan series muchas veces copiosas de imágenes o asociaciones inesperadas. El escritor se revela capaz de divagar y divagar creativamente sobre cualquier cosa, de tender puentes y más puentes entre algo que despierta su interés y los seres u objetos que en principio menos se le relacionarían, si bien al hacerlo el nivel de originalidad y belleza alcanzado no se mantiene constante. Se trata de una característica del todo consecuente con una mirada «espongiaria», es decir, multifacética, dirigida a la realidad circundante. Mirada múltiple, o mejor multiplicada, sin predilecciones (negada, pues, a toda jerar-

---

[1] Solo una, representativa: «no tenemos más remedio [...] que estudiar la poética de Ramón en la greguería, a partir de ella y solo en ella». F. Umbral, *Ramón y las vanguardias*, Madrid, 1978, p. 226.

quización) que huye de la monotonía y topicidad, reveladora de relaciones inéditas e insospechables. Siendo así, la greguería —concebida como un procedimiento adaptado a la captación de lo instantáneo e irrepetible, duplicación inmediata y viva del hervidero innumerable de la materia—[2] se constituye en hallazgo fundamental y en modo alguno hay por qué sorprenderse de su omni-presencia.

De acuerdo con este principio, y abundando demasiado en él, ha llegado a sostenerse que las obras de Ramón se reducen a una pura y simple sucesión de greguerías.[3] Aquí, si no un error craso, hay que ver al menos una precipitación de juicio; en todo caso, una desorbitación metodológica.

A nuestra manera de ver, y asimismo por razones de método, se impone una doble distinción:

A.   Entre sintaxis «greguerística» y greguería pro-piamente dicha.

B.   Entre greguería «autónoma» y greguería «intra-textual» (al concepto y tipología de la segunda apunta en primer lugar esta comunicación).

Intentaremos explicarnos.

---

[2]   V. «Las cosas y el ello», en *Revista de Occidente*, agosto 1934, pp. 190-208.

[3]   Por ejemplo, Luis S. Granjel, *Retrato de Ramón*, Madrid, 1963, p. 184: «La greguería [...] constituye ingrediente de hallazgo constante en toda la obra de Ramón, incluso en sus novelas, ensayos, biografías y artículos periodísticos».

Entendemos por sintaxis «greguerística» el predominio generalizado, desde que Ramón acuña su estilo característico,[4] del párrafo breve y sobre todo de la tenuidad (tendente a inexistencia) de los enlaces extra-oracionales. Tomando prestada esta denominación a las artes plásticas, hablaríamos de «puntillismo sintáctico». A la sucesión de unidades textuales separadas por blancos tipográficos y poco o nada concatenadas corresponde en el interior de cada una la ausencia de conjunciones o de locuciones conjuntivas, a cuyo cargo está normalmente en el discurso la expresión de las transiciones del pensamiento. Procediendo así, Ramón es también de algún modo un primitivo.[5]

A diferencia de lo precedente, que por su generalización llega a formar una atmósfera, la greguería propiamente dicha es algo concreto, localizable, identificable, distinto de su entorno. Como cualquier producto literario auténtico alcanza contenido en su misma forma, puesto que esta implica ya por sí significación. En consecuencia, al insertarse en un enunciado que la rebasa, no renuncia a fonemas peculiares ni a determinadas interrelaciones internas que, unidos a otros rasgos, desempeñan papel delimitativo.[6] Dicho de otra manera:

---

[4]   En escritos de su primera época, como *El ruso* (1913), de sintaxis más trabada y párrafos más largos, Ramón está todavía cerca del «realismo» tradicional.

[5]   Estudiar lo que de primitivo, de «neoprimitivo», tiene el arte de Ramón llevaría años y no cabe ni intentarlo aquí.

[6]   Consideraciones aplicables a la delimitación del refrán, e interesantes también desde nuestra perspectiva, en F. Lázaro, «En los

constituye una subunidad textual englobada en otra más
amplia pero diferenciable respecto de ella en la medida en
que la condición de *literal* (destinada a ser reproducida en
los términos que le son propios y solo en ellos), postulable
para todo discurso literario, tiene una densidad más
marcada.

En un segundo momento de la reflexión, para distinguir
adecuadamente la greguería «autónoma» de la «intratextual», el punto de partida viene dado por las precisiones
anteriores. Por greguería «autónoma» entendemos cualquiera de las numerosísimas unidades textuales, mínimas,
sin contexto, aptas para la lectura discontinua,[7] que Ramón
cultivó durante medio siglo[8] y que de su mano han
alcanzado popularidad e incluso dado vida a una acepción
del diccionario académico.[9] Y por greguería «intratextual»
la que, manteniendo su forma más o menos reconocible,
según se aleje menos o más de la formulación ideal
hipotética,[10] es *asimilada por un enunciado básico* como

---

refranes, ¿se ve mucho bien la paridad de la lengua castellana?», en
Homenaje a *S. Gili Gaya*, Barcelona, 1979, pp. 119-128.

[7]   A su naturaleza y tipología hemos dedicado otro trabajo: «Nebulosa
y sistema en las greguerías ramonianas», en *Versants*, n° 1, 1981, pp.
109-120.

[8]   Desde *circa* 1910 hasta su muerte (1963).

[9]   La 2ª: «Agudeza, imagen en prosa que presenta una visión personal
y sorprendente de algún aspecto de la realidad» (19ª ed., 1970, *sub voce*).

[10]   Por su visión atomística del mundo, Ramón tuvo siempre
dificultades para *montar* o *construir* sus obras, en especial las novelas. En
estas el andamiaje, de tan sutil, llega a la invertebración. Es natural

elemento constitutivo o ingrediente suyo. La oposición entre greguería autónoma y greguería intratextual equivaldría entonces a la que opone acontextualidad y contextualidad, con todas las consecuencias semánticas que implica. Volviendo a la greguería intratextual, el enunciado básico influye sobre ella y en reciprocidad es influido. Los grados de la asimilación se dejan definir y jerarquizar mediante criterios de índole sintáctica. Con arreglo a estos se justifican —si estamos en lo cierto— los apartados que siguen. Todos ellos se ilustran con ejemplos espigados en un sector amplio de la obra de Ramón,[11] ejemplos que podrían multiplicarse sin dificultad.

---

entonces, y sucede a menudo, que los escritos breves (cuentos), fácilmente reducibles al despliegue de una impresión original unitaria, consigan mayor coherencia y densidad artística. Por el lado opuesto, cuando lo fragmentario se extrema, la sucesión inconexa de párrafos de pocas líneas los acerca a las series de greguerías. Pero se trata de un caso limite. Además de que, entre esos párrafos, solo esporádicamente hay greguerías.

[11]   He aquí la clave de referencias: Autom. = *Automoribundia*, Buenos Aires, 1948; Avent. = *Aventuras de un sinsombrerista*, en *Revista de Occidente*, marzo 1932, pp. 282-307; Circo = *El circo*, Madrid, 1968; Cólera = *El cólera azul*, en *Revista de Occidente*, julio 1932, pp. 41-69; Efigies =) *Efigies*, en *Retratos completos*, Madrid, 1961; pp. 9-254; Ensayos = *Ensayos heterogéneos*, en *Revista de Occidente*, febrero 1933, pp. 174-208; Goya = *Goya*, Madrid, 1972 (3ª ed.); Guía = *Guía del Rastro*, Madrid, 1961; Lope = *Lope viviente*, Madrid, 1954; Marip. = *Ensayo sobre las mariposas*, en *Revista de Occidente*, mayo 1932, pp. 153-169; Medios = *Los medios seres*, en *Revista de Occidente*, octubre y diciembre 1929, pp. 87-120 y 348-394; Nardo = *La Nardo*, Barcelona, 1981; Nostalgias =

* * *

A. La greguería intratextual se formula igual que la autónoma. Coincide con una oración.[12] Su asimilación por el enunciado básico es nula o mínima.

A.1. Aparece como párrafo aislado. La posibilidad-frecuencia de aparición es proporcional a la debilidad de los enlaces extraoracionales. Puede adoptar la forma de pensamiento o de manifestación verbal de un personaje.

El cascarón de los senos está en los hombros (Senos I 25).

¡El rebuzno es el poema más sintético y urgente de la angustia amorosa! (Retr. 291).

Las cazoletas del telégrafo son palomas ahorcadas (Quinta 90).

Los pinos son el tupé de nuestros montes (Quinta 92).

Nostalgias de Madrid, Madrid, 1966; Nuevos = *Nuevos retratos contemporáneos*, en *Retratos completos*, Madrid, 1961, pp. 585-857; Nuevas = *Nuevas páginas de mi vida*, Madrid, 1970; Peluq. = *Peluquería feliz*, en *Revista de Occidente*, febrero 1934, pp. 121-148; Quevedo = *Quevedo*, Madrid, 1962 (2ª ed.); Quinta = *La quinta de Palmyra*, Madrid, 1923; Ramon = *Ramonismo*, Madrid, 1923; Retr. = *Retratos contemporáneos*, en *Retratos completos*, Madrid, 1961, pp. 255-783; Secreto = *El secreto del acueducto*, Barcelona-Buenos Aires, 1963; Senos = *Senos*, Buenos Aires, 1979 (4 volúmenes, de los que el tercero no me ha sido accesible); Solana = *José Gutiérrez Solana*, en *Obras selectas*, Madrid, 1947, pp. 837-875; Torero = *El torero caracho*, Madrid, 1969.

[12] Simple o compuesta, en terminología tradicional. Aceptamos lo artificioso de la distinción.

Las estrellas de mar aparecen en los primeros momentos del mundo como pretensión poética de la materia (Ensayos 176).

Las medias de seda negra parecen hacerse con las oscuras mariposas de la noche, y las de seda clara, con las de la mañana (Marip. 159).

El caballo de los toros dispara una última coz terrible a la muerte (Ramon. 170).

La pelliza es la mitad justa de un gabán, la media tostada de abrigo (Ramon. 176).

En las peluquerías hay un momento en que imitamos al Cristo de Velázquez con su largo mechón sobre el rostro y la cabeza caída… Igual, igual (Ramon. 178).

A.2. Sin renunciar al carácter de oración, no constituye párrafo aislado sino que se apoya en otra u otras oraciones precedentes para completarlas, resumirlas o subrayarlas.[13]

Quevedo es como la poderosa verja que rodea el cementerio ilustre de su tiempo. *¡La verja! Lo que tiene un cinemático movimiento como de parpadeo vivo de lo de dentro hacia lo de fuera* (Quevedo 22).

Su éxtasis (= de los mendigos ciegos) es casi el éxtasis de un árbol, de un olivo, o quizás más el de un

---

[13]   A partir de aquí señalamos con subrayado la greguería (en su formulación más sintética) para distinguirla del enunciado básico. Cuando es posible referirse a una greguería autónoma documentada, la entrecomillamos. Si la reconstruimos nosotros, se señala con asterisco al principio.

sequerizo matorral por lo asentados sobre la tierra que están. *¡Éxtasis arborescente de los ciegos!* (Guía 184).

La mujer insiste en sostener que el alma está en la parte alta del cuerpo y separa el busto del pedestal, por una cintura de avispa *(El corsé es un frutero con peana)* (Autom. 124).

En esa hora última que hay que aprovechar, porque aún no se ha hundido el perfil, […] Valotton tomó un croquis a la pluma […] y Bertault […] esa mascarilla […] *La mascarilla mata definitivamente al muerto. Es el certificado de defunción de su parecido* (Efigies 126).

A.3. Es una oración conectada aditivamente con otra del mismo rango (copulativa).

La plaza dio un respingo […] y un chaparrón de aplausos premió la hazaña, y *comenzaron a saltar en el ruedo los peces de los puros* (Torero 59).

Los grillos llenan de puntos suspensivos el terreno, y parece que revelan un contacto eléctrico (Nostalgias 170).

El sombrero es una alcurnia superpuesta, y estamos en momentos en que solo se debe tener en cuenta la categoría inteligente (Avent. 285).

La lupa era el principio suelto del microscopio, y por eso se buscaba esa mosca tonta y resignada que se deja observar (Nostalgias 148).

B.   La greguería intertextual se formula casi del mismo modo que la autónoma. Sintácticamente coincide con un sintagma nominal. Su asimilación por el enunciado básico es intermedia respecto de los tipos A y C.

B.1. Coincide con un sintagma nominal subjetivo.

Los senos con redecilla de los pulverizadores caían sobre las repisas con una sensualidad inexplicable (Peluq. 136).

Vestida con una estera de pleita que da gran rigidez a su cuerpo de caderas ceñidas, resaltan mucho más *los inevitables senos de los hombros* (Autom. 326) (cf.: «Hombros de dama: senos de carne y hueso»).

Los carnavales tenían gran abundancia de caretas de muerte, y en los estandartes y en los disfraces había *costillares amarillos de húsares ya mondos y lirondos* (Solana 850-851) (cf.: «Los húsares van vestidos de radiografía»).

B.2. Coincide con un sintagma nominal objeto directo.

Al abrir las contraventanas se encontró *las viruelas de la lluvia en los cristales* (Quinta 37).

Se ha llegado a no entrecomillar [...] como si el cajista o el linotipista se hubiesen olvidado de añadir *las patillas de lo ajeno que son las comillas* (pp. 132).

Nubes de ganados de *ovejas que ponían en el suelo ese entrecomillado* que hace a los caminos bíblicos (Nardo 24) (cf.: «La gallina llena el suelo de asteriscos»).

Ya dije una vez que *ninguna calavera parece ser de una mujer* (Autom. 336).

B.3. Coincide con un sintagma nominal circunstancial.

A esos dos *capullos duros de los hombros* que no acaban de marchitarse más que con la muerte, se agarraba con entusiasmo Lope (Lope 71).

Todos los personajes, al inclinarse sobre los platos, parece que meten la cabeza bajo *la gatera de la guillotina* (Efigies 142).

B.4. Es desarrollo aposicional de un sintagma del enunciado básico.

Las ranas —*esas bocas que saltan*— no dejaban de arrear a la noche (Secreto 91).

Se tenían pequeños deseos conformistas, como que pasase el primer automóvil, *el automóvil que peina el paisaje y le hace la raya* (Quinta 152).

Se ponía (= Galdós) sus *negras zapatillas* abrigadas, de broches de cepo, *gafas ahumadas para los pies* (Nuevos 759).

Se encuentran tiendas cubiertas de *arpilleras, esa trama elemental que es el salto de la tierra a la túnica* (Guía 25).

B.5. Hace patente, mediante un elemento expreso (por lo general *como*) su carácter de símil, distanciándose así en parte del enunciado básico.

Pasó la *bandada de pájaros* como una *larga hilera de puntos suspensivos* (Quinta 160).

En todas las esquinas los *aguaduchos*, con sus docenas de limones a la vista, son como *amas refrescantes de la ciudad* (Autom. 403).

Los que se ponían *quevedos*, se los ponían como *bigoteras del mirar* (Quevedo 50).

Esa *perilla* que gastaba (= Calderón) era como *vellón de llama hacia abajo* (Nostalgias 203).

La ermita, rodeada de *botijos* como de *gallos blancos del agua* (Goya 112) (cf.: «Jarra blanca, paloma de agua»).

C. La greguería intratextual se formula de manera distinta a como lo haría la autónoma. Elementos espurios la desarrollan y la pormenorizan. Su asimilación por el enunciado básico, a cuyas exigencias sintácticas y semánticas se pliega, es ahora máxima. La irreconocibilidad, en cuanto greguería, la sitúa en el límite teórico de este proceso de desvirtuamiento y disolución.

C.1. Se obtiene por selección de elementos.

Las patillas entrecomillaban a los espectadores castizos (Torero 50) (cf.: «Patillas: cara entre comillas»).

Aquellos ayes sustituían al *humo*, que apenas era ese espectro sutil que más parece *nervosismo* (sic) *del aire* que sustancia alguna (Secreto 34).

Aparecen las primeras vértebras de la *tormenta* y en seguida está ya ahí toda entera como un *saurio del cielo* (pp. 158).

Puntúan (= los murciélagos) y dan intención calladamente a *la hora* (= el atardecer) (Guía 212) (cf.: * Los murciélagos puntúan la tarde).

Los *clowns*, en resumen, son una especie de *enharinados panaderos que preparan el pan de la risa* para todos (Circo 35).

C.2. Se constituye mediante remodelación sintáctica del enunciado básico.

Los pobres caballos, con sus pañuelos sobre un ojo — parece que les duelen las muelas en un ojo—, fueron dejándose la vida (Torero 116) (cf.: * A los caballos con un ojo vendado parece que les duelen las muelas en un ojo).

Había visto deslizarse, cabalgando sobre sus finas muletas, muchas arañas (Secreto 98) (cf.: * Las finas muletas de las arañas).

Pareces haber puesto paréntesis a un beso posible (Medios 361)[14] (cf.: * La que se pinta los labios pone entre paréntesis un beso posible).

Cuando le veía ponerse [...] su capa después de dar una larga al ambiente, me levantaba y me iba alegre (Nuevos 614) (cf.: * El que se pone la capa le da una larga al ambiente).

El joven, hundido en el sillón más cómodo, ponía guiones de cigarrillos en sus pensamientos (Cólera 43) (cf.: * El fumador pone guiones de lumbre en sus pensamientos).

C.3 Se hace meramente nuclear. Es decir: una comparación o asociación de índole greguerística, sin alcanzar formulación expresa sintética y eficaz, subyace al enunciado básico viniendo a ser como «estructura profunda» suya.

---

[14]   Un personaje se lo dice a una mujer que se acaba de pintar los labios.

En todos quedó la imagen de aquel *seno hacia dentro*, aquel seno cuyo cono invertido tenía el vértice en el corazón (Torero 97) (cf.: «Rosa: seno hacia dentro»).

Los senos solo tienen una competencia y solo luchan con las redondeces de *los hombros*, que *son otros senos más duros, más perennes* y más buenos (Senos IV 37) (cf.: «Hombros de dama: senos de carne y hueso»; y segundo ejemplo de B.1).

Los senos debían ser francamente *corolas* con sus pistilos en la concavidad, ser declaradamente dos flores, en vez de ser eso mismo abortado y cohibido (Senos IV 38) (cf.: de nuevo: «Rosa: seno hacia dentro»).

Esa supresión de las máquinas de escribir actuales de las dos *lágrimas pasionales de lo escrito*, hace que los originales a la imprenta vayan sin sus necesarios *signos de admiración*, y así, poco a poco, se vaya perdiendo [...] esa espontaneidad ferviente que suponían esos *pendientes* que de vez en cuando *necesita el párrafo* (pp. 63) (cf.: * Signos de admiración: lágrimas de lo escrito; o: * Signos de admiración: pendientes del párrafo).

A veces uno de los contertulios de la taberna abre un estuche. Todos se suben encima de sí mismos y se agrupan alrededor de él, acercándose mucho a la joya como cortos de vista (Guía 30) (cf.: * Los que se aúpan para mirar a la vez algo pequeño parece que se suben encima de sí mismos).

* * *

Si admitimos —como parece legítimo— que un género literario se constituye como tal sobre la base de rasgos dominantes cualitativa o cuantitativamente, lo esencial de Ramón vendría dado por su visión fragmentaria de la realidad. «Escritor sin género», se ha dicho de él.[15] Pero lo que en rigor hace es *cuartear* los géneros heredados, *desmantelarlos* incluso, para llevarlos a su terreno propio: lo que a falta de etiqueta disponible se ha llamado «ramonismo».[16]

Ahora bien: si el mundo es disperso, asistemático, aleatorio, la asociación libre (y con ella la greguería) se convierte en un método de conocimiento. Tiene por tanto que ser reivindicada y cultivada disolventemente. La rebeldía que esto implica, aunque notable, no llega a ser total. Respecto de la formalización semiexplícita constituida por la tradición literaria en que su obra se inserta, Ramón llega a un compromiso. Retiene los motivos (unidades menores) que vienen de ella, reelabora los temas (conjuntos aún unitarios pero ya complejos) y suelen deshacérsele los argumentos, tramas, asuntos o como se les quiera llamar, es decir, la concatenación rigurosa y apasionante de los acontecimientos, incompatible con la índole de su talento.[17]

---

[15]   Nota F. Umbral (escribiendo en 1978): «Hoy, cuando los géneros se confunden, se borran, desaparecen, comprendemos que el escritor sin género era la más moderna figura de escritor» (*op. cit.* en nota 49).

[16]   Se incluye aquí la obra de este mismo título y otras cosas como *Gollerías, Caprichos, Senos*, etc.

[17]   La obsesión por los senos *(Senos* y apariciones breves en muchas obras) sería un motivo; la aventura donjuanesca *(El incongruente, La quinta de Palmyra)*, un tema; el amor/desamor entre Perfecto Tully y su esposa *(Policéfalo y señora)*, un argumento.

Volviendo a las greguerías intratextuales, por encima del papel que cada una desempeña en cada caso concreto —generalmente es dinamizador o metaforizador del enunciado básico (remitimos para ellos a los ejemplos en particular)—, parece corresponderles en su conjunto la función de contribuir a la «apropiación» de los modelos genéricos disponibles, preexistentes, para acercarlos al designio propio y hacerlos servir desde y para él. La gradación que hemos procurado esquematizar —con la greguería = párrafo aislado, en un extremo, y la greguería *nuclear*, en el otro— ilustra el tira y afloja de ese esfuerzo acomodador, marca los límites operativos de un recurso, probablemente inconsciente en el autor pero no por ello menos definitorio de su manera de escribir. Si haciendo un esfuerzo de abstracción nos imaginamos la obra ramoniana —vastísima y multiforme— como un significante global, inclusor de otros parciales a los que connota retroactivamente, podríamos asignar en él a la greguería intratextual un papel bastante preciso: contribuye, no sola sino junto a otros procedimientos que requerirían estudio aparte, a la greguerización del discurso narrativo, y secundariamente del ensayístico, a fin de asimilarlos al rasgo primero y subordinante, es decir, a la visión «espongiaria» de la realidad.

Relatos ramonianos
en la *Revista de Occidente*

1.   Respecto del conjunto, tan amplio, de su obra literaria, lo publicado por Gómez de la Serna en la *Revista de Occidente* (primera época: 1923-1936) se caracteriza por un acrecentamiento ostensible de la voluntad de estilo, así como de la tensión reflexiva. La empresa cultural encabezada por José Ortega y Gasset le mereció un respeto sincero. Tuvo conciencia de que aparecer allí constituía un honor y un privilegio, equivalía a codearse con lo más valioso del pensamiento y la creación artística contemporáneos.[1] Por eso sus colaboraciones, si se las lee atentamente, permiten quizá mejor que otros textos cualesquiera la aproximación a la esencia definitoria, huidiza siempre, de su manera de escribir y de su concepción tan peculiar del mundo.

A la *Revista de Occidente* entregó Ramón catorce relatos breves, a cuyo análisis nos ceñiremos en este artículo, nueve ensayos y una pieza teatral. Son estas las contribuciones de mayor entidad. Pero hay además cuatro semblanzas biográficas, cuatro textos incluibles en lo que a falta de etiqueta genérica preexistente se ha venido llamando «ramonismo»[2] y dos reseñas. El número total se

---

[1]   A la evocación de su tertulia está dedicado el capítulo LXII de *Automoribundia*, Buenos Aires, 1948, pp. 430-434.

[2]   Cf.: *Ramonismo*, Madrid, 1923, libro del que se ha tomado.

eleva así a treinta y cuatro, cifra elevada y bien ilustradora
del aprecio en que se le tuvo. Doy a continuación la lista,
ordenada en el tiempo, de estos escritos añadiendo un
comentario mínimo sobre los narrativos.

1.1.   Colaboraciones mayores.

1.1.1. RELATOS BREVES. Son los siguientes: *La capa
de don Dámaso* (septiembre 1924, pp. 331-350), *La casa
triangular* (octubre 1925, pp. 56-70), *El dueño del átomo*
(abril 1926, pp. 59-84),[3] *El hombre de la galería*
(septiembre 1926, pp. 299-316), *El gran griposo* (abril
1927, pp. 57-78), *El defensor del cementerio* (septiembre
1927, pp. 317-338), *La capa de don Dámaso* (septiembre
1924, pp. 331-350), *Suspensión del destino* (agosto 1928,
pp. 129-143), *La abandonada en el Rastro* (marzo 1929, pp.
257-288), *El hijo surrealista* (octubre 1930, pp. 27-52),[4]
Aventuras de un sinsombrerista (marzo 1932, pp. 282-307),
El cólera azul (julio 1932, pp. 41-69),[5] *Peluquería feliz*
(febrero 1934, pp. 121-148), *La niña Alcira* (junio 1934,
pp. 274-303)[6] y *La estufa de cristal* (octubre 1934, pp. 79-
96). Nos ocuparemos de ellos a partir de 2.

---

[3]   Publicado también en *Antología: Cincuenta años de literatura* (en la
portada: *50 años de vida literaria*), Buenos Aires, 1955, pp. 320-340, y en
Obras selectas, Madrid, 1947, pp. 131-148. En adelante *Antol.* y *Obras.*

[4]   También en *Antol.*, pp. 341-360, con el título de *El adolescente
surrealista*, y sin título en *Ismos*, Madrid, 1975, pp. 289-310, donde se
incluye en el capítulo «Suprarrealismo» (pp. 263-310).

[5]   También en *Obras*, pp. 149-167.

[6]   También en *Obras*, pp. 169-189.

1.1.2. ENSAYOS. He aquí su relación: *El gran español Goya* (mayo 1927, pp. 191-203), *Concepto de Goya. En el centenario* (abril 1928, pp. 20-44), *Completa y verídica historia de Picasso y el cubismo* (julio 1929, pp. 63-102; continúa en agosto 1929, pp. 224-250), *Gravedad e importancia del humorismo* (junio 1930, pp. 348-391), *Botellismo* (diciembre 1930, pp. 303-320), *Ensayo sobre las mariposas* (mayo 1932, pp. 153-169), *Las cosas y el ello* (agosto 1934, pp. 190-208), *la acinesia y el corazón* (marzo 1935, pp. 241-274) y *Las palabras y lo indecible* (enero 1936, pp. 56-87).

De estos ensayos, cada uno merecería un estudio pormenorizado. Cuatro están inspirados por la pintura. En los dos dedicados a Goya, Ramón sabe ver la «anormalidad», por supuesto en sentido positivo, del aragonés respecto de su tiempo, así como el papel decisivo que le corresponde en cuanto promotor de la pintura moderna, sobre todo por su entrevisión de una realidad más allá de lo aparencial.[7] Los otros —*Botellismo*[8] y el más extenso sobre Picasso—[9] abundan en precisiones sutiles y originales sobre los movimientos pictóricos de aquellos años.

---

[7]   El interés por Goya, al que Ramón consideraba uno de sus maestros, cobra cuerpo en 1928 con la publicación de *Goya y la ribera del Manzanares* y de *Goya*. Fecha según Granjel, Luis S.: *Retrato de Ramón*, Madrid, 1963, p. 247.

[8]   También en *Ismos*, pp. 310-329.

[9]   Retocado y con el título «Picassismo» figura también en *Ismos*, pp. 42-107. Con el título «Pablo Picasso», en *Retratos completos*, Madrid 1961, pp. 1027-1074.

En *Gravedad e importancia del humorismo*[10] se insiste en cómo el humor está invadiendo el arte y hasta el mundo todo. Su función es subversiva. En él se complace el fondo de nuestro ser. El humor es la actitud más idónea ante la brevedad de la vida. Siendo humorista, se es un «profesional del vivir». El humorista, que presenta a su héroe como dislocado, acaba por conmoverse con él.[11] El humor, reñido tanto con lo cómico como con lo amargo, salva el abismo entre locura y mediocridad. En él se cumple la fraternidad de las cosas. En tiempos de crisis, cuando ya se ve claro qué es lo que desaparece, pero no aún lo que se va a instalar en su lugar, constituye el asidero mejor. El humor ayuda a sobrellevar el mal trago de la muerte… y el de la vida. Ejercitarlo es para el artista garantía de una supervivencia efectiva. Estas ideas, desatendidas por la crítica, son buena prueba de la «gravedad» existencial del escritor. Esperamos volver sobre ello en otro momento.

En *Ensayo sobre las mariposas*, Ramón, capaz siempre de girar y girar en torno a algo, sometiéndolo incansablemente a asociaciones insólitas, encuentra en los «insectos estéticos por excelencia» un buen motivo de inspiración.

Las cosas y el ello. Sus ideas básicas —el hombre es asimilable a los objetos en la percepción que tienen de él los otros hombres; el arte y la ciencia de hoy (el hoy de los

---

[10]   Con el título «Humorismo» se incluye en *Ismos*, pp. 197-233. Sobre el humorismo y sobre cómo Ramón llegó a ser declarado humorista véase *Automoribundia*, pp. 154-157.

[11]   ¿Pensaría Ramón en Cervantes, ejemplo máximo de esta actitud, al escribir? Parece lícito suponer que sí.

años treinta, claro) coinciden en su penetración o desentrañamiento de los objetos; sentimiento de estos por parte del artista como «ostensorios de la fuerza cohesiva del mundo»; del entrechoque de los objetos brota una verdad superior; las cosas, al caer en el fondo de lo humano, le influyen de un modo no por inconsciente menos decisivo; la inmersión en las cosas le alivia al hombre la conciencia dolorosa de su fluir irrestañable; trabajar con y entre las cosas es preceptivo para el artista que siente la llamada de la hora, es decir, que aspira a situarse a la altura de los tiempos— constituyen otras tantas claves interpretativas del arte de Ramón y no pueden nunca dejarse de lado desde la perspectiva que nos hemos propuesto en este caso concreto. Confío en hacerlo ver más adelante.

La acinesia y el corazón, a despecho de su brevedad, es un texto complejo. Coexisten en él, interpenetrándose, una serie de greguerías que tienen en el corazón su centro de referencia, consideraciones angustiadas sobre el agotamiento inexorable del tiempo vital, una reflexión sobre el binomio corazón/razón y un asedio al concepto de romanticismo, no tanto el histórico como la actitud vital recurrente a la que solemos aplicar el mismo nombre.

En *Las palabras y lo indecible* se reivindica la total libertad del lenguaje. Solo rompiendo las asociaciones establecidas entre las palabras se logra irrumpir en lo indecible, desvariar en un sentido creador. Compete a los artistas encontrar las palabras nuevas para lo nuevo. El punto de vista que para ello se adopte ha de ser «espongiario», vale decir: múltiple y no jerarquizado. Perfección equivale a muerte, solo es vivo lo no comprensible del todo. El arte se ha cansado de doblegarse a lo real —lo real entendido como visible y descriptible—, que lo tenía rebajado. Rebelde contra todo sistema, se ha hecho sinónimo de reinmersión gozosa en el caos. Que todo se hunda es condición indispensable para que aparezca lo nuevo radical.

1.1.3. TEATRO. Ejemplificado por *Los medios seres* (octubre 1929, páginas 87-120; continúa en diciembre del mismo año, pp. 348-394). Esta obra, cuya idea inspiradora pudo venirle a Ramón de un cuadro de su propiedad [12] —había pertenecido al Duque de Rivas y representaba a una mujer dividida verticalmente en dos mitades: una viva y lozana, otra muerta y momificada—, llegó a estrenarse en el teatro Alcázar de Madrid.

1.2. Colaboraciones menores.

1.2.1. SEMBLANZAS BIOGRÁFICAS. Son estas: *La oración de la Academia* (junio 1927, pp. 396-398), *Requiem por Güiraldes* (octubre 1927, pp. 103-105), *Azorín* (noviembre 1928, pp. 202-226), *Retrato de Juan Cocteau* (mayo 1931, pp. 105-139). En la primera evoca, anecdóticamente, a Azorín. La segunda es un elogio, algo convencional y de circunstancias, del autor de *Don Segundo Sombra*, fallecido ese mismo año. Más enjundiosas son, en cambio, la tercera y la cuarta, que ahondan ya en la caracterización humana y artística de ambos escritores.[13]

---

[12]   Así lo declara en *Automoribundia*, p. 507. Sobre el cuadro en cuestión, páginas 336-337. Acerca del estreno de *Los medios seres*, pp. 605-520. El prólogo de esta obra se reproduce en pp. 508-510).

[13]   Azorín iba a ser objeto en 1930 de una biografía. Para Cocteau, véase *Retratos contemporáneos*, Madrid 1961, pp. 984-1006.

1.2.2. RAMONISMO. Tres textos llevan el título común de *Tugurio de imparidades* (noviembre 1930, pp. 250-252; junio 1932, pp. 368-372; septiembre 1932, pp. 345-348). El cuarto, el de *Ensayos heterogéneos* (febrero 1933, pp. 174-208), En todos, seres y cosas sirven de foco referencial a una serie de asociaciones y de proyecciones subjetivas. Encuentran aquí acogida algunos objetos tutelares del autor: diosa de muchos brazos, bola de cristal, aldabones.[14]

1.2.3. RESEÑAS. De *El fervor de Buenos Aires* por Jorge Luis Borges (abril 1924, pp. 123-127) y de *Los toros, las castañuelas y la Virgen* por Ernesto Giménez Caballero (octubre 1927, pp. 129-133). En la primera, muy ponderativa, Ramón atribuye al argentino virtudes que vienen a ser más bien las suyas propias: «Un Góngora más situado en las cosas que en la Retórica retiembla en la copa de Borges» (p. 125). La segunda es de interés menor.

2.   En cuanto narrador, tomando la palabra en su sentido lato (inclusivo de novela y de cuento), Ramón tiene un aire epocal inscribible sin violencia en la famosa «estética deshumanizada» que Ortega caracterizó en su día. Los rasgos básicos de esta —trama incongruente o borrosa, psicologismo imaginario, intrascendencia, irresponsabilidad moral, ludismo, humor— se reconocen a primera vista.[15] El hecho es conocido y no merece la pena insistir en él. La contraposición relato extenso / relato breve sí justifica en cambio algunas consideraciones.

---

[14]   «Tendría que hacer un libro para describir por qué me rodeé de esas cosas de carácter que fui encontrando en los rincones pintorescos del mundo» declara en *Automoribundia*, p. 227.

[15]   Puede comprobarse a partir de 2.1.1.

De algún modo, la índole del talento ramoniano se revela más adecuada para el cuento que para la novela.[16] En esta, suele fallarle la vertebración, de cualquier manera que se la entienda. En aquel, contrariamente, la yuxtaposición de párrafos cortos y por así decirlo «herméticos» (no hay apenas enlace extraoracional) se compagina mejor con la fluidez y coherencia del conjunto. Al hallarse el cuento más exclusivamente anclado en el lenguaje que la novela, Ramón sale ganancioso con el primero. Por lo que hace a las inflexiones —no siempre coincidentes con las subdivisiones[17] porque las hay inoperantes funcionalmente—, alcanza incluso cierta agilidad, lo que suele ser el caso de la novela. Y aún hay más: por procedimientos insospechados, como vamos a ver, consigue la condensación necesaria, así como la impresión de conjunto uniforme y estéticamente eficaz. Como estos procedimientos tienen un elevado índice de originalidad y su aplicación conduce a resultados notables, tiene sentido prestarles alguna atención.

Dicho esto, señalaremos que, a nuestro modo de ver, los catorce relatos publicados en *Revista de Occidente*, con independencia de su calidad (variable de unos a otros), tienen valor metodológico en un intento de determinar las directrices fundamentales que organizan toda la obra literaria de Gómez de la Serna, la cual, si se la mira de cerca y con cuidado, se va revelando cada vez mejor trabada y en

---

[16]   Para nosotros son cuentos los catorce relatos, aunque Ramón subtitula «novela» tres de ellos: *Suspensión del destino*, *La casa triangular* y *La capa de don Dámaso*.

[17]   Su número oscila entre cuatro y ocho. Solo *El defensor del cementerio* tiene once.

definitiva más unitaria a pesar de su amplitud. Así pues, en lo que sigue, al agrupar los relatos no nos ha movido el prurito, en general superfluo, de hacer clasificaciones temáticas, sino el de poner de relieve ciertos rasgos básicos operantes habitualmente en la visión del mundo del escritor. El resumen apretadísimo que ofrecemos de cada uno no apunta tampoco a lo anecdótico, sino a mostrar cómo en cada caso lo que constituye el relato —acotándolo, encauzándolo y adensándolo— es aplicación de una u otra de estas directrices fundamentales, las siguientes: protagonización por los objetos (2.1.), predominio de la atmósfera y la sensación sobre la trama o acción argumental (2.2.), destino como absurdidad o mero azar (2.3.), posiciones teóricas o actitudes vitales propias de las vanguardias (2.4.).[18]

2.1. Relatos de objeto o de cosa agentes.

Por agente hay que entender: que tiene virtud o capacidad para obrar. Damos este nombre, a conciencia de su provisionalidad, a aquellos relatos en que lo inanimado, al influir sobre los seres humanos, lo hace hasta el extremo de convertirse en motor de sus vidas o de destruirlos. En un primer subgrupo (2.1.1.) tendríamos relatos dinámicos o de acción, acción de personas al dictado de cosas. Se da en ellos una inversión en el papel de lo inanimado, que de instrumentalizado por el hombre pasa a apoderarse de él, a dominarlo. El aura humorística que los envuelve no es ajena a la conciencia de su inverosimilitud: inverosímiles lo son, pero solo desde una concepción «sensata» del mundo quizás suponible en el lector, pero en todo caso

---

[18]   En algunos casos señalamos en nota coincidencias con otras obras de Ramón.

antípoda de la del autor. En un segundo subgrupo (2.1.2), de humorismo más apagado, se da un paso más y se produce una verdadera rebelión de las cosas llegando estas a aniquilar a las personas. Tenemos así una canibalización del hombre por lo inanimado.

2.1.1. Incluimos aquí los dos relatos más antiguos de los catorce aparecidos a lo largo de la década 1924-1934.

En *La capa de don Dámaso* este se compra una formidable que lo escuda de toda agresión exterior. Bajo la capa protege un día de lluvia a la muchacha que será su esposa y años más tarde, moribunda ella, con la capa vuelve a abrigarla. Con la capa consuela su viudez. El uso inconsiderado que de la capa hace su hijo lo separa afectivamente de este y lo decide a irse a la Corte, donde la prenda, como persona viva, adquiere nuevo talante y compostura. Obligado a empeñarla, con la pañosa desaparece la incompatibilidad entre él y su hijo. Toma, pues, el tren para regresar a su pueblo e iniciar allí una vida nueva.

En *La casa triangular* el protagonista Adolfo Sureda desea hacer la vida en una casa única en su género, ajena a toda convencionalidad. Para conseguirlo busca a un arquitecto joven y audaz, que se la construye en forma de triángulo isósceles. Sureda se casa y se instala allí con su mujer. Con la vida normal empiezan los problemas. Al verse padre de unos trillizos, no puede menos de pensar que la casa ha sido inductora de tan grave irregularidad. Empieza a resultarle preocupante eso de vivir en la «sede de lo triangúlico». Todo se complica —piensa— en una casa semejante. Recurre a un geómetra, que se ofrece a adoctrinarlo hasta el punto de hacerle adquirir el sentido de la triangularidad, pero la cosa no para ahí. Absorto en sus especulaciones geométricas, Sureda descuida sus deberes conyugales y un buen día descubre que su mujer lo engaña. El geómetra, en aplicación eficaz de su ciencia (incluso el adulterio se somete a las leyes de la geometría), descubre con quién, pero no impide que el matrimonio se deshaga. La casa triangular es puesta en venta sin más contemplaciones.

Como se puede ver, en ambos casos tenemos personajes humanos «inducidos» por objetos y cosas, con los que aparecen y desaparecen. De ellos solo cuenta lo que a los objetos y cosas se refiere, nunca lo anterior o posterior o ajeno. He aquí, pues, lo inanimado en el ejercicio de una función limitadora y configuradora del espacio ficcional.

2.1.2. Colocamos en este apartado, por orden cronológico, los tres relatos siguientes:

En *El dueño del átomo*[19] don Alfredo, sabio investigador, le dice a su esposa al casarse que espera dominar el átomo haciéndose así dueño del mundo. Acaparado él por su trabajo, la pareja hace una vida muy retirada, que anima solo la tertulia semanal con unos pocos amigos. Alfredo va acumulando galardones científicos, pero su mirada sigue fija en el futuro: no desiste de llegar a ser «el dueño del átomo». Se propone aislarle el núcleo, desintegrarlo (lo que producirá una fuerza destructora formidable capaz de acabar con el mundo), aplicarlo a la paz (mediante motores de consumo mínimo y rendimiento máximo). En su entusiasmo hace confidentes a su mujer y a Silvio,

---

[19]   También en *Obras*, pp. 131-148 y en *Antol*. pp. 320-340.

discípulo predilecto, de tales sueños porveniristas. Por fin un día tiene la revelación de lo que falta por hacer. Corre a su laboratorio, manipula lo necesario y en efecto el átomo se pone en marcha, pero luego no consigue ya detenerlo. Su mujer y Silvio acuden. La energía liberada pulveriza la pared del laboratorio, desintegra un edificio próximo y por último aniquila «a los tres seres atónitos».[20]

En *El hombre de la galería*, esta (se trata de una galería comercial) es acogedora y aislante. En su recinto, el tiempo detenido lo erosiona e impregna todo. Nada trasciende allí de la luz y el bullicio de la ciudad: Nápoles.[21] La galería alcanza encarnación o si se prefiere desdoblamiento en un hombre, don Giovanni Monoroso, que la pasea incansable durante años, vestido incluso a tenor con su ambiente. La asiduidad del paseante por aquel espacio cerrado le va dando alma de murciélago. Inicia una aventura con la vendedora de una tienda, pero cuando se entera de que ella desea casarse para salir de allí, se le aparta en seguida. Persistiendo sin embargo en los paseos, don Giovanni conoce a un músico ciego con el que entabla amistad, pero como, al estrecharse esta, se le estropea la fruición solitaria de la galería, se deshace de él acusándolo ante la policía de práctica de la mendicidad. Puede ya así reanudar tranquilo

---

[20]   «Mis lectores se van a alarmar cuando yo les diga que hacia el año 1928 inventé la bomba atómica» dice Ramón (*Obras*, p. 131) en nota introductoria a este relato. En realidad fue en 1926. Con *El doctor inverosímil* se consideraba precursor o inventor del psicoanálisis.

[21]   Ramón vivió en Nápoles entre 1926 y 1927. Cf.: *Automoribundia*, pp. 450-458. De 1927 data *La mujer de ámbar*, escrita y ambientada allí.

las paseatas, hasta el día en que una lámpara desprendida del techo le cae en la cabeza matándolo en el acto. El golpe parece sospechoso de premeditación, ya que «aquella lámpara le había visto pasar bajo ella demasiadas veces para no conocerle» (p. 316).

La abandonada en el Rastro es sin duda, para nosotros, el más arquetípicamente ramoniano entre los relatos de este subgrupo. Renée, la protagonista, es una «mujer objeto» en sentido distinto del corriente y desde luego más literal. Por el azar de un tren perdido, Eduardo de Marchena la ha conocido en Francia y se ha casado con ella. Desde un principio le notaba algo de «maniquí de grandes almacenes». Una vez establecidos en Madrid, el Rastro es durante años recorrido habitual de la pareja. Se da en Renée una afinidad misteriosa con los cachivaches que allí se exhiben. Su marido llega a sentirla como medio persona y medio cosa: «parecía que no iba con ella la vida». Esta mujer, cuyo cuerpo tiene cuando se la abraza la frialdad y rigidez de un mecanismo, es magnetizada por los objetos. La atrae sobre todo el cuchitril de unos viejos en cuyo fondo se encuentra una segunda habitación atestada de cosas extrañas y en la que suele permanecer mucho tiempo. A Marchena se le va haciendo más y más incomprensible el hecho de vivir con tal mujer. Por fin, un día en que visitan la tienda de los viejos, se escapa dejándola encerrada. Devuelta así, por la fuerza, a las cosas, Renée se deshace en sus componentes: «se disolvía en sombrero, dentadura postiza, corsé papiro, ojos de cristal, cabeza de peinadora fracasada, cuerpo de prueba modistil, piernas de muestra de sedería y sombrilla colgada de los alambres tendidos como un paracaídas inocente» (p. 288).

2.2. Relatos de atmósfera o de sensación.

Entendemos por atmósfera, desde la perspectiva que nos hemos propuesto, el espacio comprendido dentro de unos límites bien determinados, estrecho en los casos más típicos, al que se extiende la influencia de objetos y cosas, su efecto impregnador. A una atmósfera dada corresponde subjetivamente una sensación dominante por parte de quien está inmerso en aquella.[22] Para un superdotado de la percepción, como lo fue Gómez de la Serna, era posible hacer de ciertas sensaciones en sí vulgares y experimentables por cualquiera, motivo generador de un relato. Condición básica: la «claustrofilia» ramoniana, su enquistamiento pertinaz en el adulto de una manera de «sentirse estar» más bien de la adolescencia. Dicho de otro modo: complacencia en un ámbito reducido, donde se acumulan cosas que vienen a ser prolongación del yo y crean en este una ilusión pequeñita de omnipotencia, reducto defensivo para una sensibilidad demasiado vulnerable a la agresión que le llega de fuera.

En este grupo tres relatos —*El gran griposo, Peluquería feliz* y *La estufa de cristal*— ilustran bien lo que queda dicho. Véamoslo.

En *El gran griposo* Antonio Rojas, propenso a la gripe, percibía los síntomas e indefectiblemente la atrapaba. Ya griposo, el análisis de su malestar físico,

---

[22] Ejemplos: vaharada cálida y voluptuosa en *La estufa de cristal*, relajamiento y tiempo vacío en *Peluquería feliz*, malestar físico y febrilidad en *El gran griposo*, luz y calor como erotizadores de la existencia en *La niña Alcira*, complacencia en preservar un espacio cerrado (incluso si es macabro) en *El defensor del cementerio*.

figura del no ser,[23] retenía morbosamente su atención. Restablecido, se iba al café donde se solía reunir con amigos: la gripe acaparaba la tertulia. Así una vez y otra hasta que un día el vecino de al lado, compadecido, le envía a su hermana para que lo cuide. Esta, además de no haberse resfriado nunca, conjura la enfermedad con eficacia, como que la absorbe en él sin contagiarse ella; es una verdadera «mujer antigripal». Rojas decide casarse con la medicina viviente, comprendiendo que el matrimonio no es sino «tomar enfermera» para las gripes sucesivas que han de desmoronar poco a poco la vida durante los inviernos que dure.

En *La estufa de cristal* el protagonista, cuya amante agoniza en una clínica, se pasea siempre por un jardín donde hay un laberinto de arcos y rosas y en cuyo centro se levanta un invernadero («la estufa de cristal») que lo obsesiona. Tras solicitar de paso a muchachas huidizas que deambulan por el laberinto, retiene a una que se revela insensible al hechizo del invernadero. Pasan meses, y cada día se queda hasta más tarde en el jardín. Por fin una noche en que la luna está a plomo sobre la estufa penetra en ella y encuentra a una mujer verde, irreal, a la que siente como emanación de aquel lugar húmedo, caliente, opresivo y sensual a la vez. Se establece entre los dos un idilio apasionado. Una rosa deshojada que cae le revela la curación de la enferma, y sale huyendo. Cuando poco después la amante y él visitan juntos el invernadero, ella le

---

[23]   «Del catarro a la muerte no hay distancia. Desde el catarro se ve el paisaje desilusionado del ya no vivir. Los días en que llueva sobre el propio sepulcro, se sentirá esta taponación de humedad ultratúmbica que se siente con el catarro» (p. 72).

cuenta cómo una noche, en su «locura de sangre envenenada», había estado allí. Más compenetrados que nunca,
por haber estado unidos en el lugar de un sueño que
vivieron separados, regresan a la ciudad.

En los dos relatos que siguen —*El defensor del
cementerio* y *La niña Alcira*—, por tratarse de espacios
abiertos, las características señaladas se difuminan y
atenúan, peo no hasta el punto de hacer de ellos algo
esencialmente distinto.

En *El defensor del cementerio,* este, viejo y olvidado,
va a sucumbir a la especulación: una empresa constructora
lo ha adquirido y se propone demolerlo. El proyecto
tropieza con la oposición de don Amadeo Palma, que tiene
enterrado allí a su padre y está dispuesto a impedirlo a
cualquier precio. Visita al obispo y consigue un
aplazamiento de los trabajos. Los muertos, inquietos, hacen
cábalas sobre su «porvenir». La empresa vuelve a la carga
y don Amadeo recurre al Supremo. Por fin el pleito se
pierde. Todo parece decidido. Sin embargo, el día en que
los obreros encargados de la demolición penetran en el
cementerio, son recibidos a tiros. Quien dispara es don
Amadeo, parapetado en una sepultura. Se recurre a las
fuerzas de orden público y toda una batalla se hace
necesaria para acabar con él. La defensa del cementerio
concluye así con la muerte «heroica» de su defensor.

En *La niña Alcira* el joven Luis Pesoe ha ido a Río de
Janeiro desde Lisboa para pasar una temporada con sus
tíos. Se enamora de Alcira, una mestiza de catorce años, y
a la vez tiene relaciones con una negrita que se va
convirtiendo en el «marco pobre» de la otra. El padre de
Alcira viene a verlo y le comunica que piensa oponerse a

sus amores por todos los medios, dado que su mujer (que solo tiene veintinueve años) no admite la repetición en la hija de un amor tan juvenil como el que ella misma vivió. Luis, contrariado gravemente, busca consuelo en la negrita. Estando con ella, oye que alguien llora cerca: es Alcira, a la que su padre ha llevado allí para que los vea y se desengañe. Así las cosas, roto el idilio con Alcira y perdida la otra también, Pesoe se queda como vacío, deambulando por la ciudad en espera del barco que lo devuelva a Portugal. Un día lee en el periódico que Alcira se ha quemado viva, en prueba de la firmeza de su amor. Pesoe hace a sus tíos la confidencia de lo ocurrido, silenciando sin embargo la aventura con la muchacha de color. Por toda solución, decide anticipar el regreso dejando fuera una corbata de luto cuando prepara su equipaje.

2.3. Relatos del destino.

En ellos, el destino aparece como ocurrencia azarosa, carente de todo designio racional o ético; en definitiva: como absurdidad. La coincidencia fortuita en que el destino consiste se apodera de las vidas y dispone de ellas sin permitir consecuencia ni moraleja alguna. Se ofrece, pues, del destino una visión rebajadora que lo equipara a la casualidad más trivial. Así entendido, tiende a diluirse en la «asociación libre». En virtud de esta, dominante también en el vasto mundo de las greguerías,[24] «todos los husos del tapiz del mundo se entremezclan y se mueven en veloz trabucamiento, trenzados todos los hilos en vorágine inexhausta».[25] Que los encuentros decisivos entre personajes

---

[24] Cf.: nuestro trabajo «Nebulosa y sistema en las greguerías ramonianas», *Versants*, I, 1981, pp. 109-120.

[25] *El cólera azul*, p. 56.

sean puramente casuales es congruente con esa concepción. Es más, son los casuales los mejores encuentros, los genuinos en cuanto que son libres, mientras que en cambio «conocerse por haber sido presentado siempre lleva una coacción encima».[26]

Suspensión del Destino.[27] Un día de San Isidro, en que está prevista una corrida sensacional, amanece nublado. El sol forcejea con las nubes, sin llegar a vencerlas. Los aficionados viven una sensación penosa de incertidumbre. La tensión peculiar que precede las tormentas se enseñorea de la ciudad. Paramo, uno de los matadores, se viste el traje de luces impresionado por los malos presagios del tiempo. Por fin la corrida comienza, pero la tormenta estalla durante la lidia del primer toro y hay que suspenderla. Poco después, Paramo se entera de que uno de los dos toros que le estaban destinados ha matado a otro diestro en la plaza de Aranjuez.[28] El destino ha sufrido así una «suspensión». La tormenta se configura en el ánimo de todos como una gran potencia salvadora.

---

[26]   *El cólera azul*, p. 48. De manera parecida se puede explicar también la versión ramoniana del donjuanismo. Un don Juan no es tanto un seductor (papel activo) como un pararrayos en el que convergen por casualidad fluidos eróticos femeninos dispersos (papel pasivo). Cf.: nuestro trabajo «Le donjuanisme et les littératures d'avantgarde: un exemple espagol»: *Les Actes du Colloque de Treyvaux 1981*. Fribourg Suisse, Éditions Universitaires, 1982, pp. 83-93.

[27]   Ramón cultivó el tema taurino en su novela *El torero Caracho*, de 1927, escrito en Nápoles.

[28]   Este diestro no es mejor ni peor que Paramo, ni tiene más o menos razones para morir que él; simplemente es otro.

El cólera azul. Una madre y una hija, propietarias acaudaladas, vienen de Angola a pasar una temporada en Lisboa.[29] Cierto día en que la muchacha ha salido sola de compras conoce en un salón de té a un caballero joven, de monóculo,[30] que intenta conquistarla mientras la acompaña al hotel. Ya en este, se encuentra con la sorpresa terrible de que su madre ha desaparecido sin dejar rastro. Todas las personas a quienes pregunta por ella le dicen que no la han visto nunca. Sufre una crisis y se despierta en el Hospital de Medicina Tropical. Allí, una enfermera le revela que su madre ha sucumbido a una enfermedad extraña y fulminante, el «cólera azul», que la ciudad necesita ocultar el caso y que a ella la han internado para someterla a observación. Enterada de que el caballero de monóculo, sospechoso de contagio, se encuentra asimismo internado, solicita verlo. Se reanuda así el idilio interrumpido al comienzo, con tanto provecho que la pareja decide reunirse en su «sino azul», con promesa firme y recíproca de matrimonio en cuanto acabe la cuarentena.

---

[29]   En Portugal se desarrolla también la acción de *La quinta de Palmyra*, Madrid 1923. Ramón había descubierto Portugal en 1915. Luego pasaría en este país dos años, en un chalet, *El Ventanal*, adquirido con dinero de la lotería y con parte del de la herencia paterna, que se vio obligado a malvender. Cf.: *Automoribundia*, pp.: 300-306 y pp.: 443-449.

[30]   En la literatura de Ramón los objetos alcanzan valor caracterizador decisivo. Cf.: títulos como *El caballero del hongo gris*. En *El cólera azul* la muchacha, al conocer al del monóculo, se siente segura porque «el monóculo se interpondría entre él y ella como una mampara infranqueable» (p. 47).

2.4. Relatos apologéticos o de manifiesto.

Llamamos así a aquellos en que, con el apoyo de peripecias muy movidas y casi siempre fantásticas, se hace declaración y elogio de doctrinas o actitudes que fueron compartidas por las vanguardias y personalmente entrañables para Ramón. En la *Revista de Occidente* se encuentran dos ejemplos de ellos: *El hijo surrealista* y *Aventuras de un sinsombrerista.*

El hijo surrealista. El joven Henri Kloz, de familia ordenada y burguesa, habitante de un hogar donde la existencia se remansa hasta la parálisis, reacciona violentamente contra los suyos y su mundo llevando a cabo una serie de actos inmorales y subversivos (desde la perspectiva conservadora, lícitos y hasta justicieros desde la suya propia): embaraza a la hija del portero, destruye con ácido los rostros de las estatuas de personajes célebres en el Museo Grevin, roba y tira al Sena las condecoraciones del Instituto de Francia y acaba escribiendo una carta insultante al presidente de la República. La policía entonces interviene, asesorada por dos peritos calígrafos, pero como la letra de la carta, escrita en estado de éxtasis, no se parece a la que Kloz hace normalmente, lo dejan en libertad. El hijo surrealista huye definitivamente de su casa.

Aventuras de un sinsombrerista. Ramón[31] recibe la visita de un ángel que le revela el sinsombrerismo y le ordena difundirlo sobre la tierra. Así lo hace, atrayéndose el odio de los sombrereros y la hostilidad manifiesta de los

---

[31]   Lo autobiográfico parece esta vez evidente. Ramón, en *Automoribundia*, p. 466, habla de sí mismo como «descubridor del sinsombrerismo».

ensombrerados. Incluso llega a temer atentados contra su vida. Recorre España predicando el nuevo credo y fundando comités de sinsombreristas. Viaja también a América para completar su labor misionera y allí se enamora de una judía, pero con tal de no verse obligado a entrar cubierto en la sinagoga (como es preceptivo), está dispuesto a renunciar a ella. Por fin la convence de que huyan juntos, disfrazado él con un sombrero, que lo hará irreconocible, y con intención de tirarlo al mar en cuanto el barco suelte amarras.

En el primer caso, como se puede ver, tenemos en rigor un manifiesto surrealista en forma de relato aventurero. Hay un doble hilo: por un lado los actos subversivos del muchacho y por otro las discusiones con la familia, que le permiten expresar sus ideas. Con estas, reordenándolas, se construye fácilmente el manifiesto. El surrealismo se concibe como una «revolución permanente», no identificable con ninguna política y más allá de todo programa conocido. Preconiza y reivindica una existencia incitadora, antirrutinaria e inconformista, presidida por el desprejuiciamiento y la libertad. Su credo, universal, rechaza todo tipo de estrecheces nacionales o nacionalistas. Se ha de llevar a cabo —con fe radical y por lo tanto con violencia, a despecho de la indeterminación de su contenido— por quienes se sienten al nivel que la historia exige. Es el caso del joven Henri Kloz, formado no ya en las estampas, sino en el cinematógrafo, que inventa nombres nuevos para cosas nuevas y que desea ensanchar la realidad con añadidos bellos y superfluos.

En el segundo caso, lo que de manifiesto hay en el relato alcanza menor entidad, pero no deja de situarse en el origen, como generador de todo. Se hace ahora la apología de un sencillo rasgo indumentario, revelador entre otros de una manera de ser. Renunciar al sombrero, como a la barba,[32] se sintió por entonces como indicio exterior de soltura vital; correspondía a unos modelos de comportamiento menos rígidos, más juveniles, deportivos, higiénicos y funcionales, que hicieron suyos las vanguardias. De nuevo, una forma de decir sí a la época nueva. A esta luz, el hecho de ir sin sombrero, por insignificante que sea, se convierte en símbolo de una receptividad más despierta. Incluso argumentos sociales se aducen a favor de las cabezas desnudas: al ser el sombrero una «alcurnia superpuesta», ir sin él no puede menos de abrirle paso a la igualdad.

3.   Llegados a este punto, ¿qué conclusión cabe sacar de los relatos? Encontramos en ellos un lenguaje más acendrado que de costumbre, esmero y afinación en el trabajo asociativo de todo con todo en que consiste básicamente la manera ramoniana de escribir, y esta vez más que nada protagonismo de las cosas: de su resonancia, de su influencia. Aquí reside la calidad estética, notable a veces y muy alta de promedio.[33] Ahora bien: se da la circunstancia siguiente, curiosa y significativa: Ramón, que en las novelas extensas no tiene inconveniente en dejar languidecer la acción, tiende a prodigarla en los relatos cortos. ¿Obediencia quizás al mandato orteguiano de que la narración no puede o no debe renunciar del todo a los sucesos so pena de quedarse como deshuesada? Sea así o

---

[32]   En *Automoribundia* cuenta cómo su padre se afeitó la barba, y añade este comentario: «aquello señaló una diferencia de época inquietante» (p. 128).

[33]   Para nosotros, la obra maestra sería *La abandonada en el Rastro*.

no, lo que se hace apenas interesa durante la lectura y, acabada esta, pronto se borra del recuerdo. Sin duda, no hay que buscar por aquí el «mensaje» artístico. Lo que cuenta en este sentido es el hecho de que ciertas cosas, ciertos recuerdos sensoriales, determinadas sensaciones pasajeras se dilatan aquí hasta lo increíble. Ramón lo saca todo de la zona confusa en que normalmente duerme, lo amplía hasta hacerlo bien visible y lo ilumina con destellos irisados. La sintaxis sincopada, a base de párrafos cortos y sin elementos expresivos de subordinación, se adapta bien a este propósito. Hay aquí, pues, mucho de lo que hará suyo la mejor narrativa actual. Solo que Ramón nos lo ofrece con un excipiente que se ha hecho desabrido para nuestro paladar.[34] Con todo, una lección aprovechable. No parece, sin embargo, que los cuentistas modernos hayan bebido mucho de él. Se diría que una vez más se ha ido a buscar fuera, entre los extranjeros, lo que se tenía arrumbado en casa. Salvando las distancias, lo ocurrido con Cervantes se ofrece ahora también a la atención.

---

[34] Por mucho que se intente, es poco factible para el hombre de hoy reasumir el ludismo de las vanguardias. Pesan en torno demasiadas amenazas.

Los relatos vanguardistas
de Ramón Gómez de la Serna

En este trabajo[1] vamos a ocuparnos de los relatos de Ramón Gómez de la Serna aparecidos entre 1913 *(El ruso)* y 1943 *(El turco de los nardos)*. En rigor, cabe hacer una reducción temporal importante de este período, lo que nos confina en los 17 años que se extienden entre 1921 y 1937. En este tiempo publica 42 relatos (48 si se añaden las *Seis falsas novelas*, reunidas en un volumen en 1927),[2] lo que da un promedio de 2,4 y de 2,8 por año respectivamente, ritmo de trabajo no exagerado pero tampoco desdeñable si se considera que a la vez Ramón escribe trece novelas de extensión normal,[3] y no decae en el resto de su producción. La mayor densidad se sitúa, de todos modos, entre 1921 y 1928, lapso de tiempo durante el cual publica 32 relatos (38 con las «falsas novelas»), a un ritmo de 4 y de 4,7 por año respectivamente.

---

[1] Continúa y desarrolla otro nuestro: «Relatos ramonianos en la *Revista de Occidente*», en *Philologica Hispaniensia in honorem Manuel Alvar*, Madrid, Gredos, 1987, t. IV, pp. 253-265. V. también Francisco Ynduráin: «Ramón en la *Revista de Occidente*», en *Revista de Occidente*, enero 1988, pp. 70-81.

[2] París-Madrid-Lisboa, Agencia Mundial de Librería, 1927.

[3] La primera es *El secreto del Acueducto* (1922); la última, *¡Rebeca!* (1936).

Por nuestra parte, hemos seleccionado los relatos que —por proximidad en el tiempo, estructura, recurrencia temática y extensión— presentan una uniformidad si no total, lo que sería inusitado, sí suficiente para justificar una consideración unitaria. Dejamos fuera: 1) los conjuntos de textos muy breves agrupables bajo una etiqueta común (*El doctor inverosímil, Cuentos de fin de año*, por ejemplo); 2) los que, por estar referidos de un modo consciente a hechos reales («novelas superhistóricas») o a formas narrativas preexistentes (falsas novelas»), están con ellos en relación de intertextualidad (correspondencias temáticas o estructurales);[4] 3) los muy breves, brevísimos, más bien embriones de relatos posibles incluidos en los libros que constituyen lo que se llama «ramonismo»; 4) los que plantean problemas de fechación.[5] Por supuesto, no excluimos alguna posible omisión por inadvertencia. Los relatos que integran nuestro «corpus» tienen casi todos de cuatro a ocho capítulos, y su extensión suele oscilar entre unas quince y unas treinta páginas. Pocos son los que, por exceso o por defecto, escapan a estos límites. Su número total asciende a cuarenta. Dos relatos más, de los que

---

[4]   Las primeras —*Doña Juana la Loca (Seis novelas superhistóricas)*, Buenos Aires, Clydoc, 1944; más tarde añade *Los adelantados*— quedan fuera del periodo considerado. No así las segundas (v. nota 101).

[5]   *Museo de reproducciones*, Barcelona, Destino, 1980 (con estudio introductorio de Francisco Ynduráin: «Dos inéditos de Ramón Gómez de la Serna», pp. 7-35; para la fecha, p. 22) y *El hombre de alambre* (ed. Herlinda Charpentier Saitz) en *Boletín de la Fundación Federico García Lorca* 5, pp. 21-49; para la fecha, p. 17b.

tenemos noticia, no hemos podido localizarlos hasta ahora.[6]

Los relatos primerizos de Ramón;[7] encuentran acogida por primera vez en colecciones generalmente de periodicidad semanal, frecuentes en el primer tercio del siglo:[8] *El libro popular, La novela corta, La novela semanal, Biblioteca de la risa, El cuento literario, La novela mundial, La novela de hoy.* A partir de 1924 se le abren las puertas de la prestigiosa *Revista de Occidente*, donde, hasta 1934, van a aparecer nada menos que catorce relatos suyos.[9] La primera recopilación en forma de volumen —Valencia, Sempere, s. a.—[10] incluye nueve relatos.[11] Más tarde, la firma de Ramón no llega a estar ausente en las colecciones citadas, pero aparece más de tarde en tarde.

---

[6]   Se trata de *El mestizo*, Madrid, *La novela semanal*, 1923, y de *Hay que matar el Morse*, Madrid, *La novela semanal*, 1925.

[7]   Recordemos que, en su léxico personal, entiende por «novelas» lo que se suele llamar «cuentos», «novelas cortas» o «relatos (breves)», y por «novelas grandes» las de extensión normal.

[8]   V. sobre ellas L. S. Granjel, «La novela corta en España (1907-1936)», en *Cuadernos Hispanoamericanos*, LXXIV (1968), pp. 477-508 y LXXV (1968), pp. 14-50. También F. C. Sainz de Robles, *La promoción de «El cuento semanal» (1907-1925)*, Madrid, Espasa-Calpe. 1975.

[9]   V. nota 1.

[10]   La fecha es dudosa: para R. Mazzetti Gardiol y L. S. Granjel es 1924; para D. Daus, 1925; para R. Flórez y G. Gómez de la Serna, 1927.

[11]   Siete de ellos publicados entre sueltos entre 1921 y 1924 —*La malicia de las acacias, El joven de las sobremesas, La tormenta, El miedo al mar, De otra raza, La gangosa* y *Aquella novela*— y dos inéditos: *La gallipava* y *Los gemelos y el guante*.

Con pocos años de intervalo aparecen, en cambio, otros conjuntos de relatos reunidos en volúmenes que llevan el título de uno de ellos. Por orden cronológico tenemos *El dueño del átomo*, Madrid, Historia Nueva, 1928, con diez,[12] *La hiperestésica*, Madrid, Ulises, 1931, con cuatro,[13] *El cólera azul*, Buenos Aires, Sur, 1937, con once.[14] A partir de esta fecha, los relatos han conocido fortuna editorial variable: desde los que, como *El dueño del átomo*, se han reeditado a menudo hasta los que se han quedado en la edición primera en alguna de las colecciones (tan fungibles) citadas y que, en consecuencia, se han hecho casi inencontrables.[15]

A partir de aquí, hacemos de cada relato: 1) un resumen breve; 2) un esbozo de comentario. Creemos que lo primero tiene sentido por dos razones: a) damos prioridad no a la trama —irrelevante en cuanto tal, es decir, por lo que atañe a las relaciones de causa a efecto, o

---

[12]   Cinco de ellos aparecidos en la *Revista de Occidente* entre 1924 y 1928 —se trata de *El dueño del átomo*, *La casa triangular*, *La capa de don Dámaso*, *El gran griposo* y *El hombre de la galería*—, cuatro publicados sueltos entre 1913 y 1923 —*El ruso* (1913), *El olor de las mimosas*, *La saturada* y *La hija del verano*—, y uno inédito: *El hombre de los pies grandes*.

[13]   Todos ellos publicados en 1928: *La hiperestésica*, *El regalo al doctor*, *La roja* y *El vegetariano*.

[14]   Seis publicados en *Revista de Occidente* entre 1926 y 1934 —se trata de *El cólera azul*, *La estufa de cristal*, *La niña Alcira*, *El defensor del cementerio* y *Suspensión del destino*—, uno publicado suelto en 1932 —*Las consignatarias*— y cuatro inéditos: *Destrozonas*, *Se presentó el hígado*, *Ella + ella – él + él* y *Pueblo de morenas*.

[15]   V. Apéndice.

concatenación rigurosa de los acontecimientos— sino precisamente al modo de subvertirla, a fin de que resalte la incongruencia o inverosimilitud del hilo conductor; b) intercalamos frases aisladas o pasajes breves elegidos con cuidado, para que sean reveladores de la visión artística del autor y expliciten el sentido de los desenlaces. En cuanto a lo segundo, no hay aquí espacio ni para juicios de valor bien fundados, ni para análisis estructurales precisos; en nuestra intención se trata sólo de presentar motivos temáticos, señalar la trabazón entre ellos y situarlos respecto de la concepción vanguardista del arte, de la que Ramón fue precursor, portavoz y obrero infatigable.[16]

La abandonada en el Rastro (1929)

Por el azar de un tren perdido, Eduardo de Marchena conoce en un pueblo francés a Renée y se casa con ella. Desde el principio le nota algo de «maniquí de grandes almacenes». Una vez establecidos en Madrid, el Rastro es durante años recorrido habitual de la pareja. Siente Renée una afinidad misteriosa con los cachivaches que allí se exhiben. A esta mujer, cuyo cuerpo tiene cuando se la abraza la rigidez y frialdad de un mecanismo, cada vez la atraen más los objetos. Pero lo que sobre todo la fascina es el cuchitril de unos viejos en cuyo fondo hay una segunda habitación atestada de cosas extrañas y donde suele quedarse mucho rato. A Eduardo se le hace cada vez más incomprensible su convivencia con una mujer así. Hasta que, un día en que visitan la tienda de los viejos, se escapa dejándola a ella encerrada dentro. Renée entonces se

---

[16]   Renunciamos a considerar el autobiografismo de los relatos porque requeriría otro trabajo.

deshace en sus componentes: «se disolvía en sombrero, dentadura postiza, corsé papiro, ojos de cristal, cabeza de peinadora fracasada, cuerpo de prueba modistil, piernas de muestra de sedería y sombrilla colgada de los alambres tendidos como un paracaídas inocente» (p. 288).

Pequeña obra maestra esta historia del retorno al origen por parte de una «mujer-objeto» que lo es en el sentido literal, lo que no deja de ser angustiador. Con una lógica (dentro de la irrealidad) implacable, todo se encauza hacia un final que se viene preparando mediante indicios eficaces;[17] por ejemplo, a Renée «los objetos de la casa la reconocían como ligados a ella en ferias más antiguas» (p. 283). Para Camón Aznar, respecto de *El Rastro*, es «su comento, su continuación».[18] Pero, si se lee con cuidado, se ve que no está asimilado sino incrustado, manteniendo su autonomía.[19]

Aquella novela (1924)

Esteban ve en el jardín parisino del Luxemburgo a una muchacha leyendo. La aborda, charlan, salen juntos del recinto. La conquista es rápida y la muchacha, que era virgen, se le entrega. Esteban se queda perplejo, preguntándose cómo ha podido resultarle tan fácil esta aventura. La relación continúa. Más adelante, aunque se siente obligado hacia ella, no acaba de quererla y se sigue preguntando si

---

[17]   Este recurso, que sería bueno estudiar a fondo, se da también en otros casos.

[18]   V. José Camón Aznar: *Ramón Gómez de la Serna en sus obras*, Madrid, Espasa-Calpe, 1972, p. 356.

[19]   En todo caso, se incorpora a *El Rastro* desde la 2ª ed. V. Apéndice.

realmente ha sido él culpable único de una seducción tan rápida. Empieza a acariciar la idea de dejarla. Por fin, un día se le ocurre preguntarle qué estaba leyendo cuando se conocieron. Ella le contesta que *El perfume indiscreto* de Lorivé. Esteban localiza esta novela, la lee y comprende: «Todo se lo había debido a aquel libro lleno de una seducción barata y apremiante» (p. 264) y él no había sido sino un «ejercicio práctico». Llegado a esta conclusión, nada lo retiene en París y se marcha sin remordimientos.

Esta historia de seducción (inducida por la lectura: mala o buena según se mire) y abandono tiene un fondo: el jardín parisino del Luxemburgo, cuyo ambiente acapara los capítulos I y IV. Los dos planos (historia de amor y escenario) se articulan mal, lo que va en detrimento no de la verosimilitud —no exigible en esta estética— sino de la coherencia. Para Camón Aznar, Ramón proclama aquí «la primacía de la literatura sobre la vida».[20] Para nosotros, es un híbrido entre relato de atmósfera[21] y de acción de personas al dictado de cosas.[22]

Aventuras de un sinsombrerista (1932)

Ramón recibe la visita de un ángel que le pide predique el sinsombrerismo por el mundo. Empieza a hacerlo, atrayéndose la ojeriza de sombrereros y ensombrerados.

---

[20] V. José Camón Aznar, *op. cit.*, p. 341.

[21] Entendemos por atmósfera un espacio con límites bien precisos e impregnado por el efecto de algo —objetos, elementos naturales, etc.— que a su vez revierte sobre los personajes. Encontraremos más casos.

[22] En ellos se invierte el papel de lo no humano, que, de instrumentalizado por el hombre, pasa a apoderarse de él. También en otros casos.

Viaja por España creando comités de antisombreristas y sigue resistiendo impávido la agresividad que genera su conducta. Después, viaja a Buenos Aires, ciudad que, por el auge que en ella tienen los sombreros, se anuncia como de conquista difícil. Conoce allí a una judía, Sara, de la que se enamora, pero, con tal de no verse obligado a entrar cubierto en la sinagoga (como es preceptivo), está dispuesto a renunciar a ella. Por fin, le propone huir juntos, disfrazado él con un sombrero —lo que, dada su condición de apóstol del sinsombrerismo, lo hará irreconocible—, sombrero que tirará al mar en cuanto el barco suelte amarras.

Ejemplo de relato apologético o de manifiesto.[23] Se hace aquí la defensa de un rasgo de indumentaria, revelador entre otros de una manera nueva de encarar la vida. Renunciar al sombrero, como a la barba, se sintió como indicio de soltura vital; correspondía a comportamientos menos envarados, más juveniles, deportivos, funcionales e higiénicos que hicieron suyos las vanguardias. Una forma más de decir sí a la época nueva.[24]

La capa de don Dámaso (1924)

Don Dámaso adquiere una capa formidable que lo acoraza contra toda agresión exterior. Bajo ella protege un día de lluvia a la muchacha que va a ser su esposa y, años más tarde, enferma ella de muerte, con la capa vuelve a abrigarla. Con la capa consuela su viudez. El mal uso que

---

[23]   Aquellos en los que, con el apoyo de peripecias divertidas, se hace declaración o elogio de doctrinas o actitudes entrañables para Ramón. V. *El hijo surrealista*.

[24]   En este caso, lo autobiográfico es claro. En *Automoribundia* —Buenos Aires, Sudamericana, 1948, p. 466— Ramón se considera descubridor del sinsombrerismo.

de la prenda hace su hijo —se la pone para irse de juerga y la devuelve maltratada— lo separa afectivamente de él y lo decide a irse a Madrid, donde la capa, como si fuera un ser humano, adquiere talante y compostura nuevos. Forzado a empeñarla, con la pañosa se deshace don Dámaso de la incompatibilidad entre él y su hijo. Toma, pues, el tren para regresar a su pueblo e iniciar allí una vida nueva.

Relato de acción de persona al dictado de cosas (como *La casa triangular* y *Los gemelos y el guante*). Una capa, rebasando su función protectora, se apodera del destino de un hombre. Ya el título —*don Dámaso* no es sino complemento preposicional— revela su protagonismo. El lector sigue sin dificultad el juego, más interesado en la prenda que en su portador.[25]

La casa triangular (1925)

Adolfo Sureda, que va a casarse, le encarga a un arquitecto joven una casa no convencional. El arquitecto se la construye en forma de triangulo isósceles. Boda, e instalación en la casa, que, como era previsible, provoca las burlas del vecindario. Según la vida va entrando en la normalidad, va planteando problemas este vivir en «la sede de lo triangúlico». La esposa de Sureda da a luz trillizos, y poco a poco se van haciendo agudicéfalos. Así las cosas, un geómetra se ofrece para resolver las dificultades que plantea la triangularidad de la casa. Lo malo es que, absorto en el estudio de lo triangúlico, Sureda descuida sexualmente a su esposa, y ésta, según averigua el geómetra, lo engaña con su primo Enrique: de nuevo el triángulo, esta

---

[25]   Camón Aznar —*op. cit.*, p. 342—, sin justificar su juicio, dice que ni siquiera es un cuento, que es una «greguería alargada».

vez amoroso. El matrimonio se deshace y la casa triangular
es puesta en venta.

De nuevo, personas bailando al son que les marcan las
cosas, personas que aparecen y desaparecen con las cosas
de las que dependen.[26] Otra vez, lo inanimado confi-
gurando el espacio ficcional. El resultado, trivial desde una
posición rigorista, es divertido y, en todo caso, ortodoxo
para una estética que hace bandera de la intrascendencia.[27]

El cólera azul (1932)

Unas ricas angolanas, madre e hija, pasan una
temporada en un hotel de Lisboa. Un día en que la
muchacha sale de compras, conoce a un caballero joven,
con monóculo, que la galantea mientras la acompaña al
hotel, donde la espera la sorpresa de que su madre ha
desaparecido sin dejar rastro. Todos le aseguran no haberla
visto nunca. Se desmaya y recobra el conocimiento en el
Hospital de Medicina Tropical. Allí le dicen que su madre
ha muerto de una enfermedad misteriosa y terrible, el
«cólera azul», sobre la que hay que mantener total secreto,
y que ella está en cuarentena. Como el joven del monóculo,
sospechoso de contagio por habérsele acercado, está
también retenido en el hospital, solicita verlo. Se reanuda
así el idilio interrumpido al comienzo. La pareja decide

---

[26]   V. *Las cosas y el ello*, en *Revista de Occidente*, agosto 1934, pp.
190-208. Es un texto esencial.

[27]   Aquí, una referencia obligada: José Ortega y Gasset, «La deshumanización del arte», en *Obras completas*, Madrid, *Revista de
Occidente*, 1957 (4ª ed.), t. III, pp. 353-286; sobre la intrascendencia, pp.
383-385.

reunirse en su «sino azul», es decir, casarse en cuanto acabe la cuarentena.

En este relato, y en algún otro (*Suspensión del destino*), el destino es ocurrencia azarosa, carente de todo designio racional o ético; en una palabra: es absurdidad. Lo casual, en que consiste, se apodera de las vidas, las baraja, pero no deja sacar conclusión ni moraleja. Así rebajado, casi se equipara a la asociación libre, en virtud de la cual —Ramón lo dice bien— «todos los husos del tapiz del mundo se entremezclan y se mueven en veloz trabucamiento, trenzados todos los hilos en vorágine inexhausta» (p. 56).

Las consignatarias (1932)

Ramón se enamora de la malagueña Gracia. Esta y su amiga Amanda, aunque casadas, tienen aventuras con los marinos de los barcos que atracan en el puerto. Gracia luce en una pulsera la medalla que le regaló un inglés, su preferido, al que no ha visto más. Ramón la pretende y, con Amanda, le envía una carta de amor. Quedan citados en una playa, pero ella no viene. Insiste Ramón en sus solicitaciones y Gracia en sus flirteos con nuevos marinos, hasta tal punto que él se va haciendo a la idea de compartirla: «Se iba acostumbrando a que en los modernos amores hay que sufrir otros lejanos encuentros de la mujer amada» (p. 162). Nueva cita, esta vez en el «Cementerio de los Ingleses». Acude Gracia y se deja besar y acariciar pero, cuando descubre entre las tumbas la de su marino inglés, sufre una crisis y huye de Ramón, que, desengañado, jura no volver a citarse con mujeres en «la traición de los cementerios».

En parte, es éste un relato apologético o de manifiesto. Disuelta en la trama, se hace la apología de unas relaciones amorosas más libres. Entre broma y veras, rompe una lanza por la libertad de la mujer. El protagonista, autobiográfico, revela la conciencia dolorida del paso del tiempo que hay en la base de este sexualismo cuando dice a Gracia: «Eres una mujer, que [...] es lo único que cierra el paréntesis de la angustia eterna [...] Claro que no lo cierra más que un segundo, pero lo cierra» (p. 182).

El defensor del cementerio (1927)

Un cementerio va a sucumbir a la especulación inmobiliaria: una empresa constructora lo ha comprado y quiere demolerlo. Don Amadeo, que tiene enterrado en él a su padre, está dispuesto a impedirlo a cualquier precio. Visita al obispo y consigue que se aplacen las obras. Los muertos, inquietos, hacen cábalas sobre su «porvenir». La empresa vuelve a la carga y los defensores del cementerio, con don Amadeo al frente, recurren al Supremo. Pero el pleito se pierde y la demolición se hace inevitable e inminente. Sin embargo, el primer día que los obreros penetran en el cementerio, son recibidos a tiros. Quien dispara es don Amadeo, parapetado en una sepultura. Se recurre a las fuerzas de orden público y se hace precisa una pequeña batalla hasta acabar con él. La defensa del cementerio concluye con la muerte de su defensor.

Este relato es asimilable a los escritos mortuorios de Ramón.[28] Humor negro, sin estridencias: la demolición privaría a los muertos de su primer atributo, la estabilidad,

---

[28]   *Los muertos y las muertas*, Madrid, Espasa-Calpe (Austral 308), 1942 y eds. posteriores.

y llevárselos atentaría contra el orden de la otra vida: «Las necrópolis son los verdaderos armarios para que todo esté más en regla el día del juicio final» (p. 319).

Destrozonas (1937)

Es Carnaval y Remigio se disfraza de «destrozona». Sale y se une a otra máscara que dice ser del pueblo de al lado. Se encuentran a una pareja (ella vestida de hombre y él de mujer) con un niño. «Desconcertados en sus instintos por su cambio de trajes», hay un conato de pelea pero se dominan. Salen a las afueras y encuentran allí un «nido de máscaras» (una veintena), continuando todos juntos. Remigio propone ir a casa de María la del Cáncer, moza alegre a la que llaman así por la «huella de lupus» que tiene en la cara. Llegan, suben y la hermana de María les dice que vayan pasando a saludarla. Los obsequien con vino. De pronto, el suelo se hunde, absorbiéndolos como por un embudo. Remigio muere con la insatisfacción de no saber quién sería la máscara que lo acompañó.

Caso aislado de cuento tremendista:[29] por el escenario (un pueblo anónimo que imaginamos sórdido), por el tema (impulsos brutales y primarios) y por el desenlace (desolado). El patetismo se adensa cuando las máscaras se asoman para ver a María, con su careta de cáncer, y ella les pregunta: «¿Qué me venís a traer? ¿La muerte o la salvación?» (p. 139). Recordaremos que el motivo de las

---

[29]   Al estudio de esta tendencia hemos dedicado dos trabajos: «El tremendismo en la literatura española actual», en *Revista de Occidente*, sept. 1967, pp. 372-378, y «El tremendismo en Cela», en *Ínsula*, nº 518-519, febrero-marzo 1990, pp. 47-48.

máscaras lo cultivaron Gutiérrez Solana y el mismo
Ramón.[30]

El dueño del átomo (1926)

Don Alfredo, sabio investigador, siendo novio de
Angela, le dice que, cuando domine el átomo, será dueño
del mundo. Ya casados, hacen vida retirada, que anima sólo
la tertulia semanal con unos pocos amigos. Don Alfredo
tiene toda su atención puesta en el futuro: no ceja en el
empeño de llegar a ser «el dueño del átomo». Se propone
aislarle el núcleo, desintegrarlo (lo que producirá una
fuerza destructora formidable), aplicarlo al progreso
pacifico. Hace confidentes a su mujer y a Silvio, discípulo
predilecto, de tales sueños porveniristas. «Pero eso podría
acabar con el mundo» le dice, consternado, Silvio. Hasta
que un día tiene la revelación. Corre al laboratorio,
manipula, acuden Angela y Silvio. Efectivamente, el átomo
se pone en marcha y ya no consigue detenerlo. La energía
liberada desintegra la pared y los edificios próximos y por
último aniquila «a los tres seres atónitos».

Quizá sea el relato más conocido. La razón es clara, y
Ramón no dejó de subrayarla:[31] visión anticipada de lo que
iban a ser las armas nucleares. Pero el tratamiento,
despreocupado y juguetón, no deja espacio a consideraciones éticas. El final, más que sobrecogedor, es divertido,

---

[30]   V. por ej., «Destrozonas», en *Ramonismo*, Madrid, Calpe, 1923, pp.
83-86 (con dibujos del autor) y el capítulo «Procesiones y carnavales»,
en *José Gutiérrez Solana*, Madrid, Picazo, 1972, pp. 91-111.

[31]   «Mis lectores se van a alarmar cuando yo les diga que hacia el año
1928 inventé la bomba atómica»: en nota introductoria a este relato en
Obras selectas, Madrid, Plenitud, 1947, p. 131.

como si al sabio le hubiese salido mal una travesura. Imperativos de la intrascendencia vanguardista.

Ella+ella-él+él (1937)

Eduardo visita a menudo a los señores de Ibiza: Fermín y Soledad. Ambos cónyuges lo atraen por igual y la decoración de la casa, que varían con los últimos refinamientos, hace que le vayan pareciendo distintos. Acuden visitas, con cuyo motivo se entablan conversaciones mundanas, y a la vez va creciendo cierta tensión embarazosa. Eduardo, de su indecisión del principio, pasa ahora a enamorarse de Soledad. Al quedarse una vez solos, le revela su secreto: Fermín es otra mujer. Más tarde, durante una reunión, lo proclama ante los invitados. Unos de éstos, sentencioso, concluye: «Después de agotado el escándalo, cada vida vivirá su verdadero destino» (p. 208).

Triángulo amoroso (complicado por la ambigüedad de sexo, presente también en *Destrozonas*). El escalonamiento de indicios (como en *La abandonada en el Rastro*) prepara bien el desenlace sorprendente. La casa de los Ibiza —«Sus visillos eran filtro, y la infelicidad de la vida se quedaba fuera» (p. 189)— es buen ejemplo de los «hiperespacios» de Ramón, inseparables de su claustrofilia peculiar.

La estufa de cristal (1934)

El protagonista, cuya amante agoniza en una clínica, suele pasear por un jardín en cuyo centro se levanta un invernadero que lo obsesiona. Tras solicitar de paso a mujeres huidizas que deambulan por allí, retiene a una pero se le revela insensible a la atmósfera de «la estufa de cristal». Pasa tiempo, y cada vez se va quedando hasta más tarde en el jardín. Por fin, una noche en que la luna está a plomo sobre el invernadero, entra en él y encuentra a una mujer verde, emanación irreal de aquel espacio húmedo, caliente, opresivo y sensual a la vez. Se establece entre los dos un idilio apasionado. Pero una rosa deshojada que cae le revela la curación de la enferma, y sale huyendo. Cuando poco después visitan juntos el invernadero, ella le cuenta que una noche, en su «locura de sangre envenenada», había estado allí. Más compenetrados que nunca, por haberse hallado unidos en el lugar de un sueño que vivieron separados, regresan a la ciudad «para tomar café con leche y pasteles de colores».

«Quizá la más pura [= narración] de nuestro supra-rrealismo», para Camón Aznar.[32] En todo caso, una de las de mayor densidad estética. Tendemos a verlo como prototipo del relato de atmósfera, a la que corresponde, por parte del personaje inmerso en ella, una sensación o estado de ánimo en consonancia. En los casos mejores, atmósfera, sensación y personaje alcanzan unidad indisoluble, lo que tiene que ver con el famoso efecto único de Poe.[33]

La gallipava (1924)

El Sr. de Ribazo se casa con Josefina. Como ella se aburre, compran un hotelito en un pueblo próximo. Allí, se dedica a la cría de gallinas. El marido está contento de esta afición inocente. Pero Josefina la lleva tan lejos —hasta

---

[32] Op. cit., p. 365.

[33] V. Irene Andrés-Suárez, Los cuentos de Ignacio Aldecoa. Consideraciones teóricas en torno al cuento literario, Madrid, Gredos, 1986, pp. 21-32.

habla de las gallinas como una madre de sus hijos— que surgen los problemas. Un día, enfadado, le llama «galli-pava», palabra que va a «agravar la vida matrimonial», aunque luego se arrepienta de haber encontrado «la palabra de impertinencia clarividente». Más adelante, cuando ve que se le ha quedado fija la mirada, como a una gallina, la lleva al médico, que diagnostica parálisis facial progresiva. Angustiado y arrepentido de «haber puesto un mote a lo fatal», el Sr. de Ribazo pide perdón a su mujer y no vuelve a pronunciar la palabra gallipava.

Camón Aznar lamenta que Ramón haya transformado en enfermedad incurable lo que era una gracia.[34] Gracia, sólo gracia, es la gangosería en *La gangosa*. En efecto, aquí, el influjo de las gallinas en vez de ir a parar por derecho a un agallinamiento definitivo (como lo quiere la lógica de lo irreal) deja paso a la parálisis, inducida a su vez por el mote que le pone a Josefina su marido. La inducción, pues, se bifurca y el conjunto pierde coherencia.

La gangosa (1922)

Rafael conoce en una confitería a Regina, que es gangosa. Se hacen novios (durante el noviazgo la voz de ella pone erotismo en sus diálogos) y se casan. Pronto, se empieza a cansar de su esposa, aunque a intervalos lo excite ver cómo ella provoca deseo en otros hombres. Así las cosas, alguien le dice que han visto a Regina en el café del Palace, lo que la hace sospechosa de adulterio. Rafael frecuenta este local y en él conoce a Rosario, de la que se hace amante, aun echando de menos en ella una voz como

---

[34] *Op. cit.*, p. 350.

la de Regina, que la eleve sobre la vulgaridad. Se siguen altibajos de relación entre Rosario y Rafael, y de las sospechas de éste. Por fin, hay una explicación mutua y, tras «reciprocidad de cargos», viven un nuevo idilio: «la infidelidad le había devuelto a aquella mujer mejorada, exuberante, encontrando en su voz una gran opulencia de sensaciones, de mimos y de delicias en racimos carnales» (p. 234).

Relato inducido por una cualidad (véase *El hombre de los pies grandes* y *La roja*). En parte, es también relato de manifiesto: se aventura a sugerir que la infidelidad femenina, lejos de destruir el matrimonio, lo reaviva y fortifica: «arranca a la mujer de esa lerda actitud inmóvil en que la sume el matrimonio» (p. 226).

Los gemelos y el guante (1924)

Clemente conoce a Encarna en un baile de máscaras del Real. Ya entonces le repele un tal Carrasco, que mira con lascivia a las mujeres. Para celebrar el primer aniversario de boda la lleva a la Ópera. Allí de nuevo está Carrasco, que mira a Encarna con sus gemelos. A Clemente le entra la duda de si ella corresponderá o no a esas miradas. Perdida la calma, lo desafía arrojándole un guante de la mujer. Se concierta el duelo. Clemente pretexta algo urgente, deja acostada a su esposa («Le pareció haber acostado una máscara») y se va a su despacho —sobre la mesa los gemelos y el guante de non «rimaban tan bien»— pensando que por ellos arriesga su vida. El duelo tiene lugar de madrugada. Clemente cae herido de muerte y quiere que su esposa sepa que la culpa ha sido de los gemelos y el guante. Los padrinos, sin embargo, deciden darle otra versión: que lo atropelló un coche.

Ramón lo subtitula «novela romántica» y lo es por los motivos: baile de máscaras, celos, vil seductor, muerte en duelo. Esta dependencia respecto de modelos genéricos establecidos permitiría agruparlo con las «falsas novelas», reunidas en volumen tres años después. Por otra parte, se inscribe sin dificultad en los relatos de vidas humanas al dictado de las cosas: «Los gemelos vueltos hacia él le miraban con severidad, pero con obscura intención, con diabólica recámara» (p. 55). Y el guante no es menos alevoso que ellos.

El gran griposo (1927)

Antonio Rojas, propenso a la gripe, percibe sus síntomas y en efecto la atrapa. Restablecido, va al café donde suele reunirse con los amigos: la gripe acapara las conversaciones. Así una vez y otra, hasta que un día el vecino de al lado, compadecido, le envía a su hermana para que lo cuide. Esta, además de no haberse resfriado nunca, conjura la enfermedad, la absorbe sin contagiarse ella; es una verdadera «mujer antigripal». Rojas decide casarse con la medicina viviente, comprendiendo que el matrimonio no es sino «tomar enfermera» para las gripes sucesivas que han de desmoronar la vida.

Según Camón Aznar,[35] es un relato de circunstancias escrito en la convalecencia de una gripe. Para Ynduráin,[36] un recuerdo de la gripe de 1918, que Ramón padeció. Sin negar esto, lo percibimos como un relato más de atmósfera o sensación, la de malestar físico, no exento de regodeo morboso, que es también indicio del no ser: «Desde el

[35]   *Op. cit.,* p. 349.
[36]   V. artículo citado en nota 1, p. 79.

catarro se ve el paisaje desilusionado del ya no vivir. Los días en que llueva sobre el propio sepulcro se sentirá esta taponación de humedad ultratúmbica que se siente con el catarro» (p. 72).

La hija del verano (1922)

La pubertad esplendorosa de Adelaida irradia erotismo. Miguel, «el más mocito de los hombres» del barrio, se propone ser su novio y lo consigue. La relación se afianza pero ella se resiste a dejarlo entrar en su casa: «Aquellos regateos disminuían la gran dignidad que pudo haber en entregársele sin dengue ninguno» (p. 137). Por fin, Miguel entra una noche (desnudo para que no lo ataque el perro) hasta la alcoba. El amor se consuma: «La hija del verano se había sentido pletórica y puntual y el hombre viril no la había entretenido, ni había hecho premeditado, cauteloso y palabrero lo que es gloria si es espontáneo» (p. 143). Adelaida quiere luego institucionalizar las relaciones, a lo que se opone Miguel: «¿Es que yo voy a ser culpable [...] de que se abra esta granada humana?» (p. 145). En efecto, ella se casa con otro y él no llega a ver a «aquel posible niño con el que quiso ella comprometerle».

De este relato se ha ocupado en pormenor Fidel López Criado.[37] El motivo de la iniciación sexual reaparece en *La malicia de las acacias* y *La tormenta*. Para nosotros, de lo que se trata aquí, según el vitalismo —no exento de angustia— del Ramón joven, es de presentar la atracción sexual en la primera juventud como un impulso todopoderoso que habría que aceptar sin reservas. La

---

[37]   V. Fidel López Criado: *El erotismo en la novela ramoniana*, Madrid, Fundamentos, 1988, pp. 26-49 y 77-79.

actitud final de Miguel es reveladora: no es un señorito que abandona a la muchacha que sedujo, sino un vanguardista que reclama el uso espontáneo del sexo, en contra de la moral burguesa, que lo premedita.

El hijo surrealista (1930)

El joven parisino Henri Kloz, de familia ordenada y burguesa, reacciona violentamente contra los suyos y su mundo llevando a cabo una serie de actos (inmorales y subversivos desde la perspectiva conservadora, lícitos y justicieros desde la suya propia): embaraza a la hija de su portero, deshace con ácido los rostros de las estatuas de personajes célebres en el Museo Grevin, roba y tira al Sena las condecoraciones del Instituto de Francia y acaba escribiendo una carta insultante al presidente de la República. La policía entonces interviene, asesorada por dos peritos calígrafos, pero como la letra de la carta, escrita en estado de éxtasis, no se parece a la que el joven Kloz tiene normalmente, se salva de la prisión. El hijo surrealista huye definitivamente de su casa.

Incluido en *Ismos* desde su primera edición.[38] Como *Aventuras de un sinsombrerista*, es un relato de manifiesto donde, con apoyo en peripecias divertidas, se defienden doctrinas o actitudes que hicieron suyas las vanguardias. En este caso, nada menos que del surrealismo. La juventud del protagonista —cuya niñez se alimentó más del cine que de los libros de estampas— se resuelve en un grito airado: él quiere poner a las cosas y a las personas nombres que nunca han existido en su lengua y vivir en el espíritu «de la

---

[38]   Madrid, Biblioteca Nueva, 1931, pp. 289-310 (incluido en el capítulo «Suprarrealismo»). V. también *Dalí*, Madrid, Espasa-Calpe, 1977.

revolución permanente, que no se deja engañar por ninguna política, que propugna siempre un más allá de programas desconocidos» (p. 33).

La hiperestésica (1928)

Elvira, la hiperestésica, se queda huérfana, rica e independiente. La menor cosa la irrita hasta la crispación. Viaja por Europa pero, acosada siempre por su mal, regresa a Madrid. Por hiperestésica rechaza a sus pretendientes y choca con sus amistades, quedándose cada vez más aislada. La enfermedad se intensifica y Elvira intenta suicidarse. La cuida, con este motivo, un doctor joven por el que en seguida se siente atraída y al que contrata como «médico de Guarda». Por fin, se casa con él, fatigándolo con celos y aprensiones. Elvira da a luz una niña pero, por miedo a que la seduzcan cuando sea mayor, la mata y muere ella de hemorragia.

Elvira y la Renée de *La abandonada en el Rastro*, desdoblamientos femeninos del autor, son sin lugar a dudas «héroes» ramonianos arquetípicos. A la primera sólo le deja huellas lo inesperado y: «Solo la apretaban con su cerco estrecho las cosas» (p. 18).[39] Ramón consigue que la desproporción entre estímulos y reacciones fluya en crescendo hasta el desenlace fatal.

El hombre de la galería (1926)

La galería (comercial) es acogedora y aislante. En su recinto, el tiempo, como detenido, lo erosiona e impregna todo. Nada trasciende allí de la luz y el bullicio de la

---

[39]   V. nota 26.

ciudad: Nápoles. Don Giovanni Moronoso la pasea incansable, incluso vestido a tenor con su ambiente. Ello le va dando alma de murciélago. Inicia una aventura con una vendedora pero, cuando se entera de que ella desea casarse para que la saquen de la galería, en seguida se aparta.

Persistiendo sin embargo en los paseos, conoce a un músico ciego con el que traba amistad, pero como esto le impide gozar en soledad de la galería, se deshace de él acusándolo de practicar la mendicidad. Puede así seguir paseando a sus anchas, hasta el día en que una lámpara desprendida del techo lo mata en el acto. El golpe parece premeditado, ya que «aquella lámpara le había visto pasar bajo ella demasiadas veces para no conocerle» (p. 316). Como en *La abandonada en el Rastro* y en *El dueño del átomo*, se asiste aquí a la destrucción del hombre por las cosas. Es además un excelente relato de sensación: la de placer difuso que se experimenta en algunos locales cerrados (véase *La estufa de cristal* y *Peluquería feliz*). No falta la conciencia dolorida del paso del tiempo, que el caballero de nombre italiano (con tanto de Ramón) querría retener: «alejado y escapado de la historia, encontraba aquel regusto a los días pasados, en la Gran Caja de Ahorros del tiempo, que era la galería» (p. 315).

El hombre de los pies grandes (1928)

Al nacer Federico, sorprende a todos el gran tamaño de sus pies. Luego, gracias a ellos, dispone de «una reflexión especial, desconocida en los niños de su edad» (p. 217). A los pies debe, ya adulto, el éxito en su carrera y el obtenido en el desempeño de su primer alto cargo. «Federico no comunicó a nadie su impresión de que siempre intervenían en su pensamiento sus pies» (p. 218).

Sigue triunfando, y a los pies debe siempre la inspiración en cuanto se relaciona con la economía. Llega a director del banco en el que trabajaba. Lo nombran diputado, y el presidente del gobierno le confía la cartera de Hacienda. Hasta que «mete la pata» y, como lo hace en proporción al tamaño de sus pies, produce una quiebra de muchísimos millones.

Divertida historia —más esquemática que *La gangosa* y *La roja*— de un personaje dirigido por un rasgo físico suyo propio. La eficacia, la fuerza cómica (y un punto sádica) viene del contraste entre la ascensión paulatina e irresistible y la rápida caída final.

El inencontrable (1925)

Rivas Ericson, «mezclado de irlandés y español», es encargado por el aristócrata Oscar Belly de encontrar en Lisboa a su hijo Williams *[sic]*, desaparecido hace tiempo. Sigue diferentes pistas, que se van revelando falsas, y, con ese motivo, vagabundea por la ciudad impregnándose de su ambiente. Por fin, un día de fiesta, ve en un balcón una banderita inglesa. Sube, y allí precisamente vive el que busca, pero casado con una negra de la que tiene cinco hijos. Ha estado escondido por suponer que un «celta puro» como su padre no aceptaría este matrimonio. Vencidas sus reservas, acepta como providencial que se haya descubierto su paradero y confía en que Mr. Belly acuda a besar a sus nietos.

En este relato, el único detectivesco, Ramón desarticula el modelo genérico. El detective no brilla por su perspicacia: no averigua ni deduce nada. Va y viene, entra y sale, y tan casuales son sus pistas falsas como lo que lo conduce al escondite de Belly. El otro componente, el racial —reaparecerá en *La niña Alcira*, *De otra raza* y *El turco de los nardos*—, también se adapta a la intrascendencia: ni racismo ni antirracismo; pertenecer a una raza u otra es irrelevante y excluye cualquier planteamiento ético.

El joven de las sobremesas (1923)

Estamos en un pueblo indeterminado. Mateo y Dora reciben todas las noches, de sobremesa, al joven don Santiaguito y charlan con él agradablemente. Esta amistad provoca habladurías, de las que no hacen caso. Vienen luego anónimos, y también los ignoran. A don Santiaguito lo tranquiliza el amor firme que percibe en el matrimonio amigo. Sin embargo, llega a acobardarse y piensa que quizás tendría que acabar con las visitas. Una noche, la conversación se hace «cortada e indecisa»: se han dado cuenta de que se interpone una mujer que enviaba anónimos escritos con letras recortadas de un periódico. Don Santiaguito la localiza y cae en sus redes: esta mujer, opulenta y obstinada, consigue conquistarlo. Las murmuraciones se acallan. Mateo y Dora, aunque se alegran de que sea así, se quedan tristes, no logran «entrar en calor de cordialidad».

Al principio, parece tratarse, una vez más, del clásico triángulo: marido/mujer/amante. No es el caso, puesto que don Santiaguito resulta un ente asexuado en su relación con la pareja y luego cae en las redes de otra mujer. Es el compañero de tertulia —cordial, simpático, ingenioso— y, al desaparecer, deja un vacío difícil de llenar. ¿Proyección en el personaje del gran animador de tertulias que fue Ramón?

Leopoldo y Teresa (1921)

Leopoldo, al que su padre ha hecho abogado con dificultad, está gastándose, por hacer vida de señorito, su parte de herencia. A la vez, busca una mujer que le ayude a compartir la pobreza que se le avecina. Asiduo de los jardinillos de Madrid, conoce en uno de ellos a Teresa, una huérfana pobre. No tiene dificultad en convencerla de que se vaya a vivir con él y la convierte en su amante. Buscan un cuarto, en el que se instalan, amueblándolo modestamente. Pasan semanas: disfrutan de jardinillos y terrazas de verano (desde las que contemplan los balcones) y, de vuelta a casa, se entregan al amor. El verano se acaba, y Teresa revela que está embarazada. Leopoldo se alegra del anuncio de ese hijo, que lo será también de los jardines y a quien piensa referirse, en su vida inminente de sablista, para forzar la piedad de los sableados.

La relación entre los dos personajes, bastante tópica conquista, concubinato, hijo que se anuncia, dificultades materiales, enchulamiento discreto de Teresa proporciona un esqueleto anecdótico a lo que en rigor es un relato de atmósfera (la de los jardinillos y terrazas madrileños) y de sensación (la placentera que en los personajes producen esos reductos acogedores en los que se olvida el bullicio de la ciudad).

La malicia de las acacias (1923)

Parte I. Madrid. Fernando conoce a Flora y se hacen novios: «Les había juntado la primavera». Las acacias —cuya floración propicia al amor— contribuyen a unirlos. Una vecina enferma de tifus, y con ese motivo, el miedo a la muerte (por contagio) «les incitaba al uno contra el otro». Continúa el noviazgo y, con él, el asedio sexual de Fernando a Flora. La vecina agoniza. Flora quiere entregarse a Fernando «para no entrar en la muerte ignorante para siempre de eso que está prohibido en el cielo» (p. 19). Muere la enferma y la pareja consuma su amor. Flora queda encinta. Meses después, las acacias están avejentadas y, con ellas, la conversación de los amantes. El niño se malogra. Sórdidamente, Flora le entrega, en un paquete, el feto a Fernando, que se deshace de él arrojándolo a un estanque.

Parte II. La pareja desea absolverse en su arrepentimiento. «Nueva pubertad» de las acacias. Por fin se casan pero la boda es deslucida y marchita, por tardía. Va a nacer un nuevo niño «con el alma del otro y con su verbo fallido una vez». Nuevo aborto. Con ello: «Había sido bien sepultado el pasado, ya que después de legalizarlo no había podido resucitar» (p. 41).

Lo estudia Fidel López Criado.[40] Es el único relato dividido en dos partes, de nueve y cinco capítulos respectivamente. En nuestra opinión, su tono cambia, para peor, a partir del capítulo VIII. Hasta aquí, mientras las acacias inducen y arropan el amor de la pareja, está al nivel de los mejores relatos de atmósfera. Después, se hace borroso y melodramático. Se diría que Ramón se dejó influir por los temas «fuertes» al uso entre los erotólogos de la época. El motivo del peligro de muerte como estimulante sexual reaparece en *La tormenta*.

---

[40]   V. Fidel López Criado, *op. cit.*, pp. 49-73 y 79-83.

El miedo al mar (1921)

Prudencio, ingeniero, vive hace tiempo junto a una playa solitaria. Es novio de Sagrario pero entre los dos se interpone el mar: ella lo adora y él le tiene un miedo invencible, no exento de atracción morbosa. Sagrario tiene una amiga, Asunción, con la que se reúnen ella y Prudencio y que también está enamorada del mar. Se siente, pues, dividida entre dos fanatismos opuestos. Por fin, Prudencio pone un pretexto cualquiera y se marcha precipitadamente. Sagrario zanja la cuestión: «Un veraneante más que se marcha [...] Nosotros solo resistimos el invierno aquí... El mar es un poco nuestro divino esposo, el que nos mece y nos aduerme». Y Asunción, que ya antes le había aconsejado la ruptura, apostilla: «Que se vaya con Dios el insultador del mar».

Encontramos aquí al mar desarticulando el triángulo amoroso tópico: no ya una mujer entre dos hombres sino una mujer entre un hombre y el mar (con un personaje secundario como aliado), con triunfo del segundo. ¿Cosmificación de los amantes o antropomorfización del mar? Parece que ni lo uno ni lo otro: más bien visión «espongiaria», es decir, multiplicada y sin jerarquías, y donde todos los papeles pueden intercambiarse.

La niña Alcira (1934)

El joven Luis Pesoe ha ido a Río de Janeiro desde Lisboa para pasar una temporada con sus tíos. Se enamora de Alcira, una mestiza de catorce años, y a la vez tiene relaciones con una negrita, «marco pobre» de la otra. El padre de Alcira viene a verlo y le comunica que piensa oponerse a sus amores, dado que su mujer (que sólo tiene veintinueve años) no admite la repetición en su hija de una experiencia tan prematura como la que ella misma vivió. Luis, contrariado, busca consuelo en la negrita y, estando una vez con ella, oye que alguien llora cerca: es Alcira, a la que su padre ha llevado allí para que se desengañe. Roto el idilio con Alcira, se queda como vacío y deambula por la ciudad en espera del barco que lo devuelva a Portugal. Hasta que un día lee en el periódico que Alcira se ha quemado viva, en prueba de la firmeza de su amor. Aterrado, cuenta a sus tíos lo ocurrido, silenciando sin embargo la aventura con la muchacha de color. Por toda solución, decide anticipar el regreso dejando fuera una corbata de luto al hacer el equipaje.

En este relato, a la autoinmolación de Alcira sucede una reacción mezquina, que sentimos como postiza, por parte de Pesoe. Es revelador que éste no sea viable como personaje sino a partir del momento en que se deja impregnar por el ambiente del espacio ficticio que se le asigna. Erotizado por la ciudad, sólo la ve en la medida en que está enamorado y, perdido el amor, su visión de ella se hace plana, como la de un mal turista: «había vuelto a su primer día de viajero cuando sólo veía a los guardias negros cortar la circulación con un énfasis único» (p. 297). Relato, pues, de atmósfera en el que ésta presiona sobre el personaje hasta anular su libertad y con ella la responsabilidad moral.

El olor de las mimosas (1922)

Prudencio, ingeniero, es destinado a un pueblo de la costa. Pronto es presentado a las chicas casaderas, entre las que destacan Paz y Adelaida. Sale con Paz, pero no se compenetran. Luego se hace novio de Adelaida, con la que

pasea por una avenida de mimosas que hacen juego con
ella. Prosiguen las relaciones, amparadas siempre por esos
árboles. Hasta que un día Adelaida le revela un secreto: en
su dormitorio tiene hace tiempo una cama libre en espera
del hombre que llegara a ser su marido. Prudencio lo
encuentra de mal gusto y se predispone contra ella. Aunque
las mimosas le aconsejan que se case, el silbido de los
trenes (evocador de la idea de partir) le acaricia los oídos.
Avanza el otoño, languidecen las mimosas y con ellas el
amor que indujeron. Se rompe el noviazgo y Prudencio
(¿nombre simbólico?) huye en el tren hacia su «ciudad de
siempre».

Encontramos aquí un amor que nace, se desarrolla y
muere a la vez que lo hacen las mimosas. Buen ejemplo,
pues, de relato en el que lo humano se mueve al dictado y
compás de lo no humano. La importancia desmesurada que
alcanza el «detalle» de la cama vacía en el dormitorio,
incompatible con el psicologismo realista, no lo es para el
imaginario propio de este tipo de arte.

La otra raza (1923)

El español Emilio Calvaro, su esposa Virginia
(joloana) y sus hijos Dulce (de aspecto europeo, como su
padre) y Vicente (achinado, como su madre) se establecen
en Madrid procedentes de Filipinas. La familia está
gravemente desunida: «parecía que a todos los separaba un
rencor o rencilla». Vicente, sobre todo, no es feliz en
Madrid; se siente privado de su patria y como criado de su
hermana, a la que odia porque las mujeres que se parecen a
ella huyen de él. Por su parte, Dulce no hace sino jugar con
los hombres: provoca pasiones, renueva sus amantes.
Amigo único de Vicente es el contrahecho Wences, que

sueña con conquistar a Dulce. Se acerca el Carnaval y Vicente se propone disfrazarse de guerrero chino. Así lo hace, pero la fiesta se convierte en un cruel desengaño para él: se ha sentido más extranjero que nunca. Regresa a casa y, al hacerlo, sorprende a su hermana despidiéndose de Wences «con el tono de novia». Fuera de sí, la sigue, la sorprende medio desnuda (lo que aumenta su agresividad) y la mata de un tajo en el cuello. «La otra raza resplandecía en él victoriosa y resarcida» (p. 59).

Relato angustiador, de pasiones tortuosas y violentas. El doble origen es vivido —por Vicente, menos por Dulce— como contradicción insalvable y desemboca en el crimen. Con la mezcla racial una armonía se ha roto, y los impulsos eróticos se han visto violentados y retorcidos. La conflictividad inherente al mestizaje se repudre en los vericuetos del sexo. En cuanto a la tensión racial, en abstracto, no hay posición definida ni, en consecuencia, lección alguna que sacar.

Peluquería feliz (1934)

El narrador encuentra en «su» peluquería (la instalada en la casa que habitó de niño) un oasis que lo aísla de la vulgaridad diaria. Lo atrae también la hija de don Ernesto, el dueño, que es muy bonita. Así las cosas, se hace asiduo del local. Hasta que, un día primaveral en que feliz íntimamente se dirige a la peluquería, la encuentra apagada y con una aglomeración de gente en el portal. Lo informan de que don Ernesto, con una navaja barbera, ha matado a su hija, al amante de esta y a su propia mujer, por alcahueta de esos amores, y a continuación se ha suicidado. Falto de una peluquería capaz de sustituir a la perdida, toma la decisión de cortarse el pelo en casa.

Más que la peluquería, el feliz es su cliente asiduo. Es este un modelo de relato de atmósfera y sensación, placentera por cierto: la que produce un lugar conocido y relajante donde el tiempo se paraliza y, sin los riesgos de la compañía, se conjura la soledad (recuérdese *El hombre de la galería*). Complacencia en un ámbito cerrado que dilata el yo y crea una ilusión, pequeña y pasajera, de plenitud o al menos de atrincheramiento respecto de la agresividad exterior. El desenlace sangriento —más allá del melodramatismo de superficie y del quiebro final (decisión de cortarse el pelo en casa)— nos angustia, como una pequeña «sombra del paraíso».

Pueblo de morenas (1937)

La instalación de un cable trasatlántico produce el auge de un pueblo andaluz: Alburquerque. Llegan empleados ingleses que se enamoran de las morenas, a pesar de que Inglaterra, opuesta a la mezcla de razas, lo prohíbe. El gobierno inglés envía mujeres rubias pero se confabulan con las morenas y hay que repatriarlas. Por haberse casado ilegalmente un inglés con una morena, trasladan a los otros. Acude una segunda remesa de ingleses, que se enamoran como los primeros. Se decide pintar a las morenas de rubio pero ni aun así se atenúa el efecto que producen. Un inglés misterioso, quizás príncipe, se enamora de la morena más bella y también es devuelto a la metrópoli. Ante las protestas diplomáticas, las morenas son enviadas a otros pueblos y Alburquerque va a ser cubierto por un pantano. Inglaterra envía a España un mensaje de gratitud. El poder inglés ha estado a punto de sucumbir ante un pequeño pueblo de morenas.

Jugando con dos tópicos —España preindustrial frente a Inglaterra industrial, superioridad pasional de lo moreno sobre lo rubio— y filtrándolos por la incongruencia, este relato resulta equiparable, por lo esquemático y rectilíneo, a *El hombre de los pies grandes*, con el que también coincide en la comicidad y en la índole del desenlace.

El regalo al doctor (1931)

Una pareja de peruanos ricos, Rafael y Celia (él de progenie castellana, ella aindiada), se establece en Madrid. El marido cae enfermo y hacen venir a un médico. Como el mal se prolonga, el galeno se hace asiduo de la casa y, fomentado por la situación, se establece un vínculo amoroso entre él y Celia. Rafael, por su parte, va adquiriendo poco a poco conciencia de lo que ocurre a sus espaldas. Una vez curado, le prepara una sorpresa al doctor: le pide la cuenta de sus honorarios y le dice que, según se acostumbra, va a hacerle además un regalo: el de su esposa. Celia acepta su nuevo destino, y Rafael se queda «como cuando cae el telón sobre el último acto del drama».

Doctores y enfermedades los hay también en otros casos: *El gran griposo*, *La hiperestésica*, *Se presentó el hígado*. Aquí, la enfermedad es mero pretexto para que el médico aparezca y el triángulo amoroso se constituya. No se ve claro si la diferencia de raza entre Rafael y Celia tiene papel activo (y, por tópico, humorístico): ¿castellano adusto frente a mestiza lujuriosa?

La roja (1928)

A don Modesto le angustia que su única hija, Celia, sea «roja» (pelirroja). Cuando la muchacha entra en la

Normal, su pelo provoca bromas impertinentes. Busca ella argumentos —familiares e históricos— para autojustificarse en la rojez. Quiere tener novio, pero su pelo le ahuyenta los pretendientes. Un chico, débil y cojo, con el que llega a salir, acaba dejándola por una morena, desengaño que la fuerza a confiar más en ella misma. Sufre una crisis y se clava una aguja que amenaza llegar al corazón, pero la salvan en una clínica. Nuevos amores, esta vez con un individuo malencarado que sí acepta la rojez pero resulta casado y con hijos. Nueva crisis de Celia. Se extrema la preocupación de sus padres, que se esfuerzan por resolverle las cosas. Por fin, se va de maestra a un pueblo de Cuenca donde confía en reorientar su vida.

Como en *La gangosa* y *El hombre de los pies grandes*, tenemos aquí una vida humana marcada por una cualidad física.[41] Pero el desenlace es más indeterminado: «Lo que tenía [= Celia] de impar, de ejemplar histórico, de encastillada, iba a merecer [= en el pueblo de Cuenca] más respeto que en la ciudad que ridiculiza y se deja llevar por las antipatías infundadas» (p. 196). Pero no sabemos si ocurrió así.

El ruso (1913)

El narrador (se expresa en primera persona) frecuenta en París un restaurante muy modesto, «El ruso», donde se reúnen exiliados del imperialismo zarista: se interesa por ellos, imagina su destino, observa a las mujeres. En el primer plano de su atención se instala una rusa, atractiva y solitaria, a la que se propone seducir. Reunidos en el

---

[41]   Ramón, biógrafo de Quevedo, ¿recordaría las bromas de este sobre los pelirrojos?

restaurante, «sosteníamos un diálogo conduciendo los dos la mirada sobre las mismas cosas» (p. 77). Por fin, se hablan. Ella le cuenta que su marido, revolucionario, está cumpliendo una condena en Siberia, declaración que «supera» al donjuán (para legitimar su conquista habría necesitado un hombre con defectos graves). Salen juntos y la rusa lo invita a subir a su cuarto, donde le enseña un retrato de su marido. El narrador reconoce noblemente que tiene un aspecto «noble y único», y se despide con aire de volver, pero, por respeto a lo visto y oído, ya no va más al restaurante.

Este relato primerizo es aún ajeno en gran parte a la fórmula que se constituye ocho años más tarde, a partir de 1921. La extensión (31 páginas) y el número de capítulos (8) coinciden ya con ésta, pero Ramón prolonga aquí el realismo decimonónico —observación, veta costumbrista, moralidad del desenlace— y su propio izquierdismo juvenil,[42] del que renegaría más tarde.

La saturada (1923)

Salvador, soltero y con casi cuarenta años, vive con su hermana y con la hija de esta, Mercedes, que lleva una vida amorosa muy libre. En realidad está enamorado de la sobrina pero no lo manifiesta, por respeto a la madre y para conservar cierto ascendiente sobre la muchacha; piensa que aún no está lo bastante saturada de otros amores como para derivar hacia él, y persiste en la espera: «la tomaría cuando

---

[42] V. Ignacio Soldevila-Durante: «Para la recuperación de una prehistoria embarazosa (Una etapa marxista de Gómez de la Serna)», en Nigel Dennis (ed.), *Studies on Ramón Gómez de la Serna,* Dovehouse Editions Canada (*Otawa Hispanic Studies* 2), 1988, pp. 23-43.

en vez de perversión su amor la hiciese comenzar la marcha atrás, la marcha hacia la inocencia primera» (p. 175). Por fin, una noche se decide a salir con ella: van a varios sitios y Salvador intenta llevar la situación al terreno amoroso pero rectifica en seguida volviéndose a refugiar en el trato de tío a sobrina: se ha dado cuenta de que Mercedes, «como toda mujer que se decide a utilizar sin medida su desbarajustada libertad, era insaturable» (p. 185).

En cuanto a la trama, tenemos aquí, como en *El ruso*, un intento frustrado de conquista. Por el sentido, es más bien un relato de manifiesto, en el que se acaba afirmando la superioridad erótica de la mujer sobre el hombre. Retenemos esto en apoyo de nuestra hipótesis de que Ramón diseminó en algunos relatos un pequeño corpus de ideas aplicables a la liberalización de las costumbres amorosas.

Se presentó el hígado (1937)

Rodolfo recibe un día en casa la visita de un caballero cetrino que se le parece: es su hígado, que se identifica como tal: «Soy tú mismo [...] con personalidad propia», añade. Pierde el sentido y, cuando lo recobra, oye decir al médico que ha sido una crisis hepática. Se acostumbra a convivir, no sin tensiones, con su hígado y se va volviendo especialista en éste; por contraposición, ve a los jóvenes como los que no tienen hígado. Un día, con una querida que tiene, se va a un figón para comer opíparamente y, al salir, siente ya al hígado a su lado. Se encuentra a un amigo, que tiene los mismos problemas que él, y deciden celebrar en el Ateneo un «Concilio Higadense». Acabado éste, Rodolfo, siguiendo el consejo de un participante, se provee de dos «canecas» de cierta ginebra y en adelante logra ya que su hígado observe buena conducta guardándolo en un frasco de alcohol.

Agrupable con *El vegetariano*: apología del buen comer en un caso y del buen beber en el otro. ¿Eco de Ramón mismo, aficionado a los banquetes? Como casi siempre, con la alegría de vivir se entrevera la conciencia del paso del tiempo, la llamada al orden que nos hace la edad, porque el hígado es «el aviso enternecido de que se vive y de que se tenga cuidado para apreciar bien un hecho tan precioso» (p. 183).

Suspensión del destino (1928)

Un día de San Isidro en que está prevista una corrida sensacional, amanece nublado. El sol forcejea con las nubes sin llegar a despejarlas. Los aficionados sufren una incertidumbre penosa. La tensión peculiar que precede las tormentas se enseñorea de la ciudad. Paramo, uno de los matadores, se viste el traje de luces impresionado por el mal presagio del tiempo. Por fin la corrida comienza pero la tormenta estalla en seguida y hay que suspenderla. Poco después, Paramo se entera de que uno de los dos toros que le estaban destinados ha matado a otro diestro en la plaza de Aranjuez. El destino ha sufrido así una suspensión y la tormenta se configura en su ánimo como una potencia salvadora.

Asimilable a la literatura taurina de Ramón.[43] Véase *La abandonada en el Rastro, El defensor del cementerio* y *El hijo surrealista,* que, como hemos visto, lo son a otros escritos mayores. Es también relato de atmósfera (la que

[43] *El torero Caracho*, Barcelona, Aymá, 1944 (3ª ed. definitiva).

precede a la tormenta, que reaparece en el relato de este título) y de sensación (la angustiosa de presentir la muerte) —por cierto equiparable con los mejores—, y relato del destino, entendido como se expuso a propósito de *El cólera azul.*

La tormenta (1921)

Rubén, adolescente, encuentra un día, al levantarse, que la mañana está como de domingo y, en vez de ir a clase, se va al Botánico con su compañero Pagés. Allí, ven a una chica que juega con sus dos hermanas pequeñas. Se acercan: ella prefiere a Pagés y Rubén tiene que entretener a las dos niñas. No están así las cosas dentro de casa, donde sus padres tienen recogida a una sobrina huérfana, Elvira, que está también en la pubertad y por la que se siente atraído sexualmente, en complicidad con una tormenta que amaga. Elvira «había descubierto todo el sentido de las miradas y de la predilección de Rubén», el cual, creyendo que podía morir sin «conocer la vida» (= el sexo), multiplicaba su arrebato. Nueva salida con Pagés, que ya se ha hecho novio de la chica del Botánico. Rubén vuelve a casa odiando por inasequibles a las mujeres que ve por la calle y deseoso de Elvira. Esta vez se quedan solos, la tormenta estalla y la unión sexual se consuma.

Estudiado por Fidel López Criado.[44] Como *La hija del verano*, trata el motivo de la iniciación sexual de los jóvenes. La tormenta no sirve ahora para suspender el destino sino para que la pareja protagonista, venciendo tabúes, se inicie en el misterio del sexo. Tras la apoteosis carnal en todo su esplendor, desentona la recaída en la

---

[44]   V. F. López Criado, *op. cit.*, pp. 17-26 y 75-77.

moralidad más pedestre: «Puesto que lo ha querido, los padres le darán todas las facilidades que niegan para su bien a los hijos, y será el que se casó muy joven y tiene muchos hijos y no enseña nunca a su mujer» (p. [16]).

El turco de los nardos (1943)

Estamos en un barrio extremo de Buenos Aires. Familias destacadas: la del turco Muley Irak (de Xenia), la del español Gutiérrez (padre de Jorge), la del polaco Wlamik (padre de Nelia) y la del lituano Bander (padre de Cristián). Cristián se enamora de Xenia y le añade un piso a la casa de ésta, con intención de vivir luego en él de casados. Pero también Jorge se enamora de ella: «había sucumbido a la mezcla de belleza de mujer, nardos y grandes lunas de primavera» (p. 13). A Nelia le gusta Jorge, que no le corresponde pero pasea con ella para tener pretexto de pasar ante la casa de Xenia. Así las cosas, se celebra la Navidad en casa de Muley Irak. La tensión estalla: Cristián queda a un lado y Jorge se impone: «lo moreno se unía con lo moreno». Acaba la fiesta con la derrota de los rubios, que se prometen vengarse. Noviazgo de la turca y el español. Hasta que una tarde se presenta la policía y se lleva al padre de Jorge, que ocultaba bajo nombre falso un delito antiguo y ha sido denunciado por los rubios. Quedan: «el desmayo de Xenia, la tristeza de Jorge» y una sola persona satisfecha: la vieja vengadora, madre de Cristián.

Como *El ruso*, pero por tardío, queda fuera del período en el que se concentran los relatos ramonianos. El lenguaje revela también la nueva situación del autor (su establecimiento en la Argentina): se nos habla de «yuyos», mujeres «morochas», «malevos», «conventillos», etc. La fórmula, sin embargo, no ha cambiado: «conflicto» erótico-racial con triunfo de la morenez —véase *La niña Alcira* y *La otra raza*— al que se suma un componente policíaco (como en *El inencontrable*).

El vegetariano (1924)

Familia vegetariana: don Hortensio (nombre simbólico), doña Encarna (de «fe tuerta», como indica su nombre) y la hija de ambos Purita. Esta es novia de Rodolfo, que un día la convence para que se coma un bocadillo de jamón, que le sabe a gloria. Doña Encarna se pasa también, a escondidas, al bando carnicero. Por su parte, don Hortensio adelgaza hasta hacerse casi transparente. Le dan caldo de carne mezclado a sus verduras pero descubre el fraude, monta en cólera y se opone a la boda de su hija. Ante esto, Purita es depositada en casa de unos amigos carnívoros, donde se pone lozana y dispuesta para el amor. Llega el día de la boda: madre e hija pasan a ver a don Hortensio que, al verlas tan saludables, depone su actitud y asiste a la ceremonia. Lo atracan de carne en el banquete nupcial. Se reconoce vencido pero declara que el nieto que nazca sí será vegetariano perfecto. Le dan la razón como a los locos.

Agrupable por el tema con *Se presentó el hígado*, y con *El hombre de los pies grandes* y *Pueblo de morenas* por lo esquemático y rectilíneo del desarrollo. Ramón manipula con humor la noción popular de que la carne es la verdad y la verdura el error. Una vez más, doble desenlace, por así decirlo: tras atracarse de carne, don Hortensio quiere recuperar la fe vegetariana. Para lo mismo, en el plano moral, véase *La tormenta*.

Agotado el repertorio, intentaremos recapitular. A lo largo del primer tercio del siglo XX la fórmula narrativa realista va cediendo terreno poco a poco ante el empuje de la que hacen suya las vanguardias. Ramón mismo es luchador activo en la primera línea de este enfrentamiento artístico. Ahora bien, una cosa es querer partir de cero y otra cosa es conseguirlo. Aspirar a la novedad no equivale sin más a desembarazarse de todo el lastre del pasado, que, aunque se rechace, sigue siendo en parte operativo. El choque entre novedad y tradición arroja, pues, un resultado híbrido. Es lo que ocurre en este caso. Veámoslo:

En cuanto al contenido de los relatos, Ramón suele incumplir la exigencia realista de verosimilitud, no sólo por dar cabida a la irrealidad sino porque trata, incluso lo real, al margen de las normas vigentes en nuestra experiencia común (tanto en el plano de los hechos como en el psicológico). Así, se desentiende de la trama, entendida como concatenación rigurosa (a partir de la relación causa/efecto) de los acontecimientos, y del desenlace (en cuanto coronamiento o cierre del proceso en que esos mismos acontecimientos se articulan). Hasta aquí, lo novedoso, que, como puede verse, afecta al desarrollo argumental. Pero los argumentos mismos (con sus motivos, sus constantes temáticas) siguen mirando al pasado, al realismo. Ramón los precipita, los descoyunta, los trata de manera discontinua pero no por ello dejan de resultar reconocibles. Se percibe en él como un miedo reverencial a quedarse sin argumento. Para nosotros, lo que de más logrado tiene *La estufa de cristal*, por ejemplo, es que en este caso Ramón se ha decidido a hacer un puro relato de atmósfera imaginaria, en el que no ocurre casi nada y lo poco que ocurre se reintegra sin residuo en esa misma atmósfera. Valdría la pena estudiar hasta qué punto depende en esto del precepto orteguiano de que la trama tiene escaso papel artístico pero no cabe eliminarla del todo so pena de que la novela se quede como un cuerpo sin esqueleto.[45]

Por otra parte, Ramón es partidario de que en los relatos se hable mucho, «ya que el diálogo es el verso de la novela»,[46] afirmación, por cierto, nada clara. ¿Quiere decir que en él se localiza la dimensión poética? Como quiera que sea, es verdad que los diálogos abundan y que su perfil está bien marcado: carecen de verbos declarativos (lo que les da agilidad); evitan los temas de la comunicación habitual tendiendo a convertirse en torneos de ingeniosidad; su sintaxis es simple pero artificiosa por dar poca cabida a los rasgos auténticamente coloquiales (por ejemplo: no se apoyan en lo consabido, ya que lo consabido se evita sistemáticamente). A su manera son, sin embargo, eficaces para revelar la peculiar psicología, imaginaria, de los personajes.

En cuanto a éstos, no son mucho más que espectros. No adivinamos su físico, ni su temperamento, ni su ideología. Solitarios o en pareja (hombre/mujer atraídos/ repelidos por el impulso erótico), una vez puestos en marcha, su funcionamiento es rectilíneo. En el fondo parecen ser todos, más o menos, Ramón mismo. Ramón desdoblándose, prestándoles sus ocurrencias extravagantes o sus ensoñaciones profundas, imaginando con su apoyo aventuras, pero aventuras que no se agotan, que no se llevan al final de sus posibilidades sino que, a poco de

---

[45]   V. José Ortega y Gasset, *op. cit.*, pp. 399-407.

[46]   V. El ensayo *Novelismo*, en *Ismos*, Madrid, Guadarrama, 1975, p. 356.

emprendidas, se abandonan por el placer de inventar otras.[47]

Considerado en su conjunto, el millar de páginas de estos cuarenta relatos nos deja una impresión intensa pero dividida. Si se los toma a la ligera, parecen despreocupados e irresponsables. Leídos con sosiego, resultan inquietantes. El rebajamiento sistemático de lo humano (cuyos procedimientos hemos intentado catalogar), inseparable de la conciencia de su acabamiento, les presta un fondo, inesperado, de seriedad. A medio camino entre la realidad cotidiana y el absurdo, unas veces cautivan por poéticos y otras divierten por irrespetuosos;[48] las más, desazonan por ambiguos: por la indeterminación de su estatuto literario y de su sentido final. El ludismo del autor, su disfraz de intrascendencia, no llega a ocultar su esfuerzo creativo. Está desbrozando caminos nuevos[49] y a veces se pierde en ellos. Es comprensible. Originalidad y proporción de acierto son con todo más que suficientes para que se otorgue a estos relatos una atención que críticos y lectores les han venido negando injustamente.[50]

---

[47]   «Yo en cada novela corta emprendo con fe una nueva vida, pero no voy tan lejos que asesine de cansancio al que me siga. La vida queda vista pronto y a otra vida», en *ibíd.*, p. 351.

[48]   En esta época es aún una irrespetuosidad regocijada. Más tarde, la visión del mundo de Ramón se hará más amarga y desengañada.

[49]   «Aunque por el pronto no cumplan por completo el programa las novelas que se inician, hay ya en ellas los primeros desgarrones hacia otros espacios», dice en *Novelismo*, ed. cit., p. 352.

[50]   No me ha sido hasta ahora accesible la tesis de Herlinda Charpentier Saitz: *Las «novelle» de Ramón Gómez de la Serna*, presentada en Boston University en 1987.

APÉNDICE

Enumeramos aquí, hasta donde alcanzan nuestros materiales, las ediciones de los cuarenta relatos en los que se basa este artículo. Señalamos con un asterisco las utilizadas para las citas.

— *La abandonada en el Rastro*. En: **Revista de Occidente*, marzo 1929, pp. 257-288. Incluido luego en *El Rastro* (2ª ed.): véase *Obras selectas*, Barcelona, AHR, 1973 (2ª ed.; 1: 1970), pp. 182-203.

— *Aquella novela*. Madrid, *La novela corta*, año IX, n° 439, 1924. También en: **La malicia de las acacias* (novelas), Valencia, Sempere, s. a., pp. 235-265.

— *Aventuras de un sinsombrerista*. En: **Revista de Occidente*, marzo 1932, pp. 282-307. También en: *Obras completas*, Barcelona, AHR, 1956, vol. I, pp. 2001-2014.

— La capa de don Dámaso. En: **Revista de Occidente*, sept. 1924, pp. 331-350. También en: *El dueño del átomo*, [Madrid], Historia Nueva, 1928, pp. 87-106. Y en: *El dueño del átomo*, Buenos Aires, Losada, 1945, pp. 32-47.

— *La casa triangular*. En: **Revista de Occidente*, oct. 1925, pp. 56-70. También en: *El dueño del átomo*, [Madrid], Historia Nueva, 1928, pp. 72-86. Y en: *El dueño del átomo*, Buenos Aires, Losada, 1945, pp. 48-59.

— *El cólera azul*. En: **Revista de Occidente*, jul. 1932, pp. 41-69. También en: *El cólera azul*, Buenos Aires, Sur, 1937, pp. 5-27. Y en: *Obras selectas*, Madrid, Plenitud, 1947, pp. 149-167.

— *Las consignatarias*. Madrid, *La novela de hoy*, n° 502, 1932. También en: *El cólera azul, Buenos Aires, Sur, 1937, pp. 141-170.

— *El defensor del cementerio*. En: **Revista de Occidente*, sept. 1927, pp. 317-338. También en: *El cólera azul*, Buenos Aires, Sur, 1937, pp. 95-113.

— *Destrozonas*. En: *El cólera azul, Buenos Aires, Sur, 1937, pp. 127-140.

— *El dueño del átomo*. En: **Revista de Occidente*, abril 1926, pp. 59-84. También en: *El dueño del átomo*, [Madrid], Historia Nueva, 1928, pp. 7-34. Y en: *El dueño del átomo*, Buenos Aires, Losada, 1945, pp. 9-31. Y en: *Obras selectas*, Madrid, Plenitud, 1947, pp. 131-148. Y en: *Antologia. Cincuenta años de literatura*, Buenos Aires, 1955, pp. 320-340.

— *Ella+ella-él+él*. En: *El cólera azul, Buenos Aires, Sur, 1937, pp. 187-208.

— *La estufa de cristal*. En: **Revista de Occidente*, oct. 1934, pp. 79-96. También en: *El cólera azul*, Buenos Aires, Sur, 1937, pp. 51-67.

— *La gallipava*. En: **La malicia de las acacias*, Valencia, Sempere, s. a., pp. 123-139.

— *La gangosa*. En: **La malicia de las acacias*, Valencia, Sempere, s. a., pp. 203-234.

— *Los gemelos y el guante* (novela romántica). En: *La malicia de las acacias, Valencia, Sempere, s. a., pp. 43-57.

— *El gran griposo*. En: *Revista de Occidente*, abril 1927, pp. 57-78. También en: *El dueño del átomo*, [Madrid], Historia Nueva, 1928, pp. 107-143. Y en: *El dueño del átomo*, Buenos Aires, Losada, 1945, pp. 91-121.

— *La hija del verano*. Madrid, *La novela corta*, año VII, n° 364, 1922. También en: *El dueño del átomo*, [Madrid],

Historia Nueva, 1928, pp. 230-260. Y en: *El dueño del átomo*, Buenos Aires, Losada, 1945, pp. 122-146.

— *El hijo surrealista*. En: *Revista de Occidente*, oct. 1930, pp. 27-52. También en: *Ismos*, Madrid, Biblioteca Nueva, 1931, pp. 289-310 [incluido en el capítulo «Suprarrealismo»]. Y en: *Antología. Cincuenta años de literatura*, Buenos Aires, 1955, pp. 340-360 [con el título de «El adolescente surrealista»]. Y en: *Ismos*, Madrid, Guadarrama, 1975, pp. 289-310 [incluido en el capítulo «Suprarrealismo»].

— *La hiperestésica*. Madrid, *La novela mundial*, año III, n° 130, 1928. También en: *La hiperestésica*, Madrid-Buenos Aires, Ulises, 1931, pp. 11-63. Y en: *Obras completas*, Barcelona, AHR, 1956, vol. I, pp. 1507-1525.

— *El hombre de la galería*. En: *Revista de Occidente*, sept. 1926, pp. 299-316. También en: *El dueño del átomo* [Madrid], Historia Nueva, 1928, pp. 182-199. Y en: *El dueño del átomo*, Buenos Aires, Losada, 1945, pp. 147-161.

— *El hombre de los pies grandes*. En: *El dueño del átomo*, [Madrid], Historia Nueva, 1928, pp. 261-271. Y en: *El dueño del átomo*, Buenos Aires, Losada, 1945, pp. 217-227. Y en: Juan Cano Ballesta (ed.), *Maestros del cuento español moderno*, New York, Charles Scribner & Sons, 1974, pp. 50-58.

— *El inencontrable*. Barcelona, *El cuento literario*, n° 1, 1925.

— *El joven de las sobremesas*. Madrid, *La novela corta*, año VIII, n° 376, 1923. También en: *La malicia de las acacias*, Valencia, Sempere, s. a., pp. 59-86.

— *Leopoldo y Teresa*. Madrid, *La novela corta*, año VI, n° 311, 1921. También en: *Obras completas*, Barcelona, Ahr, 1956, vol. I, pp. 1951-1969.

— *La malicia de las acacias*. Madrid, *La novela corta*, año VIII, n° 413, 1923. También en: *La malicia de las acacias*, Valencia, Sempere, s. a., pp. 7-41.

— *El miedo al mar*. Madrid, *La novela corta*, año VI, n° 276, 1921. También en: *La malicia de las acacias*, Valencia, Sempere, s. a., pp. 141-171.

— *La niña Alcira*. En: *Revista de Occidente*, jun. 1934, pp. 274-303. También en: *El cólera azul*, Buenos Aires, Sur, 1937, pp. 69-93. Y en: *Obras selectas*, Madrid, Plenitud, 1947, pp. 169-189.

— *El olor de las mimosas*. Madrid, La novela corta, n° 343, 1922. También en: *El dueño del átomo*, [Madrid], Historia Nueva, 1928, pp. 35-71. Y en: *El dueño del átomo*, Buenos Aires, Losada, 1945, pp. 186-216.

— *La otra raza*. Madrid, *La novela semanal*, año III, n° 123, 1923. También en: *La malicia de las acacias*, Valencia, Sempere, s. a., pp. 173-202 [aquí con el título *De otra raza*).

— *Peluquería feliz*. En: *Revista de Occidente, febr. 1934, pp. 121-148. También en: *El cólera azul*, Buenos Aires, Sur, 1937, pp. 29-50.

— *Pueblo de morenas*. En: *El cólera azul*, Buenos Aires, Sur, 1937, pp. 209-227. Y en: *Obras selectas*, Madrid, Plenitud, 1947, pp. 191-206.

— *El regalo al doctor*. En: *La hiperestésica*, Madrid-Buenos Aires, Ulises, 1931, pp. 67-129. También en: *Obras selectas*, Madrid, Plenitud, 1947, pp. 275-301. Y en: *Obras completas*, Barcelona, AHR, 1956, vol. I, pp. 1529-1550.

— *La roja*. Madrid, *La novela de hoy*, año VII, n° 343, 1928. También en: **La hiperestésica*, Madrid-Buenos Aires, Ulises, 1931, pp. 133-199. Y en: *Obras completas*, Barcelona, AHR, 1956, vol. I, pp. 1569-1591.

— *El ruso*. Madrid, *El libro popular*, n° 10, 1913. También en: *El dueño del átomo*, [Madrid], Historia Nueva, 1928, pp. 144-181. Y en: **El dueño del átomo*, Buenos Aires, Losada, 1945, pp. 60-90.

— *La saturada*. Madrid, *La novela corta*, n° 399, 1923. También en: *El dueño del átomo*, [Madrid], Historia Nueva, 1928, pp. 200-229. Y en: **El dueño del átomo*, Buenos Aires, Losada, 1945, pp. 162-185.

— *Se presentó el hígado*. En: **El cólera azul*, Buenos Aires, Sur, 1937, pp. 171-186.

— *Suspensión del destino*. En: **Revista de Occidente*, ag. 1928, pp. 129-143. También en: *El cólera azul*, Buenos Aires, Sur, 1937, pp. 115-126.

— *La tormenta*. Madrid, **La novela corta*, año VI, n° 291, 1921. También en: *La malicia de las acacias*, Valencia, Sempere, s. a., pp. 87-121.

— *El turco de los nardos*. Madrid, **La novela actual*, año I, n° 5, 1943. También en: *Obras selectas*, Madrid, Plenitud, 1947, pp. 207-243. Y en: *Obras completas*, Barcelona, AHR, 1956, vol. I, pp. 1971-1999.

— *El vegetariano*. En: **La hiperestésica*, Madrid-Buenos Aires, Ulises, 1931, pp. 203-240. También en: *Obras completas*, Barcelona, AHR, 1956, vol. I, pp. 1553-1565.

Ramón Gómez de la Serna
o el autobiografismo totalizador

1.   De Ramón se ha dicho que es un escritor sin género y que, paradójicamente, es esa incapacidad genérica suya la que le ha permitido dar vida a nuevos géneros. Son esas afirmaciones más efectistas que precisas, precipitadas. En todo caso, se está tentado de ver en ellas una invitación a quedarse en el lugar común, a dejar las cosas como están, renunciando al afinamiento de nuestros criterios interpretativos del hecho literario.

Para nosotros, la obra ramoniana —prolongada durante más de medio siglo, copiosísima y multiforme— viene reclamando de la crítica una sistematización a partir de la cual, y en una etapa ulterior, pueda procederse a describirla y a justipreciarla de manera adecuada y proporcional a su importancia. En ese desiderátum o proyecto de trabajo —del que, con toda evidencia, no se puede aquí sino sugerir una parte— el autobiografismo está llamado a desempeñar un papel relevante y quizás totalizador o poco menos que totalizador. Leída como manifestación —compleja y ramificada— de un impulso autobiográfico primigenio, una gran parte, si no todo, del amplísimo y a primera vista caótico conjunto de textos ramonianos, adquiere coherencia y sentido.

En lo que sigue, por imperativo de brevedad, nos vamos a concentrar en lo autobiográfico en sentido estricto, tomado en el tiempo a partir del «opus magnum»

Automoribundia, de 1948, pero haciendo también referencias a otros textos o series de ellos que, a nuestra manera de ver, encuentran en su componente autobiográfico la inserción adecuada respecto del conjunto al que pertenecen.

1.1. La crítica suele estar de acuerdo en que la autobiografía, trabajo de síntesis o recapitulación de una vida, es fruto de vejez o al menos de madurez, y que la tentación del género suele darse entre quienes por tener de un modo u otro existencia pública están en condiciones de provocar interés si se deciden a hablar de ellos mismos. Ramón cumple ambos requisitos, pero ambos con una restricción importante.

Automoribundia aparece, como hemos dicho arriba, en 1948. El autor tiene entonces sesenta años y se encuentra a quince de su muerte. El autobiografismo, cumplido el gran esfuerzo que representa esta obra, se va a mantener —Ramón es prolífico en todas sus manifestaciones— en escritos ulteriores, hasta su muerte. Pero, desde su juventud, había venido indagando en la raíz misma de su personalidad, practicando formas diversas del examen de conciencia y verbalizando mejor o peor los resultados de esas inquisiciones. Obras como *El libro mudo*, *Morbideces*, o como la mayoría de las que componen su producción teatral de la primera época, repudiadas luego, o son autobiografía o participan de la naturaleza de la autobiografía, si bien con un autobiografismo que, de tan interiorizado —no hay en él referencias a sucesos ni a personas concretos sino desdoblamientos psíquicos, diálogos entre el escritor y su conciencia—, se hace difuso y aun se aproxima a lo evanescente.

Cuando se pone a escribir *Automoribundia*, Ramón tiene detrás una larga y exitosa carrera de escritor, pero esos éxitos empiezan a estar lejanos (se sitúan en los dos decenios anteriores a la guerra civil), su situación personal (amenazada siempre, en lo económico, por la pérdida de las colaboraciones periodísticas, de las que vivía) tiene mucho de dolorosa y, lo que aún es más grave, se encuentra erradicado de su ambiente y público naturales. Es notorio el hecho de que, no solo por su decadencia biológica sino por hallarse viviendo un tiempo cuya orientación artística no le es favorable, Ramón se sobrevive a sí mismo en sus años bonaerenses.

1.2. En cuanto a la motivación y perspectiva encauzadora de su obra autobiográfica, sin que falten los habituales desde el punto de vista psicológico —placer de entregarse al recuerdo, necesidad de compensar la huida del tiempo mediante la recuperación del pasado por obra de la memoria, búsqueda del sentido de la propia existencia—, encontramos una voluntad decidida de autojustificarse como escritor. Ahora bien, la autobiografía, como todos los géneros literarios, tiene su historicidad, la cual va íntimamente ligada, como no podía menos de ocurrir, a la historicidad de la concepción del yo y de la manera que el yo tiene de manifestarse y de afirmarse en el contexto social.[1]

Tratándose, como en este caso, de un vanguardista, de alguien que ha vivido de y por una literatura que rompe sin

---

[1]   Sánchez, F.: «El marco institucional del discurso sobre sí mismo: autobiografías del Renacimiento», en *Schwerpunkt Siglo de Oro. Akten des Deutschen Hispanistentages Wolfenbüttel*, 28.2-1.3.1985, (herausgegeben von Hans-Josef Niedereche), p. 129-147.

contemplaciones con la tradición, es coherente, esperable, que el autobiografismo implique afirmación y defensa de la condición creadora y de la lealtad y firmeza con que esa condición ha sido vivida; en otras palabras, sostenimiento de la validez de un estilo de vida que ha sido el suyo. En este sentido, con la mirada puesta en el pasado, Ramón rinde aún mucho tributo a su vanidad. Siendo así, cabe decir incluso que con *Automoribundia* estamos ante el primero y principal de los escritos ramonianos en defensa del arte nuevo.

En cuanto a la perspectiva, encontramos aquí la inversión completa de lo que encontramos en las auto-biografías de pícaros de la literatura clásica, que Ramón, lector y biógrafo de Quevedo, conocía sin duda. En estas obras, el yo, real o ficticiamente autobiográfico, se situaba en la perspectiva del arrepentimiento; el pícaro, desde cierta altura de su vida, narraba arrepentido lo que había hecho (por lo general se trataba de fechorías) antes de alcanzar el estado de arrepentimiento. En *Automoribundia*, en cambio, Ramón declara que «si volviese a nacer volvería a repetir el mismo voluntario destino».[2] Lo que sí es común, a una y otra forma literaria, es el aleccionamiento

---

[2] *Prólogo* a *Automoribundia*: 1888-1948, Madrid, Guadarrama, 1974 (2ª ed.), vol. I, p. 13. La primera es de Buenos Aires, Sudamericana, 1948. Sobre esta obra, José Camón Aznar: *Ramón Gómez de la Serna en sus obras*, Madrid, Espasa-Calpe, 1972, pp. 197-219. También, Eugenio Suárez-Galán: «Voces narrativas y estructura autobiográfica de *Auto-moribundia* (el mito como móvil autobiográfico)», en *L'Autobiographie en Espagne*, Aix-en-Provence, Université de Provence, 1982; y «Hacia Ramón a través de Torres Villaroel», en *Cuadernos hispanoamericanos*, nº 140, agosto 1984, pp. 63-77.

ofrecido al lector para que este vea más claro el camino de su vida: «Al leer esta verídica biografía los jóvenes sabrán lo que les puede pasar si pretenden ser un escritor digno, y así tendrán esa riqueza preservadora que es el saber a qué atenerse».[3]

Sin embargo, algo —¿o mucho?— hay en *Automoribundia* de barroco: el desengaño, no del arte, puesto que Ramón se las arregla para divinizarlo, sino de la vida. Se sabe viejo, se siente enfermo y cansado, el mundo que lo rodea se le va haciendo hermético. La fe religiosa, atrofiada desde la adolescencia y recuperada tardíamente, le devuelve la trascendencia. Incluso llega al escrúpulo pueril de perseguir y borrar lo que le parece blasfematorio en cuantos libros suyos le vienen a la mano. Los capítulos LVIII y LIX de *Automoribundia* constituyen un alegato ferviente en pro de la creencia religiosa: el hombre debe aceptar sus limitaciones y no cerrarse a lo mistérico sino descansar en ello; la vida se hace insoportable si Dios es omitido. Esa trascendentalización de la perspectiva encauzadora de la autobiografía inhibe en ella el componente lúdico, antes tan vivo y omnipresente, y la carga de sentido moral, un sentido moral que, en ondas sucesivas, la va impregnando toda.

2.   *Nuevas páginas de mi vida*,[4] en la intención declarada del autor, prolonga y completa el «opus magnum» autobiográfico; en efecto, el subtítulo reza: «Lo que no dije en mi autobiografía». Se trata sin embargo de un libro dife-

---

[3]   *Ibíd.* p. 10.
[4]   *Nuevas páginas de mi vida*, Alcoy, Marfil, 1957. También: Madrid, Alianza, 1970.

rente del todo, no tanto por la extensión (desde luego mucho menor) como por la construcción. Libro misceláneo ¿Porque al autor, tras el esfuerzo requerido por *Automoribundia*, se le ha agotado la capacidad para hacer autobiografismo genuino, o porque, propenso siempre a la invertebración estructural y a la indeterminación genérica, no ve inconveniente mayor en entregarse a la espontaneidad de la miscelánea? Quizás por las dos cosas.

Si se intenta «desmontar» esta obra y aislar sus componentes encontramos:

A) Mención —puntual y desordenada— de sucesos concretos (con los datos complementarios pertinentes): anécdotas, información sobre sus libros, sobre la tertulia de Pombo, sobre los objetos totémicos o tutelares; todo ello a vuelta de confesiones más intimistas: por qué vive en América, ternura hacia su esposa. Es esta la dimensión más coincidente con lo autobiográfico, en el sentido por lo general aceptado del término, pero no llega a ser dominante en el libro.

B) Autobiografismo interiorizado. Dictado por la conciencia dolorida de la muerte, sentida como próxima pero atenuada por la recuperación de la fe. Especialmente significativo a este respecto es el capítulo XX: «Fe en Dios». A Ramón, en el plano físico, le ronda la consideración de su decadencia y enfermedad; en el intelectual, percibe su tiempo presente, vivido, como de síntesis y recapitulación del que ya pasó: una sociedad nueva ha sustituido a aquella otra en la que él se formó y triunfó; ese mundo cambiado, que ya no le es congenial, le viene exigiendo cada vez más renuncias. Cruza también estas páginas amargas el fantasma de la soledad, que él se esfuerza por hacer positiva y creadora pero que no por ello pierde su carácter de impalpable y general amenaza.

C) Semblanzas de lo inanimado, a la manera de los libros que se agrupan bajo la etiqueta general de «ramonismo»: el sillón ideal, el despertador, los bancos públicos, los signos tipográficos de admiración, las nubes, las estrellas; se recuperan también viejos motivos de la propia obra: el alba, el corazón.

D) Ideas literarias: condición del escritor, relación autor/público, antiacademicismo.

E) Una «carta inédita a mí mismo»,[5] no incluida en *Cartas a mí mismo* y, como toda esta obra, asimilable al componente b).

3. *Cartas a mí mismo*.[6] Consta de una «Advertencia preliminar» y de 35 cartas no numeradas. La advertencia contiene tres afirmaciones que nos interesa retener:

A) La raíz de todas estas cartas está en la soledad;

B) En ellas se elimina lo concreto para que puedan alcanzar universalidad;

C) Aspiran a la máxima sinceridad y profundización del yo, aun a sabiendas de lo inalcanzable del propósito.

La conciencia de la soledad se acompaña ahora de las mismas obsesiones presentes en *Nuevas páginas* y en

---

[5] *Ibíd.* pp. 117-119.

[6] *Cartas a mí mismo*, Barcelona, AHR, 1956. Con *Cartas a las golondrinas*, Madrid, Espasa-Calpe, (Austral 1310), 1962, pp. 99-225. Cito por la edición de AHR.

Diario: apuros de dinero, deterioro de la salud, fruición de la espera por ser esta dilatadora del tiempo, figuración de la muerte, examen de conciencia (con el reconfortante de sentirse justo y fiel a la línea de conducta trazada a su vida), sentimiento creciente de que el mundo vivido en la vejez se le va haciendo cada vez más extraño e impropicio. La soledad misma se acrece a medida que el hastío y el desengaño respecto a los demás va dificultando y reduciendo la comunicación; y, sin embargo, patéticamente, «la gente quiere verse, como si pudiese soportar mejor su propio vacío gracias a esa suma cacareante de vacíos».[7]

Esta característica conlleva una forma peculiar de ascesis en el tratamiento del lenguaje. Sin renunciar del todo a la imaginería —antídoto ella misma de la conciencia de la temporalidad—, Ramón esencializa aquí su lenguaje, al rebajarle brillantez y renunciar a las que, para la desnudez de la noción pura, serían superfluidades.

En rigor, el pasado es irrecuperable y el recuerdo solo puede proporcionar una imagen suya en extremo borrosa e incompleta. La sinceridad no pasa de proyecto, incumplido siempre, y no conduce a resultado satisfactorio. El hombre es en el fondo opaco, aun para él mismo; lo convencional —Ramón parece pensar en los modelos o moldes genéricos recibidos de la tradición literaria— se opone también a que la verbalización de lo autobiográfico aprehenda el núcleo huidizo del yo: «Ahora veo que escribir sinceramente es el artificio más difícil del mundo» dice.[8] La conclusión, implícita desde luego, sería que sin ficcionalización el acto

---

[7]   *Ibíd*. p. 15.

[8]   *Ibíd*. p. 77.

autobiográfico es pura y simplemente inviable; que no se alcanza la verdad, se entiende la verdad artística, sin un componente de mentira. Lo que en definitiva quizás no sea tan negativo como pueda parecer, dado que el ser del hombre no es fijo sino cambiante: «¿Qué verdad íntima tenemos? —Apenas ninguna, porque somos un conato, una transicción [sic]».[9]

4.   *Diario póstumo.*[10] Consta:

A)   De los fragmentos que quedaron de un primer diario, después de destruido por el autor, fragmentos salvados por Luisa Sofovich;[11]

B)   De un segundo diario, expurgado por ella misma por contener intimidades que no consideró aptas para la publicidad.[12] No se trata de una obra elaborada sino más bien de unos materiales en disponibilidad,[13] que, eso sí, se dejan clasificar de modo casi paralelo a los que componen *Nuevas páginas de mi vida, a saber*:

a)   Autobiografismo propiamente dicho: enfermedad y muerte del hermano del autor, vida familiar, preocupaciones motivadas por la inseguridad de las colaboraciones periodísticas, esperanza de conseguir

---

[9]   *Ibíd*. p. 128.

[10]   *Diario póstumo*, Barcelona, Plaza y Janés, 1974.

[11]   *Ibíd*. pp. 11-21. Según las fechas que, en desorden, aparecen, corresponde al período que va de 1948 a 1952.

[12]   *Ibíd*. pp. 25-121. La primera fecha que se menciona es el 2-VII-1952; la última, el 24-IX-1956.

[13]   Parece legítimo concluir que Ramón se sirvió de estos materiales para redactar *Nuevas páginas de mi vida*.

el premio «Nobel español», quejas por la mala salud, referencias a escritores con los que mantuvo relación;

b)   Autobiografismo interiorizado: de nuevo la consideración angustiada de la muerte próxima y el refugio en la creencia religiosa, consideraciones sobre la soledad;

c)   Ramonismo: evocación de determinadas palabras que le parecen portadoras de efectos, sugerencias o connotaciones especiales (en ello hemos de ver una reparación esporádica del ludismo de la obra juvenil);

d)   Numerosas greguerías, destacando entre ellas las «mortuorias», coherentes ahora con el momento si bien nunca faltaron del todo incluso en las épocas alegres y esperanzadas.[14]

5.   Como cierre —y enlazando con lo dicho al final del punto 1— voy a referirme a los textos, o series de textos, ramonianos susceptibles de ser interpretados como manifestaciones parciales de un autobiografismo tendente a la totalización.

5.1. Autobiografismo interiorizado juvenil. Vinculado a lo que la adolescencia y primera juventud tienen de tanteo y esfuerzo ulterior para interpretar el mundo, defenderse de su agresividad recién descubierta, y abrirse paso o acomodarse en él. Con las reservas necesarias, se incluirían aquí los libros primerizos entre ensayo y autoconfesión, y el teatro, irrepresentado e irrepresentable, de la primera época. Remitimos a 1.1.

---

[14]   V. nuestro trabajo «Nebulosa y sistema en las greguerías ramonianas», en *Versants*, nº 1, automne 1981, pp. 109-120, en particular 110-111.

5.2. Obras autobiográficas en sentido estricto, es decir, en el que vienen reconociendo como tal la crítica y la teorización académicas. A ellas se ha dedicado casi exclusivamente nuestra intervención.

5.3. Obras resultantes de la profundización, dilatación y pormenorización de una parte de la experiencia biográfica: *Pombo* (semblanza del café de este nombre, de la tertulia famosa y de quienes la frecuentaban), *El Rastro* (del que fue visitante asiduo), *El circo* (una afición destacada), *El alba* (familiar por gracia de los hábitos trasnochadores). La producción de libros de este carácter hace de Ramón un caso prácticamente único en la literatura del siglo XX.

5.4. Producción, muy extensa, del Ramón biógrafo, en la medida en que los biografiados (casi solo artistas: escritores y pintores en primer lugar) son, si contemporáneos, personas a las que trató y estimó (Gutiérrez Solana, Azorín, Valle-Inclán, a los que dedicó sendos libros) y, si lejanos en el tiempo, creadores a los que aprecia como modélicos, cuya obra quiere prolongar o con la que de un modo u otro se identifica (Lope de Vega, Quevedo, Goya, asimismo objeto los tres de biografías extensas).

Añadiremos que estas biografías son clasificables en tres grupos:

a) Las que alcanzan extensión de libro, se enriquecen con apoyo documental y proporcionan doble información: sobre vida y obra (aquí los ejemplos citados arriba);

b) Semblanzas breves, por lo general más atentas a la índole y novedad de la creación artística que a las circunstancias biográficas (las numerosas reunidas en *Retratos completos*);[15]

c)   Siluetas fugaces, reducidas a una aparición aislada o a un rasgo unilateralizador, de personajes o personajillos (abundan en los dos volúmenes consagrados a Pombo).

5.5. El conjunto de textos que, a falta de nombre preexistente, se han llamado «ramonismo» (como se sabe, es el título de uno de los libros que lo componen);[16] en cada uno de ellos el autor reúne, inorgánicamente:

a)   Observaciones de menudos aspectos desatendidos de la realidad material, y sobre todo objetual;

b)   Asociaciones insólitas de todo tipo;

c)   Relatos condensados al máximo y cuyo carácter fantástico suele dimanar del hecho de que en ellos las cosas pasan de ser dominadas a dominadoras, de meros instrumentos al servicio de los seres humanos a decisorias del destino de estos. El conjunto alcanza suficiente unidad mediante la referencia a un observador penetrante y juguetón, que no acepta jerarquización alguna y que se rebela contra cualquier forma de asociación preestablecida; obviamente, este observador es Ramón mismo. Añadiremos que todo esto, como mero ingrediente, se da en otros escritores. Lo peculiar de Ramón es darle autonomía, elevar a lo

---

[15]   *Retratos completos*, Madrid, Aguilar, 1961. Incluye: *Efigies*, pp. 9-254; *Retratos contemporáneos*, pp. 255-583; *Nuevos retratos contemporáneos*, pp. 585-848; y *Otros retratos*, pp. 859-1188.

[16]   *Ramonismo*, Madrid, Espasa-Calpe, 1923.

genérico un modo personal de percibir o de imaginar. Se trata de un hallazgo artístico inseparable de una afirmación enérgica y fundamental del yo.

5.6. Autobiografismo se encuentra por último en el Ramón narrador, tanto en las novelas de extensión normal (las que él llama «grandes») como en los relatos aparecidos en revistas[17] o en colecciones populares de la época. Como un análisis —aunque fuese somero— llevaría lejos, nos limitaremos a señalar unos ejemplos aislados.

a) *El incongruente*,[18] que Ramón consideraba su obra más innovadora, tiene como protagonista a un tal Gustavo, «alter ego» del autor: a Gustavo le entusiasman las cosas (en particular las muñecas de cera y los pisapapeles), siente aversión por los lugares comunes, prefiere las mujeres con experiencia amorosa. Más relevante es, sin embargo, el hecho de que este protagonista no se ve a sí mismo como una anomalía, no se siente desarraigado: la incongruencia de *su* vida es de la vida (la de todos); lo que ocurre es que los otros no han asumido como él la condición esencial del mundo, a saber, precisamente la incongruencia. No hay que olvidar: 1) Que se trata de una de las novelas calificadas por el autor como «de

---

[17] V. nuestro trabajo «Relatos ramonianos en la *Revista de Occidente*», en *Philologica hispaniensia in honorem Manuel Alvar*, Madrid, Gredos, 1987, tomo IV, pp. 253-265. También Francisco Ynduráin: «Ramón en la Revista de Occidente», en *Revista de Occidente*, nº 80, enero 1988, pp. 70-81.

[18] *El incongruente*, Madrid, Calpe, 1922. Más tarde: Barcelona Picazo, 1971; Buenos Aires, Albino y asociados, 1979; Madrid, Orbis, 1982.

la nebulosa»; 2) Que por «nebulosa» debemos entender un universo de formas cambiantes, proteicas y, por ser así, imprevisibles y amenazadoras; 3) Que en estas novelas el tema fundamental es el enfrentamiento del hombre con una inseguridad radical —cósmica y ontológica—, con un sinsentido del que solo pueden ser antídotos la creación artística (en la cual la incongruencia conduce a una congruencia superior) y el amor.[19]

Otros héroes de las novelas «grandes» toman del autor otros rasgos, quizás no tan esenciales: el erotismo imaginario (*El chalet de las rosas*), la asimilación del ser humano por el ambiente (*La quinta de Palmyra*), la lucha por la escritura (*El novelista*).

b)   En los relatos breves encontramos —valgan unas observaciones aisladas a título de ejemplos— manifestaciones parciales de autobiografismo: obsesión erótica y rechazo al matrimonio (*El olor de las mimosas, La hija del verano*); episodios, anecdóticos incluso, de la vida («cruzada» en pro de las cabezas descubiertas en *Aventuras de un sinsombrerista*); afición por las cosas arrancadas de su emplazamiento original y en disposición de reorganizarse de manera

---

[19]   Retomamos aquí algunas ideas de nuestro trabajo «Le donjuanisme et les littératures d'avant-garde: un exemple espagnol», en *Les Actes du Colloque Interdisciplinaire de Treyvaux*, Editions Universitaires Fribourg, Suisse, 1982, pp.83-93. V. también José-Carlos Mainer, Prólogo a *El incongruente*, Barcelona, Picazo, 1972, pp. 9-31; más tarde, Miguel González-Gerth, *A Labyrinth of imagery: Ramón Gómez de la Serna's «novelas de la nebulosa»*, London, Tamesis, 1986, pp. 26-36.

imprevista (*La abandonada en el Rastro*);[20] inversión de la relación establecida entre los seres humanos y los objetos, haciendo que sean estos los que dispongan el destino de aquellos (*La casa triangular, La capa de don Dámaso, El hombre de la galería).*[21] Los ejemplos podrían multiplicarse pero renunciamos definitivamente a ello.

Baste con lo dicho, a modo de análisis provisional de cuatro obras autobiográficas —una mayor y tres menores— ramonianas y como sugerencia de una hipótesis de trabajo, que, de revelarse útil, se aplicaría a la interpretación conjunta de una obra literaria que, por lo vasta y dispersa, apenas si se somete a las categorizaciones a las que los estudiosos literarios nos vienen acostumbrando.

---

[20]   Publicado primero en la Revista de Occidente, marzo 1929, pp. 257-288. Se incluye luego en *El Rastro* —véase en *Obras selectas*, Barcelona, AHR, 1971, pp. 17-280—, lo que prueba su asimilación al sentido de esta obra mayor.

[21]   V. nuestro trabajo citado en nota 17, en particular pp. 257-260.

La literatura francesa en *Prometeo*

0.   Los estudios críticos sobre Ramón Gómez de la Serna han destacado la importancia que, para su carrera de escritor, tuvo la actividad juvenil en el marco de *Prometeo*,[1] revista fundada por su padre y que, aunque nació en el ambiente modernista, se revela como la más importante entre las precursoras del vanguardismo.[2] Para entrar en materia recordemos los datos esenciales sobre ella. Sus 38 números aparecen entre noviembre de 1908 y la primavera de 1912. Se subtitula «Revista social y literaria», lo que señala su doble orientación inicial. En los números 1-10 se indica que el director es Javier Gómez de la Serna. En el 11, una nota de la redacción informa de que, al haber sido este nombrado para la Dirección general de los Registros y el Notariado, lo sustituye «accidentalmente» su hijo Ramón.[3]

---

[1]   V. Gaspar Gómez de la Serna, *Ramón (obra y vida)*, Madrid, Taurus, 1963, pp. 44-50 y ss.; Luis S. Granjel, *Retrato de Ramón*, Madrid, Guadarrama, 1963, pp. 141-167; «*Prometeo* (1908-1912)» y «Ramón en *Prometeo*», *Ínsula*, año XVIII, n° 195, pp. 6 y 10, y n° 196, pp. 3 y 10; Andrés Soria Olmedo, *Vanguardismo y crítica literaria en España*, Madrid, Istmo, 1988, pp. 29-38.

[2]   Así lo señala César Antonio Molina, *Medio siglo de prensa literaria española (1900-1950)*, Madrid, Endymion, 1990, p.44.

[3]   La correspondencia rigurosa entre número de la revista y mes desaparece a partir del 11. De septiembre a diciembre de 1909 salen dos números: el 11 y el 12. En 1910, doce, que van del 13 al 26, sin indicar

En lo sucesivo, el padre sigue mencionado en cada número en cuanto fundador. El hecho es que lo accidental va a hacerse estable y que, hasta la muerte de *Prometeo*, es Ramón quien la dirige, la orienta e incluso la escribe en buena parte marcándole el rumbo literario —y más precisamente antipasadista e innovador— con que se la conoce.

1. A despecho del decisivo cambio de rumbo dado a *Prometeo*, la parte correspondiente a traducciones se mantiene sin cambio notable desde el nacimiento a la muerte de la revista. En el n° 11, el que anuncia el paso de la antorcha prometeica de padre a hijo, una nota —desmañada, dicho sea de paso— recalca que, bajo la dirección del fundador, «se han traducido las cosas más personales y menos editoriales (= comerciales, rentables) pero más artísticas de hombres por primera vez traducidos en España». En el n° 18, una «Loa» atribuible a Ramón insiste en el elogio y justificación de las traducciones y revela el sentido supranacional y cosmopolita de estas: «La traducción de los escogidos es lo único que hace inefable la vida [...] Los sentimos no como traducidos, sino como seres cercanos, que han podido hacer su obra en cualquier parte». Lo que ellos representan —añade— se siente como propio «porque nada menos extranjero y menos nacional, pero más humano, más creador, más espabilado que estas cosas».

---

de qué mes es cada uno. En 1911 hay once números: 25-35. En 1912, los tres últimos: 36-38. Otro dato: el n° 1 lleva índice pero ya no el dos, ni tampoco el resto de la serie.

Repasando la colección completa de *Prometeo*,[4] hemos registrado 61 traducciones a partir de una u otra entre las principales lenguas europeas. Como queda dicho, su presencia es casi constante[5] pero restringida, ya que no alcanza el promedio de dos por número. Parece lícito concluir que, si bien la voluntad de importar lo extranjero no decae, se otorga preferencia a los amigos y Ramón, en particular, a sus propios y numerosos textos. De las traducciones, agrupándolas por lenguas originales, encontramos: 33 del francés (las que van a ocuparnos en este artículo), 17 del inglés,[6] 8 del italiano,[7] 1 del ruso,[8] 1 del alemán[9] y 1 del portugués (brasileño).[10] En ningún caso se informa sobre los escritores, ni se indica la procedencia de lo traducido. Digamos que *Prometeo* se sitúa, a este

---

[4]   He consultado la reproducción fotocopiada de *Prometeo* disponible en la Biblioteca Nacional de Madrid: signatura D/10848. La colección originaria de la revista no es accesible al público por su mal estado de conservación. Es lástima que las fotocopias se hayan hecho y encuadernado chapuceramente, cortando a veces los números de las páginas y alterando su orden o invirtiéndolas.

[5]   Solo en los números 3, 12 y 31 no las hay.

[6]   Ocho textos de Oscar Wilde (entre ellos, en tres entregas, *Una mujer sin importancia*), tres de Thomas de Quincey, dos de Algernon (Charles Swinburne), dos de Walt Whitman, uno de Bernard Shaw y uno de Arthur Symons.

[7]   Cuatro de Gabriele D'Annunzio, dos de Filippo Tommaso Marinetti, uno de Giovanni Papini y uno de Oreste Luchini.

[8]   De Máximo Gorki.

[9]   De Max Stirner.

[10]   De Olawo Bilac (Olawo Bras Martins de Guimaraes).

respecto, en el polo opuesto del rigor académico y aun del rigor sin más.

2.   Como hemos visto, las traducciones del francés —se elevan a treinta y tres—[11] sobrepasan en número a todas las demás juntas, que son veintiséis. Su protagonismo ha sido señalado, hace poco, por César Antonio Molina: «La presencia de autores franceses es muy importante, dado que durante dos años, de los cuatro que duró la revista, Ramón los pasó en el vecino país».[12] Sin negar esto, nos parece preferible una interpretación más amplia. En los dos decenios del siglo la literatura y el arte francés gozaban aún de un prestigio sólido y París era centro indiscutible de atracción. La apertura a Francia, visible en *Prometeo*, afecta por igual a otras revistas literarias españolas próximas a ella en el tiempo. Todo esto, por lo que hace al panorama de la cultura, en su sentido más amplio, del momento. En el plano personal, el afrancesamiento del Ramón joven tampoco plantea dudas. En 1903, recién acabado el bachillerato, su padre le había costeado un primero y breve viaje a la «Ville Lumière», que, como corresponde, lo había deslumbrado. Dentro ya de la zona de fechas de *Prometeo*, los casi dos años que —con interrupciones no bien conocidas— pasó allí, gracias a un puesto de secretario de la Junta de Pensiones conseguido por influencia de su padre, constituyeron un estímulo decisivo en su esfuerzo por trasvasar a España lo más innovador de las literaturas europeas, filtrado por París, y

---

[11]   A efectos de cómputo, consideramos como uno solo tres breves textos del n° XXIX, cuyos autores y títulos se menciona, sin comentario, en el lugar correspondiente.

[12]   *Op. cit.*, pp. 46-47.

para arrinconar el aborrecido realismo decimonónico, todavía coleante entre nosotros pero hecho insoportable para la nueva sensibilidad de la que él se erigía por el momento en defensor declarado y de la que acabaría siendo arquetipo y aun cronista.

3.   Reseñamos a continuación los textos traducidos del francés en *Prometeo*. Ordenamos primero a los autores por orden alfabético, indicando fechas de nacimiento y muerte; sigue(n) el título de su(s) texto(s) traducidos(s) en *Prometeo*, más las referencias correspondientes: número de la revista y páginas; si hay más de uno, se ordenan por orden cronológico de aparición; siempre que conste, se menciona entre corchetes el nombre del traductor. Tras este encabezamiento, damos una breve idea del contenido. Por último, caracterizamos mínimamente al escritor en cuestión y, las más de las veces, intentamos situarlo respecto del perfil intelectual y estético de Ramón o, dicho de otro modo, respecto de la influencia al parecer ejercida sobre él.

Bertrand, Aloysius (1807-1841): «El segundo hombre», XXIII, pp. 852-853 [Ricardo Baeza].

Poema en prosa: el hombre, piedra angular de la creación.

Reivindicado por Baudelaire, Rimbaud y los surrealistas, sus poemas se inscriben en la tendencia romántica a la intercomunicación de las artes.

Bois, Jules (1871-1943): «La cortesana Elena», XXXVIII, pp. 202-208 [Julio Gómez de la Serna].

Relato poético. Escenario: una ciudad portuaria. Elena, juglaresa, canta y baila en una taberna. Sin que se abra la puerta, entra un hombre, Simón el Mago, que pone sobre la mesa una bolsa de monedas de oro con las que la compra. Luego, la lleva de una ciudad a otra, como rufián a la mujer que explota: ella anuncia «el fin del mundo antiguo y el triunfo del Espíritu Santo» y él levita. Una noche, más ebria que de ordinario, Elena cae en un sueño que deja abiertos sus ojos; primero habla confusamente y después con claridad; es la revelación esperada: fue Eva en el paraíso, Elena en Troya, prostituta y ladrona, y ahora, expiadas sus culpas de vidas anteriores, se proclama Dios y a Simón mesías del Paráclito. Simón le dice que, aunque indigno de desatar la correa de su zapato, será junto a ella el apóstol que predique su ley y ensalce sus éxtasis. Se proponen viajar a Roma, para combatir a los cristianos y convertir a Nerón. Simón le sopla a Elena en las sienes y en los ojos para despertarla.

Crítico literario, novelista y dramaturgo. Las preocupaciones filosóficas de su teatro lo aproximan a las de Ramón en los años de *Prometeo*.

> Colette Willy (1873-1954): 1) «Sentimentalismos. Diálogo», XVIII, pp. 355-365 [Ricardo Baeza]; 2) «Intervalo», XXX, pp. 497-499 [Julio Gómez de la Serna]; 3) «Otoño», XXXV, pp. 993-996 [Julio Gómez de la Serna].

1) Diálogo entre un gato y un perro. Ambos animales intercambian opiniones sobre su modo de ser y vivir, y sobre cómo tratar a sus amos (oposición básica entre abnegación canina y egoísmo gatuno). 2) Carta de una mujer a su amante ausente desengañándolo en sentido opuesto al normal: le habrán dicho que ella vive sola y fiel esperando su regreso, cuando lo cierto es que ni está sola ni le guarda fidelidad; su actitud tiene tanto de desafío

como de rechazo y homenaje. 3) Captación de sensaciones fugaces vinculadas al paso del tiempo: dos mariposas moribundas en un balcón, hojas caídas de los jardines, ausencia de gente de cuya actividad llegaban ecos, necesidad de recluirse en casa, aparición de gatos encelados.

Gana fama literaria precisamente en los años de *Prometeo*. Casada tres veces, la primera con el novelista Henry Gauthier-Villars (seudónimo Willy), fue bailarina, actriz y escritora. En su obra, aborda sin tapujos los temas del amor y la sexualidad. Ramón le dedicaría una semblanza.[13].

> Fort, Paul (1872-1960): 1) «Dos baladas», VIII, pp. 3-4 [Enrique Díez-Canedo]; 2) «La visión harmoniosa de la tierra», XIX, pp. 433-435 [Ricardo Baeza].

1) Una balada sobre un bello juglar listado de negro y amarillo; otra sobre el arca de Noé. 2) Invitación calurosa a alcanzar una visión equilibrada del mundo en la que se fundan los datos que recogen todos los sentidos corporales. Los hombres se divinizarían si llegasen a entregarse sin reservas a esta comunicación total. Frases como «Mi corazón tiene la naturaleza entera por imperio. Se fundió en ella y ella en él» son de por sí expresivas.

Hostil al arte realista y naturalista, se adhirió al simbolismo y quiso hacerlos accesible a un público amplio, voluntad «demótica» no ajena a Ramón. Empezó haciendo teatro y

---

[13]   Prólogo a la traducción de *Querido*, Madrid, Biblioteca Nueva 1924. La misma, retocada, en *Retratos contemporáneos*, Buenos Aires, Sudamericana 1941, pp. 429-447; en *Retratos completos*, Madrid, Aguilar, 1961, pp. 567-583, y en *Retratos contemporáneos*, Madrid, Aguilar, 1989, pp. 379-398.

luego derivó a la poesía. Fundador, con otros artistas jóvenes, del «Théâtre des Arts» (1890-1893), donde se representó a Maeterlinck, Rachilde y Remy de Gourmont, presentes los tres en *Prometeo*. Organizador en 1900 de los martes literarios de «La Closerie des Lilas». Con Alexandre Mercerau, fundó y dirigió la revista simbolista *Vers et prose* (1905-1914).

> France, Anatole (1844-1924): «Para comenzar el año alegremente», I, pp. 18-23.[14]

Discusión entre Horteur, director de dos revistas, y Marteau, escritor. El primero le pide al otro un cuento que inspire a los ricos compasión por los pobres, pero Marteau se niega acusándolo de paternalismo. A cambio, le propone otro esbozo de relato, que ahora rechaza el editor. Marteau le apuesta, sin embargo, que acabará por publicarlo en alguna revista burguesa.

A diferencia de Aloysius Bertrand, fue denigrado por los surrealistas. Lejano de Gómez de la Serna por su condición de escritor comprometido (con motivo del «affaire Dreyfus», por ejemplo) y por el tratamiento clasicista del lenguaje, comparte en cambio con él el humor, la sensualidad y el escepticismo.

> Gourmont, Remy de (1858-1915): 1) «Las santas del paraíso», IV, pp. 43-52 [Ricardo Baeza]; 2) «Manos de reina», VII, pp. 83-86 [Ricardo Baeza]; 3) «El libro de las letanías (Letanías de la rosa)», XI, pp. 3-9 [Ricardo Baeza]; 4) «El fantasma», XXII, pp. 732-774

---

[14]   Traducido por Ramón, según Gaspar Gómez de la Serna, *op. cit.*, p. 50.

[Ricardo Baeza];[15] 5) «Irmina», XXX, pp. 539-542
[Fernando Calleja Gómez]; 6) «El infierno», XXXIII,
pp. 736-738 [Julio Gómez de la Serna];

1) De 6 a 10 líneas para evocar a cada santa, de las que una
—Juana (de Arco)— lo es a título excepcional. 2) Tras la
comida ante la corte, el rey y la reina se recluyen en un
pabellón de su palacio, elevado sobre un canal. Allí, la
reina, que se entretiene trenzando hilos de seda, le anuncia
al rey, quien tañe la viola a sus pies, una sorpresa para
cuando acabe el trabajo de trenzado. Ha hecho «una larga
serpiente de seda tornasolada», adquiriendo ella misma el
alma «sibilante y ponzoñosa» de un ofidio. En efecto: la
trenzada serpiente muerde al rey, que cae muerto. 3) Como
en el texto 1, breves párrafos que empiezan siempre con la
palabra «rosa» y acaban calificándola de «flor hipócrita,
flor del silencio». 4) Un personaje masculino, Dámaso, se
dirige a otro femenino, Jacinta, que es nebulosa y pasiva
(«seré lo que tú me hagas»). Entre ambos se produce una
atracción amorosa que va de lo carnal a lo espiritual, de la
diabolización a la divinización (en el plano formal se
recurre a elementos de la liturgia católica, como la misa);
una relación inexplicable, mistérica, en la que se mezclan
lo depurador y lo degradante para desembocar en la
separación: Dámaso «la veía reintegrar el grupo de las

---

[15] Su traducción va precedida, pp. 728-731, de una semblanza de
Remy de Gourmont: espíritu vigoroso que lo ha emprendido todo en el
terreno del arte y de la inteligencia, «hierofante de rebeldías», relativista
en lo filosófico, representante perfecto del simbolismo, «raro connubio de
almas diversas», polígrafo en una época de especialistas. Lo defiende
frente a Gómez Carrillo, que había atacado al francés desde las páginas de
El Liberal.

mujeres indecisas de que [su] amor la había sacado, la veía volver a ser el fantasma que son todas». 5) Irmina es una muchacha que hubiera inspirado más bien compasión de no ser por sus ojos, ojos misteriosos que no coinciden con lo demás de ella y que no comprenden quienes la conocen. Pero es el caso que hay «amantes de los ojos» y uno de ellos —que recorría el mundo en busca de ojos y miradas nuevos— visita la ciudad donde vive Irmina. Este viajero ha descubierto «el timbre de las miradas»; según él, el color de estas es diferente al de los ojos y es el timbre lo que les da su encanto. El viajero se casa con Irmina, que va a ser, eso sí, esposa honesta y madre prudente, pero lo que él creía ver en sus ojos no existe en la realidad: «En los ojos de Irmina no había más que la ilusión del que se miraba en ellos [...] Savin [= el marido] los adoró hasta su muerte, enamorado de sus propios sueños». 6) «El ilustre Herético» aparece en su celda —«atravesada por extrañas luces que no provenían ni del alba naciente, ni de la lámpara moribunda»—, se pone a escribir (comenzando por el aforismo «hay un infierno»), se entrega a manipulaciones previas al conjuro de lo infernal y, por último, tras lanzar una risotada dolorosa, dice «¡También yo iré al infierno!». Parece deducirse, aunque el sentido no es obvio, que lo que llamamos infierno es inherente a lo humano y que todos lo llevamos dentro como una dimensión esencial e insoslayable de nuestro ser.

Novelista y crítico, se vinculó al simbolismo. Fundador, con otros, en 1889, del *Mercure de France* (con su nombre, o con seudónimo, escribe en casi todos los números). Su ensayo entre filosófico y fisiológico titulado «Physique de l'amour, essai de l'instinct sexuel», de 1903, está próximo a los puntos de vista del Ramón joven. Coincide también

con este en la afición a salmodias o letanías y en su
voluntad de crear un teatro distinto al establecido en 1891:
en ese año, en un teatro de arte creado por Paul Fort,
presente también en *Prometeo*, se representó su poema
dramático «Theodato». Ramón le dedicaría una semblanza.[16]

Jammes, Francis (1868-1938): «La novela de Liebre»,
XIII, pp. 12-44 [Ricardo Baeza].

Liebre, tras escapar de unos perros que lo persiguen y
aparearse con su hembra, ve venir a un hombre que anula
en él todo instinto de huida. Es San Francisco, al que
acompañan otros animales, entre ellos el lobo. Liebre se les
une. Llega el invierno y falta comida. Francisco les dice a
sus animales que se separen de él y que cada uno vaya a
buscar alimento guiado por su instinto. Salvo Liebre, los
otros animales prefieren quedarse para, una vez muertos,
ganar el paraíso. Francisco visita a Dios, que lo envía para
decir a Liebre que Él es su amigo. Pero Liebre pide ser
devuelto a su mundo originario, con su violencia y su
miedo a la muerte. En efecto, recupera su naturaleza
primitiva, hasta que un día un cazador lo mata de una
perdigonada.

Salvo estancias en París, vivió retirado en su provincia
natal, lo que se opone al «urbanismo» de Ramón. Coincide
en cambio con él en la ausencia de reivindicaciones

---

[16]   Prólogo a la traducción de *Una noche en el Luxemburgo*, Madrid,
Biblioteca Nueva 1920. Después en *Retratos contemporáneos*, Buenos
Aires, Sudamericana 1941, pp. 175-215; en *Retratos completos*, Madrid,
Aguilar 1961, pp. 402-439, y en *Retratos contemporáneos*, Madrid,
Aguilar 1989, pp. 189-230.

políticas, en la carencia de programas y en su falta de voluntad de crear escuela. Su condición de cantor de las cosas sencillas, de «l'âme des simples» —se ha dicho de él que remozó la literatura francesa con un hálito de ternura franciscana—, no está lejos del otro peculiar franciscanismo ramoniano por los objetos.

Lautréamont, Conde de (1846-1870): «Los cantos de Maldoror», IX, pp. 69-78 [Ricardo Baeza].

En el pasaje seleccionado se hace elogio de la crueldad.

Ello se identifica con el amoralismo apasionado y utópico, petulante y agresivo del primer Ramón, quien años después trazaría su semblanza.[17]

Lorrain, Jean (1855-1906): «Loreley», XXXV. pp. 965-073 [Fernando Calleja].

El populacho vocifera pidiendo la muerte de Loreley, acusada de bruja. Llevada al ayuntamiento, pide clemencia al gobernador pero este, tras pedir información sobre lo ocurrido la noche antes (diez jóvenes murieron en una pelea por su culpa), la entrega a la gente. La llevan ahora a la catedral, donde se exponen los ataúdes de los muertos, y a la presencia del obispo, quien le impone como castigo que se retire del mundo. Loreley es conducida a su destino impuesto (una leprosería) por «tres rufianes de pelo rojo». A cambio de sus joyas, les pide que la dejen contemplar por última vez, desde una roca que domina el río, su ciudad natal. Ellos aceptan y, una vez arriba, con los brazos cruzados y expresión extática, se lanza al vacío buscando

---

[17]   Prólogo a la traducción de *Los cantos de Maldoror*, Madrid, Biblioteca Nueva, 1920. Después en *Retratos completos*, Madrid, Aguilar 1961, pp. 861-877.

refugio en la muerte. Los rufianes se quedan atónitos, con las joyas en la mano.

Representativo del espíritu finisecular y precursor del decadentismo por la naturaleza de sus evasiones fuera del tiempo que le toco vivir: droga, alcohol, escape a lo irreal, artificioso o subversivo.

Louis, Paul: «Diversidades del socialismo internacional», II, pp.1-12.

Exculpa al socialismo de la acusación de utópico. Sin perjuicio de lo común —voluntad de derribar el sistema capitalista, ascenso del proletariado, colectivización de los medios de producción, abolición del salario y de las clases sociales— el socialismo se diversifica de un país a otro según hayan sido el proceso capitalista, la influencia del pasado, la índole de la religión y las relaciones entre su vertiente política y el sindicalismo.

Este texto, el único puramente doctrinal y no literario de los traducidos en *Prometeo*, se compagina con la rebeldía política, de cuño anarquizante, desechada pronto por Ramón. Julio Gómez de la Serna traduciría mucho más tarde una obra de Louis: *La revolución social*, Madrid, Imprenta Diana, 1933.

Materlinck, Maurice (1862-1949): 1) «Miradas», X, pp. 32-34 [Ricardo Baeza]; 2) «Aladino y Palómides (drama)», XVII, pp. 209-237 [Elvira y Ricardo Baeza]; 3) «La medida de las horas», XXXVIII, pp. 193-198 [Busto Tavera];

1) El motivo de la mirada, tratado en líneas poéticas no rimadas, solo se esboza aquí, frente al mayor desarrollo con que se lo trata en el relato «Irmina» de Remy de Gourmont.

2) El rey Ablamor, enamorado de Aladina, es padre de
Astolenia, única sobreviviente de sus siete hijas y
prometida de Palómides. Nace un amor entre Aladina y
Palómides, provocando los celos de Ablamor, que primero
encierra a Aladina y después perdona a ambos amantes.
Palómides —con la ayuda de Astolenia, quien le declara su
imposibilidad de amar— le pide a Aladina que huya con él.
Pero los amantes llegan a verse con los ojos vendados y las
manos atadas en unas «vastas grutas subterráneas» llenas
de agua y desaparecen detrás de una roca. Llegan las
hermanas de Palómides, para socorrerlos, pero ellos,
abrazados en el fondo del agua, no hacen esfuerzo alguno
por salvarse. De la pareja no quedan sino sus voces
delirantes y atormentadoras. 3) El hombre está hecho de tal
manera que no puede cobrar conciencia del tiempo sino
midiéndolo. Ahora bien: según sean los relojes nuestra
percepción de la temporalidad cambia; dicho de otro modo,
cada vivencia del tiempo requiere ser medida con un tipo
determinado de reloj.

Suya es la aportación más importante del simbolismo al
género teatral. Creador de una técnica nueva —personajes
descarnados que se mueven como marionetas en un mundo
irreal, trasunto de una humanidad que se debate
estérilmente contra fuerzas desconocidas—, hubo de influir
en la producción teatral juvenil de Ramón, reunida en
Prometeo. Comparte también con él la preocupación por la
muerte.

Mauclair, Camille (1872-1945): «La orquesta: aguas-
fuertes», XVIII, pp. 348-354 [Ricardo Baeza].

A la vez elogio de la orquesta y definición sorprendente de
ella. Ofrece la orquesta ocasión única de «encontrar en la

vida moderna un espectáculo de la Edad Media». Harían falta un Hals o un Rembrandt «para darnos el cuadro corporativo de una orquesta». La orquesta viene a ser como un resumen de todos los ademanes y gestos humanos, y su director como un sacerdote que forcejea con su propio dogma.

Literato, poeta, novelista, innovador teatral y sobre todo crítico e historiador del arte, se inscribe entre los simbolistas e impresionistas. Ensayó la novela futurista en «L'orient vierge» (1897) y fue autor de un estudio sobre el impresionismo y de una biografía de Fragonard, caminos todos ellos que había de transitar Ramón.

Rachilde (1862-1953):[18] 1) «La pantera», V, pp. 23-28 [Ricardo Baeza]; 2) «En la corte de Cleopatra había un tigre real», XVI, pp. 171-179 [Ricardo Baeza]; 3) «Parada impía», XXI, pp. 629-636 [Ricardo Baeza]; 4) «Del demonio de lo absurdo. El matador de ranas», XXIV, pp. 930-946 [Ricardo Baeza].[19]

---

[18] En el nº XXII, pp. 775-776, se traduce una carta de Rachilde a los redactores de *Prometeo*, quienes, habiendo echado de menos sus colaboraciones en el *Mercure de France*, escribieron a su marido interesándose por ella.

[19] La traducción va precedida de una semblanza de Rachilde: mujer misteriosa y «sirena depravante», emana de ella un erotismo cerebral y estético «que la aparta de toda pornografía asalariada» al modo de Felipe Trigo o de los «gonococos menores» como Alberto Insúa y Rafael López de Haro; atraída por lo excepcional, no tiene escuela, pues lo es todo y nada a la vez.

1) En Roma, una pantera es sacada al circo para devorar cristianos. Como no tiene hambre, se queda quieta y, aunque la hostigan para que ataque, no lo hace. De vuelta a los subterráneos, es torturada por el guardián de las fieras. Cuando está ya a punto de morir, la hija del guardián, compadecida, le trae comida y agua. La pantera, entonces, reuniendo sus últimas fuerzas, la mata. 2) Cleopatra, semidesnuda pero con el sexo descubierto, está de pie sobre el lomo de un elefante blanco. La acompañan un niño negro, su favorito, y dos doncellas esclavas atrailladas. Un eunuco conduce al elefante. Pide ver un campo de batalla y allí se dirigen, encontrándolo lleno de cadáveres. Cleopatra baila ahora sobre el lomo de la cabalgadura, como le han enseñado los sacerdotes. Aparece un tigre, que, aunque ahíto de sangre, mata a las esclavas. El elefante domina al tigre y, victorioso, lo arrastra hasta el palacio. Pasan los días. El tigre, aunque le han quitado los dientes, estrangula por celos al niño negro. El rey, hermano y esposo natural de Cleopatra, la repudia y hace crucificar al tigre: la había visto uniéndose sexualmente a la fiera. «Pero Cleopatra en destierro tendrá el imperio del mundo. Sabe el hechizo que encadena los felinos. En su corte de reina prostituida, habrá siempre un tigre de raza verdaderamente real». 3) Texto dialogado. Escenario: el interior de una iglesia (el campanario, cirios, un reclinatorio), animales (murciélagos, una golondrina), muertos bajo su correspondiente losa. Entran, moviéndose a tientas, el Maldito, la Prostituta y el Judío, con la intención de robar el tabernáculo. Como los otros dos vacilan, lo hace el Maldito, pero encuentra el copón vacío. Antes, ha increpado a la Divinidad, hablando de sí mismo como del último creyente y justificando su acción: «yo necesito alimentarme de esta mujer (= la

prostituta) y esta mujer se alimenta de joyas». La conclusión es imprecisa: el Judío declara que todo es falso y el Maldito se queda con el tormento de la duda, duda de si Dios existe o no, al no haber castigado el sacrilegio. 4) Un niño, que vive pobremente, se despierta al oír un ruido. Piensa si será un ladrón, de las cebollas plantadas junto a la casa. La puerta se abre y entra su madre (desnuda y blanca a la luz de la luna), que lo golpea enloquecida y se va. El padre del niño, hombre brutal y primario, vive de cazar alimañas. Su mujer lo odia por haberle hecho un hijo en vez de una hija que fuese su aliada. Un domingo aparece un buhonero y poco después el padre advierte que le faltan cebollas. Hasta que una noche el niño despierta y sorprende a su madre y al buhonero fornicando. Movido de un impulso oscuro de complicidad, los denuncia al padre, quien toma una escopeta y mata a los dos. El niño se queda solo y se endurece poco a poco. Rechaza la compasión que inspira, frecuenta la ciudad para ganarse la vida como vendedor y por fin regresa al campo para dedicarse a la pesca de ranas. En efecto, se concentra en esta tarea, con sádica y reconcentrada complacencia, mientras sus pupilas «tienen una llama extraña, luz de deseo o de odio».

Esta escritora, cuyo verdadero nombre fue Marguerite Eymery, cofundadora con Remy de Gourmont y otros del *Mercure de France*, se ocupó de la crítica literaria en esta revista. Pionera del feminismo, gozaría sin duda de la admiración de Carmen de Burgos, amiga de Ramón desde 1908 y «compañera sentimental» suya desde 1909. Su novela «Monsieur Venus» (¿de 1884?), cuya protagonista es una mujer nietzscheana y donde se detiene en la pintura de las perturbaciones sexuales, causó escándalo.

Rodenbach, Georges (1855-1898): 1) «Museo de beguinas», VIII, pp. 66-78 [Ricardo Baeza]; 2) «Crepúsculo en el locutorio», XXXII, pp. 677-685 [Julio Gómez de la Serna].

1) Es una serie de textos breves: de una página o dos o dos y media. Siempre con referencia a las beguinas, se trata de «Sus recintos», «Sus tocas», «Sus cirios», «Sus cánticos», «Sus flores», «Sus imágenes», «Sus campanas», «Sus rosarios», «Sus limosnas». 2) Vida cotidiana de una comunidad de beguinas. Sor Pulqueria suele organizar meriendas. Un día, al unírseles unas novicias, la tertulia es más numerosa. La charla se desliza hacia el tema de los sombrío y las supersticiones. Una habla de la rotura de espejos como presagio de infortunios. Sor Pulqueria refiere un suceso de su infancia: paseando con su padre, vieron unas luces como fuegos fatuos (era el Viático para un moribundo) y poco después el padre moría. Todas se sobrecogen, menos una, que las culpa de credulidad pecaminosa. Sale la luna, que parece la cabeza de un cadáver. Se quedan consternadas, «sintiendo el miedo de la muerte».

Poeta, novelista y autor teatral. Establecido en París, puso de moda la melancolía de Brujas —ciudad adormecida, paisajes mudos y dolientes—, cuyos canales, «beguinages» y «carillons» se hicieron tópicos. Por su afinada captación del encanto de lo religioso y litúrgico recuerda a Miró, por cierto colaborador ocasional de *Prometeo*. Participa del «ramonismo» en cuanto sus textos tejen, en torno a cada núcleo determinado (tocas, cirios, etc., en el texto primero), una red más o menos tupida de asociaciones.

Saint-Pol-Roux (1861-1940): «Los reposorios de la procesión», XX, pp. 576-585 [Ricardo Baeza].

Cuatro textos breves: 1) «El calvario inmortal»: en un recodo del camino, el autor encuentra un calvario, con un Cristo ya muy desgastado y a cuyo alrededor dormitan grandes «flores de soledad»; haciendo propio el sufrir humano entero, envuelve con sus besos al crucificado hasta hacer brotar de él el «alma divina». 2) «Aves»: los ojos fugados de la fuente de los ciegos se convierten en aves. 3) «La autopsia de la solterona»: muerta, yace sobre una mesa de mármol donde tres doctores le practican una autopsia irreal; de su corazón, traspasado como el de la Dolorosa por siete puñales, emana un perfume de presbiterio, simbólico de la religiosidad represiva que sufrió en vida. 4) «¡Evohé!»: expresa la nostalgia de un tiempo anterior al pecado, cuando los dioses «no eran más que individuos formidables», y evoca a un dios que ha de redimir por la ciencia y la belleza y ha de volver «no importa bajo qué nombre de progreso y de porvenir».

Escritor de preocupaciones filosóficas y adepto al simbolismo. Los surrealistas lo consideraron como uno de los precursores de la poesía moderna. En el texto que comentamos, vitalismo y exaltación de una sensualidad y sexualidad sin trabas se corresponden de lleno con las inquietudes, carencias y reivindicaciones del Ramón joven.

Schwob, Marcel (1867-1905): 1) «El libro de Mónera. Palabras de Mónera», VI, pp. 41-51 [Ricardo Baeza]; 2) «Vidas imaginarias», XX, pp. 568-575 [Ricardo Baeza].

1) El autor encuentra a Mónera (se llama así por ser única),
que le expone su doctrina. Todo es fugitivo y ella, Mónera,
más que todo. Las cosas han de ser destruidas y nada debe
ser transmitido, pues toda creación vive de la destrucción:
«que todo dios sea dios del momento». A cada instante hay
que agotar la totalidad, positiva y negativa, de las cosas. El
universo hay que contemplarlo de manera «atomística». No
hay que buscar en nada la permanencia, pues todo se agota
en la fugacidad. Hay que huir de la certidumbre: «ten toda
cosa incierta por viva, toda cosa cierta por muerta». Las
palabras son eficaces mientras son dichas y, una vez
fijadas, están muertas y generan pestilencia. 2) Dos textos
breves: «Patronio, novelista» y «MM. Burke y Hare,
asesinos».

Dotado de una curiosidad múltiple, le atrajeron todas las
formas de la cultura: artísticas, literarias y filosóficas. Se
refugió en una marginalidad no ajena al escepticismo y que
presagia al Ramón «torre marfilista». El texto hace pensar
en *El concepto de la nueva literatura*, «Memoria» leída por
Ramón en el Ateneo en marzo de 1909 y publicada en
seguida en *Prometeo*. El 2 anuncia lo que será la manera
ramoniana de escribir semblanzas biográficas: captación de
lo esencial del personaje mediante la compenetración entre
biógrafo y biografiado, con escaso apoyo en documentos o
interpretándolos libremente a partir de la intuición.

Tailhade, Laurent (1854-1919): «Balada añeja de la
consolación otoñal», XXIX, pp. 412-413; Klingsor,
Tristan (1874-1966): «Canciones», XXIX, pp. 414-
416; Bonnard, Abel (1883-1968): «Poesías», XXIX,
pp. 417-420.

Verhaeren, Emile (1855-1916): «Los magos», XXXVII, pp. 17-121 [Ramón de Basterra].[20]

Traducido con poca fortuna en rima consonante, este texto efusivo y hasta patéticamente religioso expresa al mismo tiempo desesperanza ante la posibilidad de redención del mundo por amor.

Como Ramón, Verhaeren dejó la abogacía para participar en la renovación artística y literaria de su país. Sensible a los cambios de civilización (multitudes, trajín de las ciudades industriales), escribe poesía y teatro, así como crítica de literatura y arte. Salvo el hermetismo, hace suyos los ideales y técnicas del simbolismo francés.

4.   Si consideramos los quince años como período de vigencia de una generación, resulta que entre los escritores de expresión francesa[21] representados en *Prometeo*, el más viejo, Anatole France (nacido en 1844), es tres generaciones anterior a Ramón y el más joven, Colette (nace el 1873), lo precede solo en una. La gran mayoría, sin embargo, se le adelanta en el tiempo de veinte o treinta años, es decir, el espacio correspondiente a dos generaciones. Contemporáneos, verdaderos contemporáneos, no hay ninguno. Luego los «nuevos» que se trata de introducir y acreditar en España no lo son tanto. Cronológicamente,

---

[20]   La traducción va precedida de una semblanza por el mismo Basterra: adopta Verhaeren una «actitud extática de visionario» y su «tono de unción» es común con otros grandes poetas actuales; lo empareja con Whitman, Nietzsche y Maeterlinck, guías de la evolución positiva de la cultura, que «dobla ahora el cabo de Buena Esperanza hacia un nuevo mundo del espíritu».

[21]   Entre ellos hay tres belgas: Maeterlinck, Rodenbach y Verhaeren.

son finiseculares; estéticamente, ante todo simbolistas, y en cuanto tales hay que enjuiciar la influencia que pudieran ejercer.

El simbolismo —recordémoslo— nace como reacción frente al realismo y el naturalismo. Arranca de Baudelaire,[22] si bien este, mero precursor, queda fuera del movimiento propiamente dicho. No busca la expresión de la naturaleza sensible sino de lo que está más allá o del otro lado de ella. Opera un retorno al alma individual, trata de erigirse en encarnación armoniosa y totalizante de la realidad profunda de esta. El mundo que crea está al margen de cualquier vínculo con experiencias contingentes. Trabaja con una unción que participa de lo religioso y aun de lo místico. Funde lo religioso con su componente sacrílego, y lo erótico, con su dimensión dolorosa. Emana de una sensibilidad refinada y compleja, y a la vez torturada y enfermiza, contraponiendo la existencia del artista, criatura superior, a la convencionalidad y banalidad de la vida corriente. Se carga de anhelos metafísicos, de intuicionismo, de gusto por lo nebuloso y evanescente. Todo ello exige un lenguaje traslaticio, es decir, que conduzca de un plano a otro de la realidad, o, mejor, de una realidad «real» a otra «irreal». Eludiendo nombrar directamente las cosas, prefiere evocarlas. Impregna las palabras de sugestión, las hace mágicas, las fuerza a la expresión de lo inefable; las libera de interferencias de

---

[22]   Biografiado por Ramón: «El desgarrado Baudelaire», epílogo a la traducción de *Páginas escogidas*, Madrid, Biblioteca Nueva 1920. Después, en *Efigies*, Madrid, Ediciones Oriente 1929, pp. 7-70; en *Retratos completos*, Madrid, Aguilar 1961, pp. 11-78. Y en *Obras completas*. II, Barcelona, AHR 1957, pp. 495-546.

orden práctico o racional, embutiendo en cambio en ellas el conglomerado informe de los sentimientos, sensaciones, ensueños y visiones del escritor.

De esta índole parece ser la influencia ejercida por la literatura de expresión francesa y cuño simbolista en el Ramón «prehistórico», influencia que, para nosotros, afecta esencialmente al teatro producido entre 1909 y 1912, recogido en *Prometeo*. Los hechos biográficos —estancia en París por esos años—abundan en el mismo sentido. Al hilo de sus lecturas, que debieron ser muchas pero desordenadas (lo que no equivale a estériles), iría seleccionando para su revista fragmentos o textos completos breves de los escritores con mayor incidencia en sus personales estados de espíritu y en sus inquietudes intelectuales y estéticas. La huella del simbolismo, con todo, no durará mucho. Extinguido *Prometeo*, en la primavera de 1912, Ramón entra ya en el período de gestación de *El Rastro*,[23] primera obra en la que consigue una forma de expresión ceñida a su propia y peculiar concepción del mundo, o sea, una primera madurez. A partir de ahora, volará con alas propias.

---

[23]   Prometeo, Valencia, S.A. (1915).

«La abandonada en el Rastro»: un relato ramoniano arquetípico

Existe un relato ramoniano que, desde que lo leí por primera vez, me produjo una impresión profunda. Lecturas ulteriores no hicieron sino confirmarla. Me estoy refiriendo a *La abandonada en el Rastro*.[1] En dos trabajos, algo separados en el tiempo,[2] me he referido de pasada a él. En este caso, me permitiré dedicarle una atención más pormenorizada.

1.   Empezaré situándolo respecto de la vida y la obra del autor. Se publica en 1929, es decir, al final del decenio en el que Ramón alcanza su plenitud creativa y con ella el prestigio máximo que le fue dado conocer en vida. El año antes, en Paris, su éxito había sido apoteósico.[3]

La producción ramoniana de relatos breves, considerada en su conjunto, se extiende entre 1913 (*El ruso*) y

---

[1]   Publicado por primera vez en la *Revista de Occidente*, marzo 1929, pp. 257-288.

[2]   «Relatos ramonianos en la *Revista de Occidente*», *en Philologica Hispaniensia in honorem Manuel Alvar*, Madrid, Gredos, 1987, t. IV, pp. 257-260, y «Los relatos vanguardistas de Ramón Gómez de la Serna», en *Versants*, nº 17, 1990, nouvelle serie, p.121.

[3]   Ramón le dedica un capítulo, el LXVI, de su autobiografía mayor, *Automoribundia*, Buenos Aires, Sudamericana, 1948, pp. 459-483, sobre todo pp. 467-483.

1943 (*El turco de los nardos*). En rigor, cabe hacer una reducción importante de este período, lo que nos sitúa en los dieciséis años que van de 1921 a 1937. En este tiempo publica cuarenta y dos relatos: la frecuencia de aparición de estos es aún mayor entre 1921 y 1928, lapso de tiempo durante el que aparecen treinta y dos.[4]

Buena parte de los relatos de Ramón encontraron acogida por primera vez en las colecciones, por lo común de periodicidad semanal, abundantes en el primer tercio de este siglo. A partir de 1924, Ortega y Gasset le abre las puertas de la prestigiosa *Revista de Occidente*, donde van a salir nada menos que catorce.[5] En los mismos años veinte empiezan a aparecer conjuntos de relatos reunidos en volúmenes que llevan el título de uno de ellos: *La malicia de las acacias, El dueño del átomo, La hiperestésica, El cólera azul*. Acabada la guerra civil y establecido Ramón en la Argentina, los relatos conocen una fortuna editorial variable, en cuyos detalles no voy a entrar. Por su parte, *La abandonada en el Rastro* constituye un caso especial: absorbido o incorporado en *El Rastro*, desde la segunda

---

[4]   En el cómputo prescindimos de: 1) los muy breves agrupables por un denominador común (ej.: *El doctor inverosímil*); 2) los referidos de un modo u otro, pero deliberadamente, a hechos reales («novelas super-históricas») o a formas narrativas preexistentes («falsas novelas»); 3) los brevísimos, más bien embriones de relatos posibles, incluidos en los libros reunidos bajo el rótulo de «ramonismo». Más detalles en el segundo de los trabajos citados en nota 2, pp. 119-121 y 142-144.

[5]   V. art. cit. en nota 2, así como Francisco Ynduráin: «Ramón en la *Revista de Occidente*», en *Revista de Occidente*, enero 1988, pp. 70-81.

edición de esta obra extensa, y como capítulo suyo,[6] desaparece en cuanto texto autónomo. Esta es sin duda la razón principal de que haya pasado desapercibido.

Se trata sin embargo —me permito insistir en ello— de un texto perfectamente independiente y como tal hay que considerarlo. Lo que tiene en común con *El Rastro* es temático o, si se prefiere, ambiental. Desde el punto de vista artístico, se trata de algo del todo diferente. Por lo pronto, los textos ramonianos inspirados por el Rastro y los rastros (los europeos, sí, pero ante todo el castizo madrileño) no son homogéneos, lo que no sorprende dada su separación en el tiempo. En general, la segunda versión no fue enteramente afortunada en los cambios que introdujo. Tuvo dos aciertos: la supresión de tres capítulos que desentonaban en la primera («Las cosas del señor Andreu», «Azorín», «Pío Baroja») y la reducción del «Ex-libris», que lo hizo menos difuso. Erró en cambio —siempre a mi modo de ver, claro está— al añadir *La abandonada en el Rastro* y «Algunos pasajes epilogales», valioso aquel y más bien mediocres estos, pero ajenos uno y otros al proyecto original.[7] En todo caso, discrepo de la opinión de José Camón Aznar, que considera *La abandonada en el Rastro* como un comentario y continuación hecho «con los

---

[6]   Madrid, Atenea 1933. La 1ª —lo recordamos— es de 1915. Luego en *Obras selectas*, Madrid, Plenitud, 1947, pp. 182-203, y en *Obras completas*, Barcelona, AHR 19567, t. I, pp. 170-195, siempre incluido en *El Rastro*.

[7]   V. estudio introductorio a mi edición de *El Rastro*, Madrid, Espasa-Calpe (Austral), en prensa.

desperdicios de su libro famoso»,[8] y con la no muy distinta
de Rita Mazzetti Gardiol, para la cual: «is a novelette which
utilizes incidents and descriptions taken from Ramón's
earlier work, *The Flea Market*».[9]

2.   *La abandonada en el Rastro* corresponde por entero al
perfil del relato ramoniano arquetípico. Destaca, eso sí, por
constituir un acierto excepcional. Rasgos del arquetipo:
subdivisión entre 4 y 8 capítulos: extensión de 15 a 30
páginas (la impuesta por las colecciones de novelas cortas
que proliferaron aquellos años); organización textual a base
de párrafos cortos (raramente alcanzan los 10 o 12 líneas)
sin apenas enlaces extraoracionales, salpicados de neologismos peculiares y de greguerías más o menos asimiladas por el enunciado base. Lo veremos mejor después.

El contenido, en apretado resumen, es el siguiente: por
el azar de un tren perdido, el español Eduardo de Marchena
conoce en un pueblo francés a Renée y se casa con ella.
Una vez establecidos en Madrid, el Rastro es durante años
recorrido habitual de la pareja. Siente Renée una afinidad
misteriosa con los cachivaches que allí se exhiben. El
tiempo pasa, y a esta mujer, cuyo cuerpo tiene cuando se la
abraza la rigidez de un mecanismo, cada vez la atraen más
los objetos. Pero lo que sobre todo la fascina es el cuchitril
de unos viejos chamarileros en cuyo fondo hay una
habitación atestada de cosas extrañas; en este espacio
último, Renée suele quedarse mucho tiempo, como
arrobada. A medida que todo esto ocurre, a Eduardo se le

---

[8]   José Camón Aznar, *Ramón Gómez de la Serna en sus obras*,
Madrid, Espasa-Calpe, 1972, pp. 356-357.

[9]   Rita Mazzetti Gardiol, *Ramón Gómez de la Serna*, New York, Twyne,
1974, p. 88.

va haciendo cada vez más incomprensible, y menos llevadera, su convivencia íntima con una mujer así, acabando por concebir un rencor sordo hacia ella. Hasta que un día, en que precisamente visitan la tienda de los viejos, él se escapa dejándola encerrada allí. Renée entonces, prodigiosamente, se deshace en sus componentes: «se disolvía en sombrero, dentadura postiza, corsé papiro, ojos de cristal, cabeza de peinadora fracasada, cuerpo de prueba modistil, piernas de muestra de sedería y sombrilla colgada de los alambres tendidos como un paracaídas inocente» (p. 288).[10]

3.   En contraste con la naturaleza por lo general deshilvanada de los relatos ramonianos, la acción de *La abandonada en el Rastro* se desarrolla con una coherencia y una trabazón notables, camina derecha hacia un desenlace del todo lógico, si bien su lógica ha de entenderse dentro de la irrealidad. Es un procedimiento que Ramón había cultivado ya en otros casos pero que en este se revela particularmente rentable. Todo se encauza hacia un final que se viene preparando mediante indicios eficaces y que, al enlazarse unos con otros, van a constituir un cierre riguroso de sentido. Pequeña obra maestra esta extraña historia del retorno al origen de una «mujer objeto» que, en este caso, lo es en sentido literal, lo que no deja de resultar angustioso y desazonante. Veamos cómo se confirma, gradualmente, la condición objetiva, u objetual, como se quiera decir, de Renée de Nason, señora de Marchena, hasta encontrar la muerte —¿o la apoteosis?— al desintegrarse.

---

[10]   Cito siempre por la edición de la *Revista de Occidente*.

—Renée es descrita como una mujer rubia, delgada, de piel muy blanca, de naturaleza fría; en su marido, «quiso asegurarse el brasero perpetuo para sus blancuras congeladas» (p. 257). Siendo aún muy joven, ya parece que usa peluquín.

—Su aspecto es enfermizo y como inanimado; tiene «algo de maniquí de grandes almacenes» y «de tísica a la que le han sentado bien unas pastillas» (p. 258).

—Al sacarla de su pueblo, recién casados, Marchena ya «notó lo que tenía [su esposa] de pipa trabajada en marfil» (p. 259). Una vez en Madrid, se asoma a la luz de la ciudad «con ojos espantados de muñeca» (p. 259).

—Su tipo se va haciendo como el de alguien que ha perdido mucha sangre en la operación.

—Llena la casa de cachivaches, pero no de cachivaches cualesquiera sino de «remates de cosas, perinolas últimas» (p. 259) (remates y últimas connotan acabamiento). Está «magnetizada por los objetos» (p. 264). Con ellos tiene una armonía profunda: «aquella mujer componía con todos los cachivaches, y muchas veces parecía madre de ellos, ya que no había podido tener hijos de carne y hueso» (pp. 259-260). «Algo inexplicable había en aquella mujer que sabía lo que eran casi todas las cosas» (p. 280), aun las inidentificables para los demás. La armonía parece venir de muy lejos: «todos los objetos de la casa la reconocían como ligados a ella en ferias más antiguas» (p. 283). Esterilidad, afinidad con lo inanimado.

—Sus ropas «eran como cortinas de su casa» (p. 260). Y las cortinas cubren o enmarcan cosas, no cuerpos vivos.

—Sus movimientos son lentos, como los de un muñeco articulado; así, cuando contempla los objetos del Rastro con sus impertinentes «de enfoque lento y reposado» (p. 261). Teniendo vista y pulso excelentes, sus movimientos son defectuosos e inseguros, como de quien carece de la precisión humana: «era como un fantasma de carne de margarina, estearina y cera» (p. 268).

—A veces, Marchena desea sexualmente a su mujer, pero, cuando la abraza, enseguida se apaga su entusiasmo: «No estaba flaca Renée, pero tenía esas revelaciones de su mecanismo que dejaban frío el celo» (p. 266).

—Durante las visitas, se mantiene rígida. Su marido se lo reprocha, le dice que hay que tener más flexibilidad. Al llorar, sus lágrimas parecen «más salidas de una espita que de un lagrimal» (p. 269) y, cuando Marchena le manda que se tranquilice, las corta en el acto, como un mecanismo en el que se acciona un botón. Simétricamente, cuando se alegra, su sonrisa parece «sostenida por ballenas tiesas» (p. 284-285).

—Los domingos, el Rastro tiene claridad de romería y, a esta luz, Renée resulta aún más pálida. Domingo es también cuando encuentran un retrato de una mujer que se parece mucho a ella, lo que la hace quedarse «como petrificada en saldo de sí misma» (p. 277).

—En casa de Renée, siendo ella niña, había muchos objetos de marfil, pues su abuelo «había estado en la india francesa» (p. 280). Ahora, de adulta, su rostro marfileño hace juego con el puño de verdadero marfil de su sombrilla.

—Hostigada por su marido, Renée «se creía mirada como un ser imitado, que siempre está recomponiendo su inexpresión para quedar mejor ante todos. Ese era un gesto que la quedaba de cuando fue cosa. (¿En qué caja de marfil fue tenida?)» (p. 281).

—En el capítulo V, hacia la mitad del relato, los dos esposos descubren el puesto de unos viejos, «en el último trascorral del Rastro» (p. 272), en cuyo fondo hay un cuchitril atestado de cosas y en el que no entran ni los dueños. Pues bien, esta habitación última es la que mejor le va a Renée, que, cuando entra en ella, se queda largo tiempo, como extasiada.

—A veces, cuando se disponen a salir, los viejos están ya cerrando su puesto: «—Pues si tardan un poco más les encerramos —les decía la anciana y los dos sentían un escalofrío inconfundible y mortal» (p.274), aunque por motivos distintos, pues en él presagia el impulso «criminal» y en ella la desintegración que ve venir.

—Por fin, el día de la visita última al puesto de los viejos, «puesto de perdición» (p. 294), las cosas lúgubres —evocadoras de destrucción, enfermedad, pasión o muerte— no provocan rechazo ni repugnancia en ella. Eduardo empieza a pedirle a su mujer las cosas más incongruentes, a ordenarle que busque los objetos más extraños. Al hacerlo, ella se va apartando. Hasta que, en el rostro de él, aparece una ojera de sombra, y sale a hurtadillas para ayudar a los viejos, que cierran y trancan el puesto. Renée se ha quedado dentro y no le queda sino la desintegración.

4.   En *La abandonada en el Rastro* Ramón plantea, desde una perspectiva inédita, el manoseado tema del deterioro de las relaciones de pareja, hasta desembocar en una ruptura o final violento. Lo hace de una manera opuesta a la pretensión totalizadora, es decir, sectorialmente. Se salvaguarda así el principio de la unidad de impresión,

esencial en el relato literario breve moderno. De la vida en común de Eduardo y Renée solo se trata un aspecto: la asiduidad de las visitas y la incidencia de aquel lugar sobre su vida en común. Todo el resto queda fuera. Al principio, no se explica nada acerca de cómo y por qué decidieron casarse; solo se dice que, por excéntricos y excepcionales, no él ni ella hubieran encontrado pareja en sus países respectivos; después, nada sobre el hogar ni sobre la vida en común (cotidiana, sentimental, erótica, social). Por último, nada tampoco sobre el destino de Eduardo tras la desaparición de su cónyuge. Tras el prólogo o introducción constituido por el capítulo I (encuentro casual en el pueblo francés por culpa de los trenes), el relato entero no desborda espacialmente los límites del Rastro ni temporalmente los de los paseos y conversaciones de la pareja por ese mismo lugar. Solo algún detalle aislado, mera pincelada, se carga de sentido, desde el punto de vista de la economía narrativa. Un ejemplo solo: se nos dice que los Marchena viven de sus rentas, lo que explica su ociosidad, imprescindible para que puedan visitar el Rastro casi a diario adquiriendo en él objetos perfectamente inútiles pero que jalonan el paso del tiempo.

En 3 he resumido el proceso de conversión de Renée en un conglomerado de objetos, seguida por la desintegración de los elementos que lo componían; presentaré ahora la evolución en las relaciones de la pareja:

—Eduardo siente por Renée una mezcla de rechazo y de piedad. Por un lado, la ve «como un ser exótico y excesivo que sobrepasaba a las mujeres corrientes» (p. 262). Por otro, no cree en su «vitalidad», en el sentido de 'condición propia de un ser vivo': «Parecía que no iba con ella la vida» (p. 263).

—En el Rastro, la tensión entre la pareja se suspende; allí, unas veces, se lo perdonan todo y, de alguna manera, el amor rebrota entre ellos: «Iban en idilio renovado, idilio de momias silenciosas, hacia el paraje abismático en que las cosas tienen chamizos de ocultación» (p. 263); otras, regresan tristes y con dificultad para conversar.

—Surgen entre ellos unos celos «sui generis». Eduardo vigila a su esposa, no solo porque «no quería ser engañado por un ser de imitación» (p. 267) sino para comprobar que se trata de una criatura verdadera: «no se conformaba a creer que aquella francesa de pasta de perfumería era un ente real en que circulaban todas las ternuras como en cualquier figura humana» (p. 269).

—De los celos Eduardo pasa a una mala voluntad activa, larvada al principio, y empieza a pensar en el divorcio. La hace ahora objeto de una persecución disimulada y la atormenta con suspicacias. Llega a mirarla como un estrangulador de modales amables. La reprende por el gusto de hacerlo; ensaya con ella la agresividad sofrenada y el despotismo. En el fondo, no la entiende. Solo en el Rastro la ve justificada; allí, por espacio de dos o tres días, se le aplacan las iras matrimoniales pero estas siempre vuelven y con ellas la impresión de haberse casado «con un ser hecho de pasta y telas» (p. 280), de que Renée ha «secado su vida». Incluso llega a pensar que su afición por los objetos le viene de ella y que «para llegar al paroxismo de la compañía conyugal necesitaba adqºuirirlos en gran número» (p. 280).

—Se escalonan los presagios. Los domingos, cuando la luz del Rastro tiene claridad de romería, Renée resulta más pálida, «como la guillotinada recompuesta» (p. 275). Unas veces, en el puesto de los viejos, estos los dejan olvidados, y la pareja se ve a punto de quedarse encerrada, lo que provoca un escalofrío premonitorio. Otras, a Eduardo, Renée «se le perdía en el revés de los altos espejos [...] o entre segundos fondos de armarios» (p. 281) y entonces la llama para arrepentirse enseguida de haberlo hecho y pensar que, de no haberla llamado, no la encontraría ya más, quedando con ello cumplido su deseo de divorcio. Así, hasta el «asesinato por omisión» que queda explicado arriba.

5. Hace unos cuantos años, al estudiar los relatos de Ramón publicados en la *Revista de Occidente*,[11] incluí *La abandonada en el Rastro* en el grupo formado por los «de objeto o de cosa agentes». Ahora, tras analizarlo en detalle, me inclino más a atribuirle un carácter híbrido. Empieza como un relato «del destino» (cap. I) para asimilarse enseguida al otro grupo. Esta inflexión no le resta calidad sino que lo hace más rico de sentido, más ambiguo en el sentido positivo de la palabra. Procuraré explicarme.

5.1. Eduardo de Marchena conoce a la Srta. Renée de Nason por pura casualidad, por haber perdido el tren en un pueblo francés. Este pueblo, visto a distancia, parecía un laberinto, de tejados y de vidas humanas, donde «se debían hacer muy complicados tejidos de destinos» (p. 257). En todo caso, a una celada del destino atribuye él lo ocurrido. Ahora bien, ¿de qué destino? De un destino entendido como azar y como gratuidad, carente de cualquier tipo de designio (religioso, racional o ético) y que se confunde con la absurdidad. La conciencia fortuita en que el destino consiste se apodera de las vidas y dispone de ellas a su

---

[11]   V. art. cit. en nota 2, sobre todo pp. 256-260 y 262-263.

antojo. Falto de las connotaciones trascendentales here-
dadas de la tradición cultural, destino se hace equivalente
de «asociación libre», en virtud de la cual, como se dice en
otro relato, *El cólera azul*, «todos los husos del tapiz del
mundo se entremezclan y se mueven en veloz trabucamiento, trenzados todos los hilos en vorágine
inexhausta».[12] Que los encuentros decisivos entre
personajes (como el que ocurre en el capítulo I de *La
abandonada en el Rastro*) sean casuales y ajenos a todo
psicologismo, por tenue que sea, es coherente del todo con
esta concepción.

5.2. Pero esto es solo el principio. En seguida, la
interrelación personas/cosas acapara el relato. Recurro de
nuevo, pidiendo disculpas, a la clasificación esbozada en
mi trabajo anterior. Por «agentes» entendía —es una
acepción normal de la palabra— lo que tiene virtud o
capacidad para obrar, y daba a este nombre, a falta de otro
preexistente, a aquellos relatos en los que lo inanimado, al
influir sobre los seres humanos, lo hace hasta el punto de
convertirse en motor de sus vidas o aun de destruirlas. En
un primer subgrupo, de componente humorístico muy
fuerte, incluía los dinámicos o de acción de personas al
dictado de cosas, en los que se da una inversión del papel
de estas, que, de instrumentalizadas por el hombre, pasan a
apoderarse por él o a regir su conducta. Es el caso de *La
capa de don Dámaso*[13] y de *La casa triangular.*[14] En un
segundo subgrupo, donde el humorismo se atenúa y hasta
se impregna de patetismo, se daba un paso más y se

---

[12]   En *Revista de Occidente*, julio 1932, p. 56.

[13]   En *Revista de Occidente*, septiembre 1924, pp. 331-350.

[14]   En *Revista de Occidente*, octubre 1925, pp. 56-70.

producía una verdadera rebelión de las cosas, que llegaban a aniquilar a las personas. Es aquí donde entra *La abandonada en el Rastro* (basta repasar lo dicho en 3. y 4.) con otros dos relatos que lo preceden en el tiempo: *El dueño del átomo*[15] y *El hombre de la galería*.[16] En realidad, lo que hace Ramón por esos años es aplicar a sus narraciones su manera peculiar de relacionarse con las cosas, manera esta conceptualizada —en la medida, escasa, en que cabe hablar de conceptualización con referencia a sus ensayos— en *Las cosas y el ello*.[17] Las ideas básicas expuestas en este texto —y en las que por falta de espacio no voy a detenerme aquí—[18] constituyen otras tantas claves interpretativas del arte de Ramón. Por mi parte no he dejado un momento de tenerlas en cuenta en el análisis de este caso particular.

6.   Dos rasgos característicos en el estilo de Gómez de la Serna —las greguerías «intratextuales» y la creación

---

[15]   En *Revista de Occidente*, abril 1926, pp. 59-84.

[16]   En *Revista de Occidente*, septiembre 1926, pp. 299-316.

[17]   En *Revista de Occidente*, agosto 1934, pp. 190-208. Recientemente, en Ramón Gómez de la Serna *Una teoría personal del arte. Antología de textos de estética y teoría del arte* (ed. Ana Martínez Collado), Madrid, Tecnos, 1988, pp. 173-183).

[18]   Anoto sin embargo algunas: el hombre es como una cosa en la percepción que tienen de él los otros hombres; el arte y la ciencia modernos coinciden en su penetración de los objetos; el artista siente los objetos como «ostensorios de la fuerza cohesiva del mundo»; del entrechoque de los objetos brota una verdad superior; las cosas, al incidir en los seres humanos, los influyen de manera decisiva; la inmersión en las cosas alivia al hombre la conciencia inexorable de su aniquilación; trabajar con las cosas es preceptivo para el artista que se halla a la altura de los tiempos.

léxica—se manifiestan con moderación en *La abandonada en el Rastro*. En consecuencia, la prosa se estetiza, aproximándose incluso a lo poemático, pero sin que el hilo conductor de lo contado llegue a interrumpirse o a disolverse, como ocurre en los casos extremos de desvertebración narrativa por parte de Ramón. Ejemplificaré ambos recursos por separado.

6.1. Las que llamo «greguerías intratextuales»[19] pueden ser de tres tipos: 1) Se formulan igual que las autónomas y su asimilación por el enunciado base es mínima o nula: «El cascarón de los senos está en los hombros»[20] (la greguería aparece entonces como una frase aislada); 2) Se formulan casi igual que las autónomas, coincidiendo sintácticamente con un sintagma nominal: «Los senos con redecilla de los pulverizadores» caían sobre las repisas con una sensualidad inexplicable»;[21] 3) Se formulan de manera distinta a como lo serían las autonomas, elementos espurios las desarrollan o pormenorizan pero sobre todo las difuminan, la asimilación por el enunciado básico (a cuya estructura sintáctica ha de adaptarse) es ahora máxima:[22] «*Las patillas entrecomillaban a*

---

[19]   V. nuestro trabajo «Un recurso ramoniano: la greguería intratextual», en *Crítica semiológica de textos literarios hispánicos*, Actas del Congreso Internacional sobre Semiótica e Hispanismo (Madrid, 20-25 junio 1983), Madrid, CSIC, 1986, vol. II, pp. 711-718.

[20]   *Senos*, Buenos Aires, Albino y Asociados, editores, 1979, p. 25.

[21]   «Peluquería feliz», en *Revista de Occidente*, febrero 1934, p. 136.

[22]   La irreconocibilidad en cuanto tales greguerías se sitúa en el límite teórico de este proceso de desvirtuamiento y disolución.

los espectadores castizos»[23] (la sintaxis es la requerida por una frase de contenido narrativo; greguería autónoma inferible: «Patillas: cara entre comillas»).

En *La abandonada en el Rastro*, las greguerías intertextuales repertoriadas corresponden sobre todo al tipo 3. Veámoslo:[24]

—«Teresa» [...] le odiaba desde que eran niños, como si ya supiese que se iba a dejar aquella odiosa *barba* y que iba a *hablar a través de unos duros alicates»* (tipo 3, greguería: «El que tiene *barba* cerrada *habla a través de unos duros alicates»*, p. 258).

—«Él lucía [...] su gesto más de doctor, *acercándose a los objetos como si los auscultase y los reconociese»* (tipo 3, greguería: «*Se acercaba a los objetos como si los auscultase y los reconociese»*, (p.260).

—«La vejez de Eduardo caía sobre él Orlando su *barba* de *blanco*, poniéndole así como una especie de *barbuquejo de canas»* (tipo 3, greguería: «*barba blanca: barbuquejo de canas»*, p. 263).

—«¡Con qué desprecio miraban a esas que van por una *plancha*, que es como la reparación de una cojera de la vida [...]!» (tipo 3, greguería: «Zapato ortopédico: *plancha* de carbón», p. 2623; linda con lo irreconocible pero hay más de una greguería autónoma basada en esta asociación).

---

23   *El torero Caracho*, Madrid, Espasa-Calpe, 1969, p. 50.

24   En cursiva, las palabras de Ramón. En redonda, las mías de reconstrucción de las greguerías «intratextuales».

—«Era por lo que se reconocía allí el pasaje del tiempo, por aquella pajarita [...] o por aquel *tarjetero para tarjetas de diferentes categorías, que imponía a los hombres la misma diferencia en cuanto tarjeteados que como inquilinos»* (tipo 3, greguería: *«El tarjetero de cuatro pisos para tarjetas de diferentes categorías impone a los hombres la misma diferencia en cuanto tarjeteados que como inquilinos»*, p. 263),

—«Y *la consola dorada se balanceaba sobre sus piernas combas, como en la última danza del vientre»* (tipo 1, greguería: *La consola se balancea sobre sus piernas combas, como* haciendo la *danza del vientre»*, p. 264).

—«Habían llegado saldos de sacacorchos o de *libritos de metal* en *que se guarecía un rosario, como sierpecilla mística* en desmayo de esperar oraciones» (tipo 3, greguería: El *rosario guarnecido* en un *librito de metal* es *como* una *sierpecilla mística»*, p. 271).

—«Un relieve antiguo de la anatomía del parir, mostraba a una parturienta con las trenzas muy hechas [...] y el *niño que salía como un ratón de abismos»* (tipo 3, greguería: «Al *parir* la mujer, *el niño que sale es como un ratón de abismos»*, p. 279).

—«Renée *cogía los objetos como palmatorias con que iluminaba sus ojos* y después los dejaba muy cuidadosa-mente en su sitio» (tipo 3, greguería: *«Cogía los objetos como palmatorias con que iluminaba sus ojos»*, p. 279).

—«Abrió los tres broches del cabás *y se lo encontró lleno de dentaduras postizas, como si le hubiera replicado con carcajadas»* (tipo 3, greguería: «Al *abrir un cabás y encontrárnoslo lleno de dentaduras postizas es como si nos hubiera replicado con carcajadas»*, p. 285).

—«Ya en la puerta, ayudó a poner los obstáculos [...] que hacen impenetrables las puertas cerradas, hermetizándolas sobre lo que ya consigue el *corazón colgante* del *candado*» (tipo 2, greguería: «*Candado: corazón colgante*», p. 288).

6.2. La creatividad léxica de Ramón es un aspecto importante de su estilo y merecería un estudio detallado.[25] En *La abandonada en el Rastro* encontramos: 1) galicismos («bibelotes», p. 259; «bric a brac» [sic], p. 260, en cursiva, lo que indica que se lo considera francés; «ferralla» con el sentido de 'chatarra', p. 263, que en algún caso pueden serlo de acepción («menaje» con el sentido de 'marido y mujer', p. 264); 2) sustantivos abstractos en *-ismo* —sufijo que normalmente significa modo, sistema o doctrina— y que Ramón construye a partir de primitivos inhabituales («dragonismo», p. 259; «carambanismo», p. 282; «japonesismo», p. 283; 3) sustantivos abstractos en *-ez* derivados de adjetivos («tetriquez», p. 271; «engarabitez», p. 279) y de efecto más bien cómico; 4) adjetivos en *-ero* («ultrero» con el sentido de 'que está más allá', sobre el adverbio *ultra*, p. 272; «baúles huleros» o 'de hule', p. 287); 5) adjetivos en *-ático* con significado de pertenencia («alarmático» con el sentido de 'alarmante', ejemplo de la afición del autor por los dobletes, p. 287); 6) adjetivos en *-al* con significado de relación o pertenencia («perspectival», p. 276; 7) verbos en *-ar* o en *-ear* («estentorear»

[25]   V. Luis López Molina: «Notas sobre el léxico ramoniano», en *Miscelánea de estudios hispánicos. Homenaje de los hispanistas de Suiza a Ramón Sugranyes de Franch*, Publicaciones de l'Abadia de Montserrat, 1982, pp. 207-220. También: Ignacio Soldevila-Durante, «Para un estudio de la creatividad léxica de Ramón Gómez de la Serna», en *Nueva Revista de Filología Hispánica*, t. XXXVI, 1988, pp. 753-766.

con el sentido de 'gritar, dar grandes voces', derivado de 'estentóreo', p. 276; «telescopar» con el de 'ver desde lejos', de 'telescopio'). Son asimismo chocantes: «inmemoriación» (con el sentido de 'olvido', p. 266, antónimo de una 'memoriación' que no recoge la Academia) y «occeanía» [sic] ('amplitud oceánica', p. 283). En esta ejemplificación me he limitado a lo que, al hilo de la lectura, resulta de cierta relevancia estilística.

7.   Para terminar, una referencia a la situación que atraviesa la literatura narrativa a finales del primer tercio del siglo XX. La fórmula realista heredada del XIX ha perdido ya, a estas alturas, mucho —no todo— de su hegemonía anterior, ante el empuje de las vanguardias. Ramón, lo sabemos bien, fue combatiente esforzado, de primera línea, en el enfrentamiento incruento entre tradición y novedad en el arte. Como sus correligionarios, se desinteresa del pasado. En la vida y en la literatura, no se quiere atener sino al presente. Ahora bien, una cosa es querer partir de cero y otra conseguirlo. Por mucho, y por sinceramente, que se aspire a la innovación, el pasado, con todo su lastre, puede volver a entrar por la ventana tras haber sido expulsado por la puerta. Dicho de otro modo, el choque entre lo nuevo y lo viejo suele arrojar un resultado híbrido.

Es lo que ocurre con *La abandonada en el Rastro.* Ramón —que, incluso cuando trata de lo «real», lo hace al margen de las normas vigentes en la experiencia común (tanto en el plano de los hechos como en el de las reacciones de los personajes— incumple aquí la exigencia de verosimilitud, sobre todo en el desenlace. En cambio, hace concesiones a otra gran exigencia del realismo, la de la trama, entendida como concatenación rigurosa, sobre

todo a partir de la relación causa/efecto, de los acontecimientos y del desenlace en cuanto coronación o cierre del
proceso en que estos mismos acontecimientos se articulan.
En general, se diría que tiene miedo a quedarse sin
argumentos. Los precipita, los descoyunta, los deja de lado
para entregarse a la solicitación de lo colateral, pero rara
vez se decide a eliminarlos del todo. En el caso presente, el
acierto, para mí indudable, se debe, por un lado, al
equilibrio entre la atmósfera de irrealidad (el Rastro es aquí
irreal, a diferencia del libro del mismo título, que
constituye una inmersión profunda en la realidad concreta)
y la coherencia, de novela policíaca, con que los sucesos se
organizan, se dosifican y van presagiando el «crimen»
final; por otro, al tratamiento del lenguaje: yuxtaposición
de párrafos breves y herméticos entre sí («puntillismo
sintáctico»), greguerías intratextuales, uso (moderado y por
ello no embarazador de la fluencia de la historia) de la
innovación léxica, todo lo cual se traduce en una calidad de
página notable.

Pero todo esto no ha sido sino un ejemplo aislado, una
cala en un material abundante y casi inexplorado. Hay otros
relatos ramonianos que justifican, o incluso reclaman, un
análisis detallado. En rigor, el estudio a fondo de la deuda
contraída con Ramón por parte de la narrativa española
moderna en general, y de la cuentística en particular, se
encuentra todavía por hacer.

Ramón Gómez de la Serna frente al Quijote

Estudiar cómo, salvando los siglos, nuestro clásico supremo, Cervantes, ha influido sobre, o ha sido visto por, los escritores modernos y contemporáneos resulta sin duda tentador. No haber sabido —ni querido— rechazar esta tentación es precisamente lo que nos ha reunido aquí ayer hoy. En mi ponencia, me voy a ocupar de la visión que Gómez de la Serna tuvo de Cervantes y en particular del Quijote. Innovador él mismo, con su obra extensísima y diversificada, e impulsor de las innovaciones ajenas, es un escritor de sobra importante para que se justifique prestarle atención desde la perspectiva adoptada en estas Jornadas. Por mi parte, me siento para hacerlo más motivado de lo que estaría quizás si abordase cualquier otro aspecto de la literatura española. Sobre Ramón he publicado varios trabajos, tengo otros dos en prensa, y mi interés por él no ha hecho sino acrecentarse en los años últimos.

1.   Lo que Gómez de la Serna nos dice de Cervantes se sitúa en el marco, mucho más amplio, de sus biografías de pintores y escritores del periodo clásico. De los primeros, dedicó una a El Greco[1] y otra a Velázquez.[2] Sendas

---

[1]   *El Greco. El visionario de la pintura*, Madrid, Nuestra Raza, s. a. Con igual título: Santiago de Chile, Ercilla, 1941. *El Greco (El visionario iluminado)*, Buenos Aires, Losada, 1954 (2ª ed.: 1960). Con igual título en *Obras Completas*, Barcelona, AHR, 1956, t. I, pp. 837-939 y en *Biografías completas*, Madrid, Aguilar, 1959, pp. 1-115.

biografías, asimismo extensas, se las inspiraron Lope de
Vega [3] y Quevedo [4]. Lo encontramos además como
prologuista —aunque en pocas páginas— de la poesía de
Góngora.[5]

1.1. En cuanto a las dos biografías de pintores, para
mí, son de calidad desigual. La de Velázquez se diría
escrita con desgana, con escasa compenetración; el acarreo
más bien mecánico de datos llega a producir una impresión
de relleno. La de El Greco, en cambio, es muy superior. En
ella, por ejemplo, para referirme a un aspecto concreto, la
capacidad para la «traducción» de lo abstracto en términos
concretos brilla a mucha altura.[6] Como quiera que sea, de
las biografías de pintores no me voy a ocupar ahora.

1.2. Si se consideran las biografías de escritores, hay
algo que llama enseguida la atención. Cervantes, jun-
tamente con Góngora, resulta postergado respecto de Lope

---

[2]   *Don Diego Velázquez*, Buenos Aires, Poseidón, 1942. También en:
Biografías completas, Madrid, Aguilar, 1959, pp. 437-495.

[3]   *Lope de Vega*, Buenos Aires, La Universidad, 1945. Versión
ampliada: *Lope viviente*, Buenos Aires, Espasa-Calpe, 1954; y en
Biografías completas, pp. 117-240.

[4]   *Quevedo*, Buenos Aires, Espasa-Calpe, 1953; y en *Biografías completas*, pp. 241-436.

[5]   «Prólogo» a Luis de Góngora, *Sus mejores versos*, Madrid, Los
Poetas, 1929, pp. 5-15.

[6]   Dos ejemplos: «El Greco hizo las mejores camisas eternas, los
saltos de cama ideales, las casullas paracaídas, las mitras aviónicas, los
cayados para los saltos de garrucha que van de la tierra al cielo»; «¡Oh,
gran pintor de bacalaos celestiales!» En: *El Greco. El visionario de la
pintura*, Madrid, Nuestra Raza, s. a., pp. 149 y 163 (cito por esta ed.).

y de Quevedo. A los dos últimos les dedica, como ya he dicho, libros enteros; a los dos primeros, solo unas cuantas páginas. Al cordobés, Ramón lo considera un anticipador del alma moderna gracias al «delirio de la imagen" — prendedor de imágenes le llama— y a la «hiperestesia de la emoción». Los «cultos» o culteranos seguidores de don Luis le parecen, como sus propios contemporáneos vanguardistas, «espíritus que flirteaban con el porvenir». Celebra en Góngora el rechazo del realismo, la originalidad, la abertura hacia lo nuevo. Góngora se ha sobrepasado, es decir, ha ido más allá de cuanto recibió de la tradición cultural y artística, y en esto radica su supervivencia,[7] puesto que «no se sobrepasa uno por lo natural ni lo redundante, sino por lo inventivo, por lo acrecido, por lo delirante».[8]

A Cervantes no le dedica mayor número de páginas, pero lo que dice sobre él es de alcance mayor. En *Lope viviente*, versión ampliada de *Lope de Vega*, el capítulo VII [9] se le dedica por entero. Su título reza «Otro vecino: don Miguel de Cervantes». Entiéndase otro vecino del «barrio de las musas», al que pertenecía la calle de Francos, luego de Cervantes, en la que Lope vivía. Por cierto que el texto de este capítulo, sin modificación alguna, sería reutilizado por Ramón, que lo convirtió en «Epílogo» de una edición

---

[7]   Góngora «vuelve a tener frutos de bendición» en poetas andaluces jóvenes; Ramón alude a los que se van a llamar la generación del 27: Lorca, Alberti, Aleixandre, Cernuda, etc. En: «Prólogo» a *Luis de Góngora Sus mejores versos*, p. 12.

[8]   *Ibíd.*, pag. 7.

[9]   En *Lope viviente*, pp. 78-91.

del Quijote cuyo prologuista iba a ser el italiano Giovanni Papini.[10] O sea que, un año después de publicar *Lope viviente*, Ramón no quiso o no pudo volver sobre lo ya escrito. Nos lo explicaríamos por desinterés, por esterilidad pasajera, por apremio del compromiso editorial. La pregunta puede quedar abierta.

2.   Llegado a este punto, recordaré que, para Ramón, la biografía es ante todo interpretación del alma y de la obra (se ocupa siempre de artistas) del biografiado por parte del biógrafo. Entre ambos, pueden establecerse coincidencias o afinidades de dos tipos. Por un lado, las personales, las que se refieren al perfil humano, al modo y manera de sentirse instalado en la existencia. Por otro, las literarias: concepción del papel del artista, ideario estético y lingüístico. Está claro que unas y otras se entrelazan inseparablemente y que solo por abstracción cabe deslindarlas con claridad.

En consecuencia, partiendo de dicha compenetración, al contar la vida de otro, se cuenta inevitablemente la vida propia.[11] Al biografiado, quien traza su semblanza lo deja solo o lo acompaña, según las circunstancias o, mejor dicho, según le convenga. Se justifica así que en las biografías haya lagunas u olvidos, y que el sentimiento prime sobre la razón. Escribir una biografía es lo opuesto de una reconstrucción arqueológica. No se trata tanto de renunciar a los datos cómo de sobrepasarlos a fin de que no

---

[10]   «Epílogo» a Miguel de Cervantes: *El ingenioso hidalgo don Quijote de la Mancha*, Barcelona, AHR, 1955, t. II, pp. 557-568.

[11]   «Prólogo» a *Retratos contemporáneos*, Buenos Aires, Sudamericana, 1941, p. 11.

obstaculicen las necesarias adivinaciones, las que permiten captar lo esencial, lo esencial que a veces se oculta bajo lo que adopta apariencia de anecdótico. Los datos, en todo caso, deben ser absorbidos por el entramado de la biografía, subordinados a la línea directriz marcada por la adivinación; nunca superpuestos o postizos; lo más aberrante —desde este criterio— sería presentarlos en forma de aparato crítico, de notas al pie.[12] No se trata —me permito insistir en este punto— de reconstruir el pasado, sino de identificarse con él, de revivirlo, o sea, de traerlo hasta el propio presente. De ahí la idea de que las principales biografías, o biografías de las personas principales, no deben escribirse una vez por todas, sino reescribirse periódicamente, a fin de que cada generación, desde su ahora intransferible, se pueda identificar con los creadores y las creaciones del pasado. Es desde esta posición como Gómez de la Serna hace suyas las vidas de Lope y de Quevedo. También desde ella, aunque menos por extenso, va a tomar posición respecto del hombre Miguel de Cervantes y va a enjuiciar el Quijote situándolo al mismo tiempo respecto de su propio ideario de escritor.

2.1. Consideraré primero, a vuelapluma, las coincidencias entre Ramón y Lope. Las hay esenciales, junto a otras menores o anecdóticas. Ejemplificaré solo las primeras. Los dos fueron precoces. Los dos, cultivadores asiduos y tenaces de la literatura, en un esfuerzo sostenido

---

[12]   Según Ramón, Quevedo hubiera dicho que «las notas debajo de la página son como los orinales debajo de la cama». En *Quevedo*, Buenos Aires, Espasa-Calpe, 1953, p. 112 (cito por esta ed.).

durante toda la vida;[13] de ahí que su importancia, su significación, se asiente más en la vanidad del conjunto que en el valor de una obra determinada;[14] porque los dos, acosados por la necesidad de ganarse la vida, han ido postergando la "obra pura" posible;[15] En uno y otro, el cultivo de la literatura, de tan absorbente, no ha dejado espacio para otra cosa que no sea el incesante escribir;[16] lo profundo y excluyente de tal vocación los lleva a aceptar, con resignación y hasta con gozo, la penuria material inherente al cultivo de la literatura, sobre todo cuando esta es innovadora y no se doblega a la rutina ni a los intereses establecidos. Se da en ambos un autobiografismo esencial, de fondo; al escribir sobre cualquier cosa, desviadamente, están escribiendo sobre ellos mismos, lo que, sin embargo, no es incompatible con la voluntad testimonial respecto del momento histórico que les tocó vivir[17] ni con el compromiso entendido no en términos políticos sino, en un plano más elevado, con el ideal y la justicia; de ello nace la

---

[13]   Lope «cumplía esa condición de 5 pliegos diarios que se había impuesto y que a veces eran más» (*Lope viviente*, p. 41).

[14]   «No se puede señalar (= a Lope) una sola obra como cimentación de su fama, pues más bien se levanta sobre una base de muchas piedras» (*Ibíd.*, p. 112).

[15]   Lope «hubiera querido escribir lirismos interiores (…) pero tenía que estrenar para sostener su casa» (*Ibíd.*, p. 42).

[16]   Lope era «el único hombre escritor que no tomó la literatura como profesión de otra clase que no fuese la de escribir" (*Ibíd.*, p. 35).

[17]   «No se paró (= Lope) en barras al decir su verdad temporal: la máxima misión de una conciencia» (*Lope de Vega*, Buenos Aires, La Universidad, 1945, p. 42).

necesidad imperiosa de preservar su independencia; así, la renuncia por parte de Lope a la protección que le brindó don Jerónimo Manrique se equipara con la negativa de Ramón a ser secretario de don José Canalejas. En los dos, el impulso creador es inseparable del erotismo, tomando esta palabra en su sentido más difuso y por ello más abarcador;[18] la accidentada vida amorosa de Lope, siempre a los alcances de una u otra mujer, viene a equipararse con la de Ramón, hasta que aparece en su vida la mujer definitiva, Luisa Sofovich. Para terminar, otras dos coincidencias de bulto: Primera: madrileñistas, tanto Lope como Ramón, no solo por fidelidad y afecto a la ciudad en la que nacieron[19] y en la que pasaron gran parte de la vida, sino porque vieron Madrid como laboratorio ideal o «clave del alma de las Españas». Segunda: prolongando en el tiempo un rasgo atribuido a la adolescencia, se da en ambos el amor por las cosas materiales, por los objetos, incluidos los cachivaches más modestos y desapercibidos,[20] con los que se fabrican un entorno impregnado de subjetividad y que a la vez aísla y protege del mundo exterior. Pero esto no es todo. Tratándose de escritores, una coincidencia de bulto se manifiesta en el ideario lingüístico: Ramón

---

[18] Toda la vida de Lope fue «amar y escribir a la sombra del amor» (*Lope viviente*, p. 69).

[19] «Lo demostró (= su madrileñismo) en su vivir y en las muchas poesías que dedicó a su Madrid» (*Ibíd.*, p. 45).

[20] Lope «iba decorando su casa con cosillas que iba mercando en las prenderías» (*Ibíd.*, p. 38); «Lo amaba todo (…): la tijera para el velón (…), hasta la brujesca alcuza con el aceite para ensaladas y tortillas» (*Ibíd.*, p. 39); «lo encontramos erguido, parado cariñosamente ante las cosas» (*Ibíd.*, p. 45).

considera a Lope exento de «culteranía» y «peregri-
nidades» (entiéndase voces, más que nuevas, rebuscadas,
en consonancia con su propio proyecto de ser innovador,
incluso neologista, pero sin ir con su lenguaje más allá de
lo captable desde la competencia media del lector).

2.2. Paso ahora a ocuparme de las afinidades entre
Gómez de la Serna y Quevedo. Primera y principal: la
obsesión por la muerte, conjurada en ambos mediante el
recurso al humor.[21] Quevedo le parece a Ramón el escritor
que mejor y más a menudo se ha encarado con la muerte,
dándole siempre cabida en sus obras; incluso se da en él la
transferencia a lo mortuorio tras el ejercicio frustrado de la
sexualidad;[22] tanto aprecia Ramón el tratamiento queve-
desco de la muerte, que llega a acallar su propia voz para
cederle la palabra: el extenso capítulo XV de *Quevedo*[23] es
casi en su totalidad una antología de textos "mortuorios"
quevedescos. Segunda: desde la insatisfacción causada por
lo contemporáneo, interviene en ambos la voluntad
reveladora y correctora del mundo vivido;[24] máximo error
en este punto: el de Quevedo al dejarse tentar por la política

---

[21]   «Quevedo representa la carcajada y la muerte» (*Quevedo*, p. 21);
«Quevedo es una carcajada en medio de los siglos y eso es lo que le
mantiene joven, temerario y terciado de capa en el proscenio de los
siglos» (*Ibíd.*, p. 18).

[22]   «Se refocilaba (= Quevedo) con buenas mozas y, como compen-
sación de su pedigüeñería y su traición, se refocilaba con la muerte, la
gran depuradora, la maestra del olvido» (*Ibíd.*, p. 28).

[23]   *Ibíd.*, pp. 131-162.

[24]   Quevedo «quiso dar algo de la verdad que suele oscurecer la
hipocresía en el mundo» («Advertencia preliminar», en *Ibíd.*, p. 12).

(la infidelidad a la consagración exclusiva que requiere la literatura Quevedo la pagaría con el encarcelamiento e indirectamente con la muerte; Ramón, más avisado, renunció como se sabe a todo compromiso activo tras un pasajero acratismo juvenil).[25] Tercera, tercera en el orden de exposición pero tal vez segunda en importancia: exclusión deliberada del abstraccionismo para sumirse profundamente y con todas sus consecuencias en lo concreto; aunque doy en notas las citas en apoyo de mi interpretación, reproduciré dos que me parecen muy gráficas: 1) Quevedo «vedó a los abstraccionistas que la realidad dejase de ser realidad, sustanciosa torrija pringada de miel para que no se olviden de ella los dedos, para que no dude de ella el comistrón»;[26] 2) en su lucha por innovar Quevedo fue el «enema de lo convencional que se agarra como un estreñimiento inempujable desde que se nació»[27] (Ramón se contagia esta vez de la obsesión excremental de su biografiado). Si pasamos al ideario lingüístico —tratamiento del lenguaje, manipulación de los géneros—las concordancias resultan tanto o más significativas que las ya vistas: Ramón encuentra en Quevedo un adelantado de la greguería,[28] le rinde homenaje redactando unas «necedades nuevas»,[29]

---

[25]   V. Ignacio Soldevila-Durante «Para la recuperación de una prehistoria embarazosa (Una etapa marxista de Gómez de la Serna)», en Nigel Denis (ed.) *Studies on Ramón Gómez de la Serna*, Otawa, Dovehouse Editions Canada, 1988, pp. 23-43.

[26]   En *Quevedo*, p. 17.

[27]   *Ibíd.*, p. 20.

[28]   En *Quevedo*, pp. 37-38.

[29]   *Ibíd.*, p. 40-42.

considera las premáticas como «las primeras cosas periodísticas»,[30] opina que el *Cuento de cuentos* «tiene ya sangre
surrealista» (opinión que, por cierto, no se para a
justificar);[31] destaca también cómo Quevedo se pierde en
los entresijos del lenguaje, lo desmonta para reordenar sus
elementos (personalmente, me atrevo a ver aquí una influencia, difusa al menos, en las greguerías «verbales»);[32]
el estilo de Quevedo, por último, le parece el más audaz
entre los clásicos y por ello el más moderno,[33] destacando
en él la adjetivación y el «engarfiarse» de unas palabras en
otras para romper las asociaciones preestablecidas, lo que
es garantía de renovación y con ella de pervivencia. Podría
aún añadir otras coincidencias pero, para no desequilibrar
mi exposición ni prolongarla demasiado, me voy a detener
aquí. Soy consciente de haber consumido parte del tiempo
disponible en consideraciones previas a Cervantes y el
Quijote, pero me parece que solo referido a ellas alcanza
sentido lo que sigue. Veámoslo.

3.   Cervantes aparece, en la semblanza que de él traza
Ramón, pobre y arrastrando hasta la muerte un «des-
concierto melancólico». Se lo ve receloso y tímido, como
«pidiendo conmiseración a sus contemporáneos»; esta
menesterosidad y apocamiento se manifiestan en elogios

---

[30]   *Ibíd.*, p. 37.

[31]   *Ibíd.*, p. 109.

[32]   V. Luis López Molina, «Nebulosa y sistema en las greguerías ramonianas», en *Versants*, nº 1, automne 1981, pp. 109-120.

[33]   «Quevedo fue el mejor derivador de la lengua hacia moldes nuevos
y audaces» (en *Quevedo*, p. 222).

excesivos[34] que no alcanzan reciprocidad, y Ramón intenta explicárselos, encontrarles causa. Esquemáticamente se trataría de lo siguiente: Cervantes llevó una vida de fugitivo de su obra cumbre, se siente como anonadado, aplastado por ella. Dicho de otro modo: el Quijote inquieta a su creador, le perturba la conciencia. «¿Hizo bien al descartar de la credulidad poética la fe en el mundo fantástico de los llamados libros de caballerías?».[35] Precisaré que Ramón, según lo señala «expressis verbis», no se propone menoscabar el valor ni la importancia del Quijote, sino hacer ver cómo su autor hizo «caso de conciencia» del haber elegido el camino que eligió, y no otro camino posible, para superarse en cuanto artista y para dar la máxima medida de sí mismo. Intentaré explicarme.

La desazón experimentada por Cervantes distaría de ser meramente subjetiva. Desarrollando su hipótesis, Ramón se explica la ojeriza que los poetas —desde Lope hasta Góngora— le tuvieron al autor del Quijote por lo que la obra inmortal tenía de «atentado contra la fuente poética», entendiendo por tal la capacidad fabuladora, la fe en lo prodigioso, la suplantación de la realidad objetiva por las creaciones de la imaginación. Los poetas contemporáneos estuvieron resentidos con Cervantes porque este, con su Quijote, había cegado «el ojo poético de lo fantasmagórico». Al reaccionar así, los poetas se equivocaban por no advertir que, al atentar contra lo fantas-

---

[34]   Ramón debía pensar, al decir esto, en el *Viaje del Parnaso*, que sin duda conocía, puesto que reproduce de esta obra los versos 295-318, dedicados a Quevedo (*Quevedo*, p. 60).

[35]   *Lope viviente*, p. 80.

magórico, Cervantes lo había dejado con «vida incorrup-
tible» en lo esencial. Dicha interpretación —conviene
añadir— es inseparable de la perspectiva histórica.
Veremos cómo.

Para Ramón, el Quijote inaugura un ciclo de poster-
gamiento de lo poético, un ciclo realista, que toca a su fin
en el siglo XX, precisamente por obra de las vanguardias. Al
principio de ese ciclo se diría que lo poético ha quedado
abolido: «en las páginas de su parodia (= el Quijote) nada
podía aspirar a ser misterioso y mágico, mientras que en las
páginas del Amadís todo podía aspirar a la superverdad
poética».[36] Ahora bien, el hecho de que, en el expurgo de
la biblioteca de don Quijote, sea el mismo Cervantes, por
medio del cura, quien salve y celebre el Amadís habla por
sí solo. Pero, en todo caso, las cosas son como son: «lo
irreparable es lo irreparable y la literatura imaginaria y
superrealista iba a estar atravesada por la genial espada
durante algunos siglos».[37] Por culpa del Quijote, «los
poetas sobrecogidos han estado sin atrevimiento hasta
ahora, que parece que lo van a recuperar».[38] O sea,
traduciendo a nuestro propio lenguaje: está a punto de
concluir, de cancelarse, una época de eclipsamiento de lo
poético iniciada por la máxima creación cervantina. Ahora
(el ahora de Ramón, que es ya historia para nosotros),
cuando el arte ha vivido una crisis profunda que lo ha
renovado hasta las raíces, cuando se rechaza todo tipo de
trabas o cortapisas a la invención, el Quijote se perfila

---

[36]   *Ibíd.*, p. 83.

[37]   *Ibíd.*, p. 84.

[38]   *Ibíd.*, p. 84.

detrás de nosotros como una línea o barrera de montañas que separase dos valles en el tiempo.

Así pues, nos encontramos con una concepción del Quijote como inductor de una pausa en el tratamiento de la poeticidad —en rigor, de lo periféricamente poético— que, pese a todo, la salvaguarda en el fondo, deja intacta su morada última. Avanzado el siglo XX, se dispone de la perspectiva temporal necesaria para comprender que el crimen cervantino «ayudó a salvar la esencia poética del asesinado». Cervantes rescata de la muerte definitiva a las aventuras caballerescas mediante la parodia, preserva para siempre «la pasión por el ideal y el respeto ameno por la divina locura». Al proceder así, cumple «la misión comprometedora y heroica del humorista que pone al otro lado de la correntada ahogadora lo que iba a ser ahogado».[39] Ramón —que ve en el humorismo no solo el mejor medio de sobrellevar la existencia sino la garantía más firme de la perduración, de la resistencia al tiempo por parte de la obra artística— lleva una vez más al clásico a su propio terreno, lo interpreta subjetivamente desde su propia compenetración con él.

4.   Dicho todo esto, resulta factible elaborar una conclusión. Gómez de la Serna parece identificarse más con el Lope hombre que con el Lope artista. Lo acercan al primero lo intenso, exclusivo y constante de la vocación literaria, la exaltación erótica o vitalista, el madrileñismo, la devoción por las cosas; la rebeldía de la obra propia lo opone, sin embargo, al conformismo lopesco, al menos el que se revela en su teatro, sobre el que Ramón, por cierto, pasa como sobre ascuas. En el caso de Quevedo, le es más

---

[39]   *Ibíd.*, p. 85.

próximo, más fraternal, el escritor que el hombre; de ese lo
separa la vocación política, arruinadora de la vida del gran
escritor barroco y acallada pronto por él mismo, para
desembocar en un presunto «compromiso» con el ideal y la
justicia, más allá de la asunción de cualquier riesgo
concreto, y que no consigue disimular lo mucho que tiene
de cobardía; con el escritor, en cambio, comparte la
voluntad innovadora, el manejo lúdico del lenguaje, el
desmantelamiento de géneros heredados y el atisbo de otros
nuevos.

En cuanto a Cervantes, puesto que de Cervantes se
trata ante todo, Ramón no da muestras de haberlo leído
exhaustivamente y en profundidad. A la hora de pronunciarse sobre el Quijote, acepta el fallo de la historia pero no
consigue acallar una reserva grave: ve la obra maestra
como punto de partida de un ciclo literario a cuya
cancelación venía él mismo dedicando sus esfuerzos. Que
Ramón no le dedicase a Cervantes una biografía extensa,
que se «deshiciese de él» en unas pocas páginas es algo que
da que pensar. Los juicios que le inspira la obra maestra
cervantina contienen una objeción, una reticencia, una
reserva substanciales, puesto que apuntan al sentido último
de lo enjuiciado. Con todo, el Quijote es un logro
demasiado alto para que un hombre inteligente y sensible,
un creador impregnado de literatura, propia y ajena, lo
despachase con una condena simplista, aunque lo encarara
desde presupuestos estéticos muy disparejos. Ante el
Quijote, Ramón se queda sobrecogido, refrena la icono-
clastia que, desde 1909, fecha en que publica su ensayo
sobre «El concepto de la nueva literatura», había venido
practicando tantas veces. De ahí la posición ambigua,
biselada, que he procurado mostrar. En la conciencia

artística del padre de las vanguardias, visceralmente adversa, don Quijote, no sin lucha, acaba ganando una batalla más.

Ramón en *La Esfera*

1.   La obra literaria de Ramón Gómez de la Serna desanima, por inabarcable, a quien se adentra en ella. En todo caso, reclama un lector tenaz. Por si fuese poco el centenar de libros que se van sucediendo entre 1904 y 1962, hay que sumar a ellos las colaboraciones innumerables diseminadas por periódicos y revistas de Europa y América. Incluso las *Obras completas* en curso de publicación desde 1996 —empresa ambiciosa y bien planeada— ha renunciado a darles cabida, lo que es comprensible, e incluso prudente, dado que la tarea de localizar, inventariar, clasificar y analizar esas colaboraciones está aún casi del todo por hacer. En dos trabajos bastante separados en el tiempo,[1] he procurado contribuir un poco al desbroce de este terreno. Intento ahora dar otro paso en la misma dirección.

La Esfera, una de las revistas de literatura y arte más destacadas en el primer tercio del siglo XX, se puede considerar longeva, puesto que se publica entre 1914 y 1931, alcanzando un total de 889 números. En ella, los textos de Ramón aparecen a partir del mes de octubre de 1921, tardíamente respecto de los de su compañera Carmen de Burgos, colaboradora desde el principio, y se prolongan

---

[1]   "Relatos ramonianos en la *Revista de Occidente*". En: *Philologica hispaniensia in honorem Manuel Alvar*. Madrid, Gredos, 1987, t. IV, pp. 253-265. "Gómez de la Serna en *La Gaceta Literaria*" (en prensa).

hasta 1930. Su número se eleva a ochenta y siete, lo que es considerable: dos en 1921, siete en 1922, catorce en 1923, nueve en 1924, siete en 1925, cuatro en 1926, cinco en 1927, trece en 1928, catorce en 1929 y doce en 1930. La mayor concentración, casi la mitad, corresponde al trienio 1928-1930. Todos van ilustrados unas veces por fotografías y otras por dibujos de artistas amigos, a menudo los mismos que fueron autores de portadas para sus libros.

2.   Doy a conocer y comento muy brevemente las colaboraciones de Ramón en *La Esfera*. De las ochenta y siete, prescindo de dos que son mero anuncio y anticipo de sendos libros de aparición simultánea.[2] De las ochenta y cinco restantes, dieciocho están dedicadas a ciudades, Madrid casi siempre, pero también Segovia, París y Nápoles, vinculadas las tres a la vida del autor. Once son comentarios de actualidad, y probablemente se deben más a presión de la revista que al interés personal del escritor[3]. Veintisiete ejemplifican un tipo de relatos, hasta ahora desatendidos por la crítica, con una extensión media de tres a cuatro páginas pero aun así subdivididos en dos, tres o cuatro partes. Veintinueve, por último, el grupo más numeroso, se inscriben en el conjunto amplio de los libros misceláneos iniciadores de nuevos géneros para los que la crítica viene reservando el término de ramonismo. Para cada texto, como anuncio arriba, hago: 1) un resumen brevísimo; 2) un esbozo de comentario limitándome a

---

[2]   *El caballero del hongo gris*. París-Madrid-Lisboa, Agencia Mundial de Librería, s. a. (1928). *Efigies*. Madrid, Ediciones Oriente, 1929.

[3]   Ramón no escribía sobre la actualidad, a la manera periodística. Una excepción: *La novela del año*, en *Cruz y Raya*, nº 33, dic. 1935, pp.: [473]3-[529]59.

señalar la trabazón de unos motivos con otros y a situarlos respecto del conjunto de la obra ramoniana.[4] Ordeno los textos cronológicamente dentro de cada grupo.

2.1. Ciudades

«Ayer y hoy» (IX, 444, 8-VII-1922, s. p.). Lamenta que, en las calles de Madrid, se esté renunciando al entarugado de madera («la grata madera, más cercana al hombre que la piedra»), que se conserva en París, para adoptar el empedrado, más frío y más antiguo, puesto que ya se usó en las calzadas egipcias y romanas.

Hay un elogio de las carpinterías y de la madera en el cap. primero de *El Rastro*. Como los costumbristas —su madrileñismo es en parte un neocostumbrismo—, Ramón es reticente para las novedades y nostálgico de lo que el tiempo va dejando atrás.

«Segovia la abandonada» (IX, 449, 12-VIII-1922, s. p.). Lamenta el abandono en que se tiene a Segovia, siendo «la atrilera, el facistol para el gran libro de la Historia de España, abierto en la primera hoja de su renacimiento y en la hora de su unidad». Más que San Sebastián, tendría que ser centro de veraneo, por ser «el único sitio en que reaparece en pleno verano el invierno».

Segovia es escenario de *El secreto del Acueducto*, novela en la que el monumento romano alcanza protagonismo.

---

[4]   V. Luis López Molina: «Ramón Gómez de la Serna o el autobiografismo totalizador», en *La autobiografía en lengua española en el siglo veinte*, Lausanne, Imprimerie de la Cité, 1991, pp.: 95-105.

También una «novela superhistórica», *La Beltraneja*, se ambienta en Segovia.

> «Otra reforma de la Puerta del Sol» (IX, 455, 23-IX-1922, s. p). Todo el mundo ha mirado y mira la Puerta del Sol con ojos reformadores. Él, sin embargo, piensa que hay que dejarla como está, mantener intacto su carácter peculiar.

Ramón fue paseante asiduo, así como cronista minucioso y devoto, de la Puerta del Sol. Véase *Toda la historia de la Puerta del Sol.*

> «La antesala del ministro» (IX, 498, 21-VII-1923, s. p). Quevedo habló de las antesalas de los ministros de su tiempo y él hace lo propio. Desfilan varios personajes —un poeta, un vividor, un religioso— en busca de prebendas. Hasta que, como por escotillón, el ministro desaparece con rumbo a su casa.

Pequeño «cuadro» que hace pensar en Larra, del que Ramón fue devoto y su amante Carmen de Burgos biógrafa. Véase «Ágape organizado por *Prometeo* en honor de Fígaro», publicado en el nº 5 de esta revista.

> «Cafés cantantes» (XI, 528, 16-II-1924, s. p). En Madrid, los cafés cantantes (más bien cosa andaluza) resultan desvaídos, han perdido su color. Evoca su atmósfera: tocaores y cantaores, desgarro, taconeo, estabilidad de las camareras en contraste con el perpetuo estar de paso de las artistas.

Constatamos aquí la misma actitud conservadora que en «Ayer y hoy» o en «Otra reforma de la Puerta del Sol».

> «Tertulianos» (XI, 538, 26-IV-1924, s. p). En España quedan dos libertades por abolir: las tertulias y los

brindis. Las primeras han ganado vitalidad: acude a ellas más gente que nunca, deseosa de saber de palabra lo que nadie se atreve a escribir; se vuelve al rumor como fuente de información; se recupera el ambiente de las viejas botillerías. Evoca al Baroja hombre de tertulia.

A una tertulia, la suya de Pombo, dedicó Ramón dos gruesos libros. También fue autor de una semblanza de Baroja. En este texto, aunque tibiamente, renuncia al apoliticismo y expresa su malestar por el recorte de las libertades bajo el gobierno de Primo de Rivera.

«Los merenderos» (XI, 545, 14-VI-1924, s. p). Los de las afueras de Madrid. Los ve como reductos de felicidad. Impregnados de sol, con mucho de nupciales («sus manteles visten epitalámicamente las mesas»), comida y bebida adquieren en ellos un sabor inimitable. Puentes entre lo rural y lo urbano, permiten gozar del campo sin que se demore la recuperación de la ciudad.

Para mí, el más bello de los textos madrileñistas en *La Esfera*. Revela la condición urbana de Ramón, quien, en su aprecio del campo, no va más allá de la inmersión pasajera. «El campo le sienta bien al campo» dice una greguería.

«Buñuelos y churros» (XI, 565, 1-XI-1924, s. p). Buñuelos y churros son verdaderos inventos, por ser «algo que no estaba en el camino fácil de las cosas naturales». Los buñoleros casi han desaparecido pero no las churreras (las que venden churros, no las que los hacen).

Siempre la idea de que el arte ha de superar a la naturaleza, dilatar la creación. Aquí, claro, la expresa humorísticamente. Los churros le inspiran greguerías: corbatas a medio hacer, falsas anguilas fritas, gusanos de creación rápida, etc.

«Sonrisas de la piedra» (XII, 624, 19-XII-1925, s. p). Las de las cariátides, en los edificios de París. Localizar las cariátides sonrientes les ha dado sentido a sus paseos por la ciudad. Las sonrisas —a veces resultado de pedradas de chicos o de metralla de las guerras— reconfortan al paseante y hasta lo disuaden de la tentación de suicidarse.

A París dedicaría una serie de artículos en *El Sol*, entre enero y junio de 1930. Nigel Dennis los ha reunido en un libro: *París*. Véase un texto de *Variaciones* (1922): «Las sufridas cariátides».

«El Botánico y los botánicos» (XII, 625, 26-XII-1925, s. p). Evoca el «otoñecer» en el Jardín Botánico madrileño: caída de las hojas, quemadas luego en grandes montones; parejas que pasean. En otoño, reviven, como festejando su aniversario, las estatuas de botánicos famosos.

Conciencia del paso del tiempo. La visión del Botánico coincide con la del Rastro, en el libro sobre este. Ambos, recintos de felicidad de donde cuesta trabajo salir para reincorporarse a la ciudad convencional. «Da pena salir del Botánico […] Nos amarga tenernos que encarar de nuevo con los cajones tristes de los *tranvías* y con las construcciones rectilíneas».

«El rapista de Madrid» (XIII, 634, 27-II-1926, s. p). En España, los barberos o rapabarbas han estado siempre unidos a las libertades (los liberales se desahogaban en las barberías). Su pintoresquismo subsiste en los «rapistas» de las afueras. Estos «tienen una conversación más callejera que los barberos de piso», informan de todo, tienen entre su instrumental una nuez «que los desdentados mantienen en la boca mientras lo rapan».

De nuevo, nostalgia de lo que queda detrás del tiempo. En 1934, Ramón publicará *Peluquería feliz*, un relato más extenso, y de final trágico, pero donde la peluquería, esta vez «de piso», es reducto de felicidad.

«La Euritmia y la Admiración» (XIII, 668, 23-X-1926, s. p.). Dos estatuas en la fachada del Museo del Prado. Con ellas, Ramón dice practicar a veces la idolatría, «ventaja del ser humano». Para la Euritmia, pondera el esfuerzo del escultor hasta plasmarla como una mujer «que prende una en otra dos antorchas iguales, como si prohijase dos llamas de inspiración gemelas».

Ramón fue asiduo visitante del museo (sobre dos visitas extravagantes a éste véase el capítulo XLV de *Automoribundia*) y cronista de todo el Paseo del Prado: *El Prado*, epílogo a *Fígaro* de Carmen de Burgos, de 1919.

«Viaje a París en una vitrina» (XIV, 704, 2-VII-1927, 32-33). Una veintena de greguerías, o casi greguerías, inspiradas por un recorrido parisino al hilo de las vitrinas o escaparates.

Además de las greguerías autónomas y de las intratextuales,[5] Ramón intercala racimos» de ellas en sus

---

[5] V. Luis López Molina: «Un recurso ramoniano: la greguería intratextual». En: *Crítica semiológica de textos literarios hispánicos*. Madrid, CSIC, vol. II, pp. 711-718. Reimpreso en *La moderna crítica*

libros, sobre todo los misceláneos. Otras veces, como en este caso, cumple con un compromiso periodístico reuniendo unas cuantas.

«Los lunes de Nápoles» (XIV, 724, 19-XI-1927, 36-37). Los lunes, las casas de Nápoles «se asentaban a lo largo de las calles en actitud más penitencial» y las ropas colgadas resultaban más tristes. Se hace un esfuerzo «por subirse a los hombros el baúl de la semana». Pero lo que más postra al lunes es ser el día dedicado a las ánimas. Se comprende entonces la «sombridez» de Ribera, el *Españoleto*.

Para la estancia de Ramón en Nápoles véase el capítulo LXV de *Automoribundia*. En Nápoles ambienta *La mujer de ámbar* y escribe otra novela extensa: *El torero Caracho*. Este texto revela también su obsesión por la muerte.

«Reyes de barrio» (XIV, 727, 10-XII-1927, 34). Se trata de unos reyes especiales, los de los anuncios: rey de la zapatería, de los jamones, etc. Son «reyes de una modesta gracia castiza, y sus dalmáticas están hechas con las colchas de las destrozonas».[6] A los otros reyes debería presidirlos el rey del bacalao, que «tiene su casa colgada de tapices en relieve en que se entretejen distintos bacalaos».

Los «tapices» hechos con bacalaos, invento de un tendero madrileño de ultramarinos, perduraron en la memoria de

---

literaria hispánica (ed. Miguel Ángel Garrido Gallardo). Madrid, Mapfre, 1996, pp. 227-234.

[6]   «En el carnaval callejero, máscara vestida de mujer, con ropas astrosas, sucias, grotescas, etc.» (Real Academia Española: *Diccionario de la lengua española*. Madrid, Espasa-Calpe, 1992, 21ª ed., s/v destrozón).

Ramón. Véase el capítulo «El rey del bacalao» en *Nostalgias de Madrid*, 1966.

«El palacete de la Moncloa» (XV, 746, 21-IV-1928, 11-12). Comenta la restauración de que, por iniciativa de Cambó, estaba siendo objeto este edificio. Entrevera su historia —construcción bajo Felipe IV, paso a la casa ducal de Alba, recuperación por la Corona— y evoca la presencia en él de Goya y la duquesa de Alba.

Aflora aquí un recuerdo infantil: «Yo de niño he pasado algunos días veraniegos hospedado en aquel caserón bogante». Es que Canalejas invitaba allí a sus colaboradores políticos y entre ellos debió de estar el padre de Ramón con su familia.

«La Plaza de Oriente encadenada» (XV, 777, 24-XI-1928, 43). La han encadenado, como si fuesen a robarla o ella fuese a escaparse. Las cadenas han reemplazado a la verja que había. El viejo guarda, consternado, conserva sus llaves como único consuelo. Ahora, en plena noche, uno puede sentarse en la Plaza de Oriente, sueño de quienes, como él, jugaron en ella de niños.

La Plaza de Oriente es uno de los lugares emblemáticos del Madrid de Ramón, que la recordará siempre. Véase, por ejemplo, el capítulo IX de *Las tres gracias*, 1949.

«La puerta de Oñate» (XVI, 786, 26-1-1929, 34-35). Comenta el emplazamiento reciente, en la Casa de Velázquez, de la portada del palacio de la condesa de Oñate, ante la cual asesinaron al conde de Villamediana. La nueva puerta dará clarividencia a los intelectuales franceses alojados en el edificio.

Ramón da de nuevo cabida a sus sentimientos personales elogiando a Canalejas, quien instaló un círculo democrático en el palacio de Oñate.

2.2. Actualidad

«El cante jondo y los gitanos» (IX, 445, 15-VII-1922, s. p.). Evoca la fiesta del cante jondo celebrada poco antes en Granada y en la que participó. En ella, detrás de cada cantaor, «el grupo de los gitanos era el coro mudo que escuchaba y lloraba cada copla». Destaca el baile de la boda, con su mezcla inseparable de alegría y tristeza.

El interés de Ramón por el flamenco es comparable al que sintió por el jazz. Sobre la fiesta del cante jondo y sobre el jazz, véase el capítulo LV de *Automoribundia*. Sobre el segundo, el capítulo «Jazzbandismo», en *Ismos*, de 1931.

«La alegoría del verano» (IX, 451, 26-VIII-1922, s. p.). Las alegorías del tiempo recuerdan en síntesis lo propio de cada estación del año. En las del verano, los dibujantes caen siempre en los mismos tópicos: fertilidad, amor. Sin embargo, hay otras cosas, no menos características, que escapan a su atención.

Una vez más, reivindica la innovación en el arte. Se es «viable» (no anquilosado, abierto al futuro) en la medida en que se es innovador. Ramón aprovecha cualquier pretexto para proclamarlo, directa o indirectamente.

«La gran evocación» (IX, 461, 4-XI-1922, s. p.). En estos días, primeros de noviembre, se siente una tristeza profunda, aqueja una «gripe de la muerte». Reproduce algunos epitafios. «Las gentes del pueblo prorrumpen en una especie de cante jondo para los camposantos» (transcribe la letra de una canción).

Tema de la muerte, obsesivo en Ramón. Aparece en muchas greguerías, de talante senequista, y le inspira una de sus obras mayores: *Los muertos y las muertas*.

«Calderón, el autor de moda» (X, 474, 3-II-1923, s. p.). Comenta que Calderón esté en boga al principio de la temporada 1922-1923. Elogia su estilo, en contraste con «la conformidad bajuna de la frase en nuestros días». Solo Rubén Darío prolonga su grandeza. Y concluye: «mi tesis es que corresponden con los geniales e innovadores del pasado los geniales en innovadores de hoy, no las Academias que les dicen misas, ni los que simulan respeto roñoso, senil o escrofuloso».

En Ramón —biógrafo de Lope, Quevedo y Velázquez— hay mucho de barroco. Este texto, en el que no falta el dardo antiacadémico, no es el único breve dedicado a un poeta del siglo XVII. Véase también el prólogo a *Sus mejores versos*, una pequeña antología de Góngora publicada en 1929.

«El muerto de actualidad. Don Nicomedes Pastor Díaz» (X, 505, 8-IX-1923, s. p.). Comenta el traslado reciente a Galicia de sus restos. Y se pregunta si hay derecho a llevarse los muertos ilustres, quitándole a la capital su derecho a reunirlos. Añade una breve semblanza de este escritor y político gallego.

Ramón —hijo y entusiasta de Madrid, visitante asiduo y admirador de París— revela sin pudor un talante centralista.

«Los ruidosos tambores» (X, 520, 22-XII-1923, s. p.).
Por Navidad, los niños españoles, «niños con pocos
aguinaldos y con poco que zampar», se resarcen
haciendo ruido con sus tambores y reaccionan así
contra lo frío y hostil de esas fechas. Pero, como son
inconstantes, sus tambores acaban rotos, en busca de
«estercoleros desengañados».

Otra vez, la conciencia del paso del tiempo y de su poder
aniquilador. A mucho mayor escala, Ramón proyecta esta
visión, a su manera ascética, de la realidad en *El Rastro*.

«Los cien años de un periódico» (XI, 542, 24-V-1924,
s. p.). El *Journal des Débats* francés. Informa sobre un
libro dedicado a ese siglo de vida y comenta un cuadro
que representa la redacción de dicho periódico. Evoca
luego los viejos periódicos españoles *(Gaceta de
Madrid, Diario de Barcelona)*, en cuyas redacciones
llegaba a formarse una pátina inspiradora de la
inteligencia.

Texto híbrido: de información cultural primero y costumbrista después. Sin olvidar, desde luego, la experiencia
personal de Ramón, colaborador asiduo en periódicos y
acostumbrado, desde la muerte de su padre en 1922, a
depender económicamente de dichas colaboraciones.

«La asistenta de Tolstoi» (XI, 561, 4-X-1924, s. p.).
Tolstoi ha vuelto a la actualidad gracias a una
asistenta suya. Esta pobre mujer relató su vida a
Tatiana Konsminskaia, cuñada del escritor, la cual la
puso por escrito y se la dio a corregir. Resultado: *Mi
vida*, una obra en la que se describe el sufrimiento del
pueblo ruso, envilecido bajo los zares.

Como en «Tertulianos», Ramón recupera aquí algo de su izquierdismo juvenil, estudiado por Ignacio Soldevila-Durante: «Para la recuperación de una prehistoria embarazosa (una etapa marxista de Gómez de la Serna)».[7]

«Los poetas en el «music-hall» (XII, 596, 6-V-1925, s. p.). En un music-hall parisino, los poetas han empezado a leer sus versos, mezclándose así a los otros números del espectáculo. Se plantea la cuestión de si esto es o no justificado. Piensa que sí, pues «hay que encontrar la rutilancia pública de [la] profesión».

Ramón revela aquí otra vez un componente mayor de su ideario artístico: la voluntad de sacar las cosas de quicio, de arrancarlas a sus encuadres establecidos.

«Nuevo florecimiento de los Caños del Peral» (XII, 620, 21-XI-1925, s. p.). Ante el cierre inminente, por una temporada, del Teatro Real (construido en el sitio donde estuvo el de los Caños del Peral), al haber agua en sus cimientos, se pregunta si es buena esta medida o si, dada la importancia de dicho teatro en la vida madrileña, no sería mejor mantenerlo abierto pero tomando precauciones: músicos con chaleco salvavidas, botes de salvamento.

A este texto, divertido y ligero de tono, subyace obviamente una crítica de los gestores madrileños.

«Alegoría del Carnaval» (XIII, 632, 13-II-1926, 15). Cada año, la alegoría del Carnaval revive. Es «como el monumento de la fiesta, su juicio final, su apo-

---

[7] En: *Studies on Ramón Gómez de la Serna* (ed. Nigel Dennis). Dovehouse Editions Canada (Ottawa Hispanic Studies 2), 1988, pp. 23-43.

teosis»; hace una síntesis total de él, «armoniza lo que tiene de alegre la alegría y lo que tiene de pesaroso». Con todo, acude al corazón una plegaria de que el Carnaval sea eterno.

El Carnaval —al suspender e invertir ficticiamente lo establecido— se compadece con el afán innovador e iconoclasta de las vanguardias.

2.3. Relatos

«La mona de imitación (VIII, 412, 26-XI-1921, s. p.). Un matrimonio rumia su aburrimiento casero: «tenían esa agresión el uno por el otro que da la vida». Inicia ella el juego de repetir todo lo que dice el marido, quien la trata de «mona de imitación» y empieza a enfadarse. La mujer insiste, no acepta «el deseo de armisticio que había en él», y la situación se va haciendo tensa. Al final, estalla el «odio de sexos que hay en el fondo del amor», y el hombre la estrangula: «por fin sus últimas palabras no tendrían eco».

Los episodios criminales abundan en las novelas de Ramón. Una de ellas, *El chalet de las rosas*, se organiza en torno al crimen. Véase José Enrique Serrano Asenjo: *Ramón y el arte de matar (El crimen en las novelas de Gómez de la Serna)*.[8]

«La paloma del rey» (XII, 581, 21-II-1925, s. p.). Luis, con su niñera, frecuenta la Plaza de la Armería. Persigue a las palomas, que se le escapan siempre. Un día atrapa una pero, arrepentido, la suelta. Cae enfermo, con fiebre alta. En una pesadilla, comparece ante el rey, que lo manda ejecutar por haber matado

---

[8]   Granada, Caja de Ahorros, 1992.

una paloma suya. Al irse a cumplir la sentencia, se subleva la artillería (no quiere que se mate a un niño) y él escapa. Recuperado, y aleccionado, vuelve al sitio de sus juegos.

¿Recuerdo infantil de Ramón transmutado en relato? En todo caso, parece asimilable a cuentos para niños como *En el bazar más suntuoso del mundo* o *Por los tejados*.

«El auto recién abandonado» (XIV, 723, 12-XI-1927, 12-13). Críspulo, que espera un taxi, ve llegar uno. De él sale una dama «de ceñido traje de momia elegante y vivaz». Lo ocupa y, ya de camino, dialoga con el perfume de la mujer, huella de su presencia anterior. Acto seguido, ve en el suelo una hebilla de brillantes: era el pretexto de volverla a ver. En efecto, averigua dónde vive y se presenta para devolvérsela. Ella le dice que no es suya, que no ha perdido ninguna hebilla. Críspulo queda confundido —«ya no tenía derecho a saber el nombre de aquella mujer»—, se despide de cualquier modo y huye.

Falto de objeto inductor, el presunto donjuán «se deshincha». El hecho de que el valor de la hebilla, que suponemos muy grande, no cuente para nadie, nos pone en la pista de la peculiar coherencia ilógica ramoniana.

«El compañero de una noche» (XV, 735, 4-II-1928, 37). En un cine (proyectan una película sobre el oro de América) coinciden dos hombres. El de aspecto menos pobre —«ese tipo que, en vez de contagiarse con la ambición, roba a los ambiciosos»— observa cómo el otro mira ansioso la pantalla. A la salida, van juntos a una chocolatería. Allí, el gancho anota los datos personales del iluso, que se dispone a partir al día siguiente. «Y el pícaro embaucador (...) se fue satisfecho a su casa con la nueva prima en el bolsillo».

Este relato, atípico en el Ramón maduro, puede considerarse social. Así lo confirma el comentario que lo cierra: la prima cobrada por el gancho «era como el último vestigio que queda de cuando se vendían los hombres».

«Los quince hermanos de leche» (XV, 756, 30-VI-1928, 37). A diferencia de otras amas, que desaparecen una vez cumplida su misión, Rosa «era muy cumplida y no dejaba de ir a ver a los que había criado en años anteriores». Marianito, examamantado, se propone convocar a todos sus hermanos de leche. Los localiza y los invita a un banquete. Todos se reúnen en torno a una mesa, que preside Rosa. Lo malo es que las conversaciones suben de tono, los comensales empiezan a pegarse y Rosa se suma al tumulto, hasta que la policía disuelve la «naciente institución».

Cuento humorístico, hermano menor de, por ejemplo, *El vegetariano* o *El hombre de los pies grandes*. La iniciativa de Marianito —«síntoma de la sindicación que palpita en los tiempos que corren»— sale mal parada. ¿Se burla Ramón, conservador esta vez, de las luchas políticas?

«La rosa enorme» (XV, 764, 25-VIII-1928, 20). Lolita vive en un palacio de princesa, sin serlo. Un aya la convence de que, a cambio de su amor, puede pedir cualquier cosa. Pide una rosa que sea grande como un árbol. Pasa tiempo y nadie se la trae. Por fin lo hace un feísimo lord inglés. Lolita pone como condición «que el amor se lo habían de declarar bajo la rosa mayestática», pero, antes de consumarlo, los dos mueren por efecto de las emanaciones. Lolita compra así al precio de la muerte el incumplimiento de su promesa.

Cuento fantástico, con fuerte componente lírico, emparentable con otros de este grupo como «El piano de cola negro» o «El ciervo romántico». Se revela en él el peligro de jugar con lo imaginario, que puede alcanzar «abrumación de tragedia».

«El pez único» (XV, 765, 1-IX-1928, 48). Río de Janeiro. En el gabinete de don Américo y doña Lía, el centro es una pecera en la que «el pez más inverosímil del mundo [...] se paseaba como por un palacio». Viene a cenar don Reinaldo dos Santos. Al ver el pez, se queda asombrado y, en un descuido de los anfitriones, lo atrapa y se lo traga entero. Don Américo, indignado, lo echa de su casa: «Y don Reinaldo desapareció [...] como ladrón inatacable, porque [...] digeriría el objeto robado, lo que no logran hacer con los brillantes los negros que se los tragan».

Otro relato humorístico, cuyo final —fuga, con destino desconocido, de don Reinaldo tras su fechoría inexplicable— recuerda el de *El hijo surrealista*. Río de Janeiro es escenario de un relato mayor: *La niña Alcira*.

«El piano de cola negro» (XV, 772, 20-X-1928, 30-31). Al quedarse huérfana, Nena se compra una casa con una gran habitación donde colocar su piano de cola negro. El piano «recibía en sus misterios el alma escapada de Nena», que, un día, cae de bruces sobre él, muerta. Acuden las amigas y abren el sobre con su última voluntad: yacer de cuerpo presente sobre el piano mientras tocan en él músicas «ni muy tristes ni muy alegres». Así se hace. Mientras toca su viejo profesor, «se ve que el piano de cola era [...] la caja de resonancia que contiene viva la muerte de la dueña hasta que la amita muere».

Primero de los relatos en *La Esfera* donde lo no humano, en este caso un objeto, al influir sobre las personas, lo hace hasta el extremo de convertirse en motor de sus vidas o de destruirlas.

«El Conte Biancamano» (XV, 774, 3-XI-1928, 11). Ana tiene la misión de enseñar una isla a los turistas. Su novio acepta que haga este trabajo pero le molesta que entre con ellos en la gruta azul, que «veía como una gran alcoba para enamorados». En la agitación de una fiesta a bordo de un barco, éste zarpa sin que Ana se dé cuenta. El barco es el Conte Biancamano, un nombre de conde de novela, lo que le da al viaje carácter de rapto. Tras dos días en Nueva York, sólo dos para consolar a Ana, se la hace regresar en ese mismo barco. Su novio la espera en el puerto y ambos deciden olvidar lo ocurrido.

Ahora, no es un objeto, sino un nombre, lo que condiciona los sucesos. Se introduce así una «lógica», una relación de causa a efecto peculiar, dentro de la irrealidad.

«La niña mujer» (XVI, 787, 2-II-1929, 34-35). A los nueve años, Irene tiene formas y exuberancia de mujer. En el jardín al que su madre la lleva a jugar, los hombres la miran con deseo, las otras niñas recelan y se apartan de ella. Buscan jardines cada vez más apartados pero la situación se repite. Al final la madre comprende que su hija es la «niña futurista», de belleza original y moderna, que corre hacia un destino que está llamada a protagonizar.

Asimilable a los que, en otro lugar, he llamado «relatos apologéticos o de manifiesto»,[9] entendiendo por tales aquellos en los que, con el apoyo de peripecias cualesquiera, se hace declaración o elogio de ideas artísticas o actitudes vitales gratas al autor. En este caso, Irene anuncia la «Eva futura» libre, desprejuiciada, dueña de su destino personal.

«El loro de doña Anita» (XVI, 791, 2-III-1929, 36). Los naturalistas han estudiado mal a los loros. Por eso se sostiene, erróneamente, que pueden vivir cien años. Lo prueba la historia del loro de doña Anita, que no fue tal, sino varios loros consecutivos: en ausencia de la señora, los loros se iban muriendo y las criadas reemplazando por otros a los que enseñaban a decir las mismas cosas que sus antecesores.

Relato de humor ligero pero en el que se revela un rasgo básico de las vanguardias: la no aceptación de lo establecido, el placer de subvertirlo seria o lúdicamente.

«Los dos flacos» (XVI, 797, 9-III-1929, 42). Una pareja de novios, por su delgadez extrema, provoca la curiosidad. Todo el mundo espera con impaciencia que se casen (algunos creen que esperan de Roma «dispensa de flacura»). Aunque el gobernador intenta aplacar a la gente, se produce un tumulto. Los dos flacos son obligados a vestirse de novios en los Grandes Almacenes y casados a la fuerza, entre guardias. Sólo así se cura el trastorno colectivo que producían.

---

[9]   V. Luis López Molina: «Relatos ramonianos ...», art. cit., pp. 263-264.

Hay otros relatos ramonianos, extensos, en los que la cualidad física de alguien se erige en conductora de la historia:
La gangosa, *La roja*, *El hombre de los pies grandes*.

«La manicura de Lucrecia» (XVI, 797, 13-IV-1929,
42). Parte I. En su palacio, Lucrecia se aburre y eso la
impulsa «a usar su poder de un modo insaciable».
Llega su manicura, le cuenta que en la ciudad todos
hablan de un nuevo galán, don Giovanni, y se entrega
a «la complicada tarea de ritualizar [sus] manos para
el amor o la intriga», o sea, de hacerlas más refinada-
mente asesinas. Parte II. Don Giovanni, recibido por
Lucrecia, le besa la mano «con ansia de suicidio».
Lucrecia recoge la última mirada del galán «como la
última burbuja de su vida».

Vemos en este relato un hermano menor de las «novelas
superhistóricas», es decir, referidas a formas narrativas
preexistentes, con las que mantienen correspondencias
temáticas o estructurales. Se piensa en *seguida* en Lucrecia
Borgia.

«El sueño irreprimible» (XVI, 800, 4-V-1929, 18).
Ernesto, marido de Isabel, no puede evitar quedarse
dormido a cada momento. Eso enfada a su mujer,
quien, de tanto reprochárselo, acaba por producirle
rencor. Así, Ernesto modifica, en contra de Isabel, su
testamento, primero favorable a ella. Hasta que una
noche, en la que parecía haberse dormido una vez
más, resulta que estaba muerto.

Otro relato construido sobre la interacción de amor y odio,
como, más arriba, «La mona de imitación». Tenemos ahora
desenlace de muerte, inexplicada, pero no de violencia

criminal, es decir, un tratamiento «suavizado» respecto del primero.

«El ciervo romántico» (XVI, 811, 20-VII-1929, 8-9). Un viejo parque. En él, un palacio en ruinas. De los ciervos, sólo queda una pareja, ansiosa de morir por mano de «aquellas amazonas pálidas» que usaban balas de plata. Muerta la hembra, el macho va de un lado a otro, para que parezca que hay muchos ciervos. Un día, aparecen los nuevos dueños: unos talabarteros enriquecidos. Rebrota en el ciervo el deseo de ser cazado por una marquesita pero, tras descubrir la zafiedad de los verdaderos cazadores, decide suicidarse, dejándose hundir en un lago.

El más melancólico y evanescente, el más lírico en definitiva, de los relatos publicados en *La Esfera*. Acabada la lectura, hasta se piensa en Rubén Darío. El aristocratismo, como en Valle Inclán, ha de interpretarse como negación de lo pragmático y burgués.

«La duquesa de la pérgola» (XVI, 819, 14-IX-1929, 16-17). Así llaman a María Luisa, por las pérgolas que hay en su jardín. Se enamora de ella Fernando, rudo y pasional. Este quiere quitarle la cinta negra de terciopelo que lleva al cuello. María Luisa se resiste. Consciente el hombre de que, sin eso, «a aquella mujer no llegaría nunca», se la arranca a la fuerza. Entonces, ella resbala y cae inerte, «al perder aquel sostén de su belleza, (...) el secreto y la clave de su buena apariencia».

Una cosa, una simple cinta, se erige en depositaria de la feminidad, y quizás de la vida, de María Luisa. Véase, antes, «El piano de cola negro» y, después, «La raqueta japonesa».

«La coleccionista de pisapapeles» (XVI, 821, 28-IX-1929, 16-17). Estefanía, rica heredera, se hace coleccionista de pisapapeles. Se casa con Dorestes, rico también. En su nueva casa, «se agravó su afición y se dramatizó». Se queda viuda y se vuelve lunática: «No iban bien (= los pisapapeles) a su luto; pero no se sentía capaz de desprenderse de ellos». Piensa que uno le trae la mala suerte. Por fin, para no desesperarse, los disemina por todas partes «porque se le había ocurrido de pronto que eran cebollas posibles de plantas imposibles (...) y tulipanes de lo no inventado».

Los pisapapeles —unos objetos variables hasta lo infinito y también inagotables en su capacidad de sugerencia— figuran entre los objetos tutelares de Ramón. Véase, por ejemplo, el capítulo XXVI, «En la playa de los pisapapeles», de *El incongruente*.

«La raqueta japonesa» (XVI, 825, 26-X-1929, 14-15). Lupe Porset era gran aficionada al tenis. Cuando jugaba con alguna amiga, eran «como dos gozadoras de alegría que se comunicasen sus secretos y esperanzas con un peculiar lenguaje sintético». Un día ve en un escaparate una raqueta (japonesa) que la deja prendada. Se la compra. Al día siguiente, participa en un torneo y, gracias al poder que le infunde la nueva raqueta, lo gana sin dificultad. Al recoger la copa, siente el impulso de depositarla «en el altar de una divinidad remota».

Otro relato en el que las personas actúan al dictado de los objetos. En este caso, como en el más extenso *La capa de don Dámaso* (uno de los incluidos en *El dueño del átomo*), la influencia del objeto es benéfica. Véase después «Las meriendas juntas».

«La embajada de Alfin» (XVI, 827, 9-XI-1929, 27-28). Lucinda está en un momento especial: el de ser invitada a todas las embajadas. La invitan a la de Alfin. Nadie sabe dónde está ese país. Asiste a la recepción, con su amiga Ana, tentadas las dos por el misterio. A media noche, el embajador da las gracias a los asistentes y les dice que Alfin está en Europa, espiritual ya que no materialmente. El misterio, pues, subsiste: «¡Qué sorpresas las del mundo moderno, que se permite el lujo de tener una embajada de no se sabe dónde!».

Aparece aquí otro motivo ramoniano: el del «hiperespacio», indeciso entre lo real y lo irreal, ámbito de la inverosimilitud y de la asociación inédita. Véase «El tipo flamígero» y «La maja del espejo».

«El tipo flamígero» (XVII, 845, 15-III-1930, 14-15). Mario Delgras llega a la ciudad del Nuevo Cine, donde triunfa. Cuando, con una actriz amiga, asiste a la proyección de una película en la que los dos trabajan, la película arde en la cabina. Otra vez va él solo, para verse en otra cinta, y esta se le quema al operador. Le entra miedo a ser señalado como flamígero. El fuego lo provoca la disparidad entre el ser suyo que está en el mundo y el también suyo que está en el trasmundo. En desacuerdo consigo mismo y gafe del cine, renuncia a éste.

Como el «hiperespacio», el «trasmundo», fronterizo entre lo cotidiano y lo extraordinario, estimula la invención y suspende la vigencia de lo establecido.

«Las meriendas juntas» (XVII, 855, 24-V-1930, 36-37). Los señores de Foronda han descubierto con su coche un lugar aislado donde merendar con su hija Julina. Ya instalados, llega también en coche otro matrimonio, los Dorestes, con su hija Fi-fi. Se hacen amigos, intercambian meriendas, las niñas juegan juntas. Pero los Dorestes dejan de venir; Justina echa de menos a su amiga. Lo que ocurre es que los Dorestes han venido a menos, no tienen ya auto y no quieren reunirse con los Foronda. Una vez se encuentran y se saludan, pero su amistad —«era sólo amistad de automóviles juntos»— se ha hecho irrecuperable.

Se trata, en este caso, no tanto de prejuicios sociales como de inducción por los objetos. Los coches (de lujo, no aún utilitarios) aparecen más veces en los relatos de Ramón, partícipe del deslumbramiento vanguardista ante los adelantos técnicos.

«La lámpara de gasolina» (XVII, 857, 7-VI-1930, 16-17). A la casilla en que viven Fuencisla y su marido, el pastor Eudosio, le llaman «la choza del carbón», por estar decorada con carbonilla. Durante el día, ausente Eudosio, Fuencisla habla con los arrieros, de paso por allí. De noche, él lee novelones y ella cose. Un arriero se hace amigo de la pareja y se queda con ellos de tertulia. Fuencisla se enamora de este arriero. Un día, Eudosio se presenta con una lámpara de gasolina, que venía deseando comprar, y a cuya luz descubre en su mujer algo de asustada y en el arriero algo de culpable. Echa de casa a Fuencisla: «Y la lámpara esclarecedora [...] mostró una sombra que corría detrás de otra sombra».

Caso, infrecuente en Ramón, de relato tremendista: ambiente rural, personajes incultos, pasiones primarias. Véase, en la misma línea, el extenso *Destrozonas*. Se diría que, en algún caso, se deja contagiar por su admirado y entrañable José Gutiérrez Solana, al que biografió.

«El profesor monstruoso» (XVII, 867, 16-VIII-1930, 16-17). El profesor Z anuncia en la prensa clases por correspondencia. Los que las reciben aprueban siempre. Crece su fama y es propuesto para la Academia de Ciencias. Todos esperan que se presente a tomar posesión, pero no lo hace. Un filántropo ofrece una recompensa a quien lo descubra. Por fin, alguien averigua dónde vive Z, que se ocultaba por vergüenza de su fealdad. Ahora, abatido, deja caer su cabeza «sobre la corona de sus brazos apoyados en la mesa».

Lo que aquí se cuenta es coherente dentro de la inverosimilitud, como ocurre a menudo en Ramón. Las bromas a costa de las academias, de la lengua u otras, son también habituales.

«La bailarina reaparecida» (XVII, 872, 20-IX-1930, 34-35). «El Museo de la Ópera guardaba un eco febriscente de las antiguas representaciones». Destaca en él el traje de la primera bailarina Noemí Pretel, que se mató al caer en los fosos del teatro. Por las tardes, cerrado el museo y encendida la Ópera, el traje salía de su vitrina, «encontraba la rendija última y se lanzaba al escenario». El público lo confundía con la sombra de la primera bailarina de carne y hueso presente en escena. Los buenos observadores habrían notado que la bailarina y su sombra no coincidían a veces, que era más bella la danza de la sombra, arte puro, al estar exenta de la servidumbre de gustar al público.

Relato de manifiesto. No es la única vez que Ramón desaprueba el arte escénico a causa de su dependencia respecto del público. Nótese que este relato es sólo unos meses posterior al fracaso de su comedia *Los medios seres*, en el Teatro Alcázar de Madrid.

«La maja del espejo» (XVII, 877, 25-X-1930, 17). «En el viejo café, los espejos tenían un marco de caoba que retenía las imágenes». Es Jueves Santo. Todos quieren encontrar a la Indudable (la más bella, entre las mujeres de mantilla). También el narrador, que observa desde su mesa y, gracias a un espejo, descubre su silueta. Al día siguiente, comprueba que la Indudable ha quedado retenida en el mismo espejo donde se reflejó el día anterior: «tenía, como la Gioconda del Louvre, la salvaguarda del cristal, y su abanico tenía la inmovilidad de los abanicos perennes de la pintura».

Ramón se sintió fascinado por los espejos. Aquí, uno de ellos funciona como seductor irreal, se apropia de la belleza pasajera y la retiene. Junto a la mujer, un objeto emblemático, el abanico, ya con regusto de época para nosotros.

«Poema de un día» (XVII, 882, 29-XI-1930, 21). El poeta don Abdón lleva una vida solitaria en su jardín. Sueña en conseguir una simbiosis de planta y poesía.

Por fin, le brota una planta cuyas hojas son como guardas de libros. Se pone entonces a dictarle al jardín hasta que, una mañana, aparecen en los tallos de las plantas unos cucuruchos de papel, con aspecto de lirios de agua, que son poemas enrollados. Pero, al día siguiente, los poemas-flores están marchitos. La naturaleza no consiente sino poemas fugaces, de un día, «a los que estuviese asegurado el respeto gracias a su efemeridad».

Interpretable también como relato de manifiesto. El arte no ha de quererse perdurable, nace en el presente y pasa con él. Renovarse siempre es su razón de ser y su justificación.

«Amor de balneario» (XVII, 884, 13-XII-1930, 32-33). «El balneario parecía dar el reuma, en vez de quitarlo». Allí, surge el amor entre Juan y Matilde, «huérfanos románticos». Ya casados, pasan la luna de miel en el balneario pero, en este, ni aun la luna de miel es alegre. El tiempo pasa. Hacen todo lo posible por remediar la invalidez de un amor nacido en el balneario. En vano. No había en su unión el «leonesismo» (= apasionamiento) del amor normal.

Aquí —en clave humorística— es un lugar determinado, un balneario, el que ejerce su acción sobre la pareja, aguando, enfriando, diluyendo, desustanciando su amor. Como se va viendo, en el motivo de la influencia de los objetos caben variantes y tonos distintos.

2.4. Ramonismo

Siluetas» (VIII, 405, 8-X-1921, s. p.). «Qué vida extraña y concentrada tienen las siluetas». Las siluetas «son de algún modo los figurines para las sombras». Comenta las dos que ilustran el texto. Lamenta que la suya no sea época de «siluetadores», pues le gustaría disponer de su propia silueta «como una especie de monograma de [su] parecido».

Más tarde, en 1934, Ramón publicará en *Cruz y Raya* un trabajo extenso *Siluetas y sombras*, que este breve anticipa.

«Muñecos recortables» (IX, 443, 1-VII-1922, s. p.). Lamenta que, en las revistas, las hojas de muñecos recortables repitan los mismos motivos, con monotonía. De que un niño pueda o no recortar muñecos estimuladores de su fantasía dependerá que se convierta en un adulto despierto o adocenado. Confiesa haber recibido alguna vez, para su obra, inspiración de los recortables.

Rara en Ramón una idea pedagógica. Se trata más bien, una vez más, de ensalzar cuanto estimule la creatividad.

«El sombrero de copa» (X, 475, 10-II-1923, s. p.). Elogio nostálgico del sombrero de copa, caído en desuso, reducido a elemento ritual, «como las pelucas blancas de los jueces de Londres». El que lo llevaba ganaba en altura y parecía guardar en él sus ideas y recuerdos.

Elogio nostálgico, con veta irónica, de este cubrecabezas obsoleto. Diez años más tarde publicará en la *Revista de Occidente* el relato *Aventuras de un sinsombrerista*, expresión de su antisombrerismo personal.

«Caprichos» (X, 484, 14-IV-1923, s. p.). «La señal»: una portera se enriquece reuniendo el dinero de las «señales» que le dan mujeres interesadas en alquilar un piso y al que renuncian luego. «El hada»: Rosarillo, que se viste de hada para un carnaval, es convertida en hada verdadera. «La nueva Gorgona: es la mujer moderna cuya cabellera agita el viento al correr de su coche.

En este, y en otros casos de «caprichos» o greguerías, dada la variedad enorme de estos microtextos, renuncio al comentario.

«Nuevas cosas del circo» (X, 489, 19-V-1923, s. p.). Casi una treintena de greguerías. Cito una: «Eso de los tigres de Bengala es tan gratuito y tan improbable, que sólo si se encendiesen al final nos lo creeríamos».

«Los caballos de raza» (X, 497, 14-VII-1923, s. p.). En España, por estar cerca del Sur, se ha prestado gran atención a los caballos. Estos, como las mujeres, son tanto más perfectos cuanto más se acercan al prototipo árabe. Pero se da el caso inaudito de que el caballo árabe inglés es superior al producido en los países árabes.

Texto atípico —informativo, sin arrequives— en el que Ramón revela anglofilia ¿y conocimientos pecuarios?

«La cesta romántica» (X, 502, 18-VIII-1923, s. p.). Comenta un cuadro, «En la playa», que ilustra el artículo. Dicho cuadro representa una de «cestas (= asientos playeros) que crean la soledad confesional frente al mar», esas cestas que tienen misterio, aun estando desocupadas, como si trascendiesen a ellas las confidencias de las mujeres que las ocuparon.

Es frecuente en el ramonismo que un texto se limite a captar el alma de un objeto y sus matices.

«Cosas del café» (X, 506, 15-IX-1923, s. p.). Una quincena de greguerías (más o menos condensadas).

Dos de ellas: «Las bolas de espejo son muchas veces remate del erguido botellero,[10] y en ellas se reúne y recoge todo el café y todos somos como habitantes de ese pequeño planeta del café»; «No hay nada que deje tan muda a la calle como los cristales de café».

«Mi retrato cubista» (X, 513, 3-XI-1923, s. p.). El que le hizo Diego Rivera, de frente y de perfil a la vez y donde se dejó guiar «por un sentimiento científico de pintor más que por un ingenuo fiarse de las apariencias». Cada vez se parece más a ese retrato y menos a la mascarilla que sacaron de su rostro: «¡Estas son las paradojas del arte burlándose de la propia realidad!».

Ramón habló varias veces de este cuadro. Véase, por ejemplo, el capítulo 16, «El retrato perdido», de *Nuevas páginas de mi vida*.

«Observaciones fúnebres» (X, 514, 10-XI-1923, s. p.). Casi una veintena de greguerías. He aquí dos: «La muerte es una combinación de espejos que se quiebra y se apaga»; «El gusano puede molestarnos de vivos; pero, de muertos, será nuestra resurrección».

«Los nuevos muñequitos» (X, 516, 24-XI-1923, s. p.). Esos muñequitos o «taruguillos» vienen de Alemania y en ellos «se resume con encanto la nueva audacia grotesca y sencilla del juguete». Los niños, hartos de muñecos complicados o burdamente realistas, quieren volver a lo elemental y esos muñequitos son «como nueva semilla de la sencillez».

---

[10]   Aquí, mueble para colocar botellas.

Véase, más arriba, «Muñecos recortables».

«Las lágrimas en el arte» (X, 518, 8-XII-1923, s. p.). Desde Pedro de Mena hasta contemporáneos como Quintín de Torre (escultor bilbaíno), las obras de los imagineros españoles están llenas de lágrimas, lágrimas de sangre. Se demora en describirlas. Las de las Vírgenes acompañan las desgracias de España y se derraman también por la guerra de Marruecos, en la que se inmola a la juventud (pobre).

En otras ocasiones, Ramón depone también su apoliticismo para criticar sin reservas esa guerra.

«El circo pobre» (XI, 529, 23-II-1924, s. p.). Evocación compasiva de este en su deambular penoso de un pueblo en otro, transportando en carromato artistas, animales y pertrechos. Sin embargo, ese circo cambia la atmósfera del lugar adonde llega, crea un día de fiesta inesperado.

Al espectáculo circense había dedicado Ramón una obra extensa en 1917: *El circo*. En *La Esfera* toca el tema en tres ocasiones.

«El pitaco» (XI, 546, 21-VI-1924, s. p.). «El pitaco es el último suspiro de la pita», su florecimiento en altura y por única vez. Mástil del paisaje, lleno de manos «implorantes y votivas», redime de la escueta adustez al contemplador del campo.

La inspiración por lo natural, y no por los objetos, es infrecuente en Ramón. Ante este texto, de lirismo sobrio, se piensa en el poema machadiano «A un olmo viejo».

«La rara e intrincada psicología de los palcos de teatro» (XI, 562, 11-X-1924, s. p.). En medio de la gente, los palcos preservan una intimidad peculiar. Enmarcan a sus ocupantes, tienen mucho de cuadro: primeros y segundos términos. Su realidad completa la de la escena. Frente a las otras localidades, que hacen del público una masa indiferenciada, los palcos tiene personalidad propia.

Acogedores y de atmósfera sui géneris, los palcos, cuadros tridimensionales, ilustran bien la «claustrofilia» ramoniana. Véase, más adelante, «Modo de asomarse a los palcos».

«Defensa del ciprés» (XII, 599, 27-VI-1925, s. p.). Defiende los cipreses, frente a cierto jardinero mayor que quería cortarlos. En los cementerios, dan un último abrigo a los muertos, asumen la representación de los vivos. Pero no es verdad que sean siempre tétricos. Viéndolos en otros sitios se aprecian otras dimensiones de su encanto. Son también pasionales, «capaces de sofocar de amor la vida».

De nuevo, un elemento natural inspirador. Junto a su visión tópica (árbol fúnebre), propone otra inédita: árbol de la pasión.

«Los folletinistas» (XII, 622, 5-XII-1925, s. p.). Son los «noveloneros» (V. Cherbuliez, X. de Montepin) y quienes los siguen (P. Bourget, H. Bordeaux). «Son grandes ejemplos de literatos para seguir otro rumbo», hombres que «escribieron en la actitud confortable y segura con que hay que escribir otras cosas que las que ellos escribieron».

De los folletinistas, el narrador moderno tiene algo, no todo, que aprender. ¿Qué es ese algo? ¡Lástima que Ramón —tan parco al opinar sobre lo narrativo (véase su «Novelismo» en *Ismos)*— no explaye su pensamiento!

«Atlas románticos» (XIII, 647, 29-V-1926, 9). Los cuadernos antiguos de dibujo tenían carácter romántico, educaban para el sueño y preparaban a cada aprendiz de dibujante para el sentimentalismo de la vida. Los de ahora, en cambio, representan escuetamente cosas o personas, carecen de «estado de ánimo especial». El ha querido ponerles a los antiguos «el pie escrito que nunca llevan» y prevenir respecto de ellos a los jóvenes crédulos.

Maestro de la mirada en libertad, de un mirar cambiante e innovador, debe ser el artista ya hecho respecto de los jóvenes.

«Pérgolas» (XIV, 728, 17-XII-1927, 18). Con pretexto de la próxima inauguración de una pérgola en el Retiro, habla de las pérgolas en general: «lo que de pájaro tiene el hombre [...] se satisface bajo el pasillo entablillado». La pérgola —«costillar de monumentos y como andamiaje de cielos»— avanza sobre el mar del campo como el acantilado sobre el mar del agua, nace del deseo de hacer avanzar el claustro hacia el campo, etc.

Otro ejemplo, logradísimo, de visión inédita de las cosas. Nótese que, en las asociaciones inspiradas por la pérgola, el vacío es tan operante como la materia. Así también en la escultura moderna.

«El abrigo indomable» (XV, 732, 14-I-1928, 15). La moda se sirve de los animales más raros. Hay mujeres que llevan abrigo de piel de cebra, el cuadrúpedo más rebelde a las bridas, y eso agrava la insumisión natural de la mujer. Así, el que regale a su dama un abrigo de cebra notará en ella «bravisquerías, ratimagos, repelones y coleteos que nunca había observado».

Este texto retoma, en clave humorística (lo revela el vocabulario), el motivo recurrente de la influencia de las cosas sobre las personas.

«El bisonte» (XV, 762, 11-VIII-1928, 30). Reminiscencia de la fauna primitiva, el bisonte conserva el perfil con que se lo pintó en las cavernas y evoca a los primeros hombres. Contemplarlo es asistir al «obscuro amanecer del mundo». Su gran cabeza, en desproporción con los cuartos traseros, es como una carátula con perilla. En su ensoñación, está paciendo historia, recuerdos y praderas infinitos.

En este caso, es la silueta peculiar del bisonte, inseparable de la pintura prehistórica, la generadora del texto.

«Circo de cinematógrafo» (XV, 763, 18-VIII-1928, 14-15). El circo «tiene una atmósfera especial con calidez de vida a la que se asiste», y esto se evapora al filmarlo. En el cine —que, más que un arte, es un procedimiento— el circo resulta falso. Se pregunta, reticente, si «el cine hablado y ruidoso que viene» captará o no mejor la esencia del circo.

Circo y cine, inspiradores ambos de obras mayores *(El circo, Cinelandia)*, convergen en esta reflexión, que no arriesga un pronóstico.

«Jugadores de bolos» (XV, 771, 13-X-1928, 36). Dice verlos no en los sueños del dormir, «sino en los sueños de la vigilia y el sol». Los jugadores de hoy son los últimos de una serie que empezó con el mundo, cuando se jugaba poniendo de pie piedras alargadas y derribándolas con otras redondas. Le interesan los sitios donde se juega clandestinamente a los bolos: «Yo sé dónde está ese solar, sino que no sé dónde se encuentra, y yo lo vi, aunque no lo vi, algún día, y espero hacer un plano de donde se encuentra el día que lo vuelva a encontrar».

Final confuso, como puede verse. Con todo, cabe interpretarlo como un caso más de espacio entre lo real y lo irreal.

«La danza de las chiribitas» (XVI, 789, 16-II-1929, 37). Las chiribitas son los puntos o figuras luminosos, que, después de mirar la luz, se ven bailar si se cierra apretadamente los ojos. El arte moderno, al mezclarlo todo, viene a coincidir con esa danza de las chiribitas, en la que se encuentra «el sentido optimista de la vida, la alegre farándula».

Rasgo mayor del estilo de Ramón es verter lo abstracto en términos concretos, recurriendo así a la experiencia común. En este caso, las chiribitas remiten al antifigurativismo del arte moderno.

«Los supergusanos» (XVI, 800, 4-V-1929, 18). Los gusanos de seda se han dado cuenta de que, mejor que producir seda para que la tejan en las fábricas, sería hacer ellos todo el trabajo, hasta el final. En la segunda fase de su vida, renunciando a ser mariposas, piensan dedicarse a tejer medias de mujer, incluso sobre las piernas mismas.

Texto humorístico, pero no del todo inocuo. El fetichismo de Ramón encuentra en las medias de seda, las más «sexy» de la época, uno de sus engarces.

«El estilo y las ideas» (XVI, 809, 6-VII-1929, 36). Texto sin título: un hombre, de estilo triste, «buscaba ideas que sustentar en el papel», pero no las encontraba; causa: las ideas, martirizadas, se salían por un agujero de su cráneo. «El ilusionista sin trucos»: sacaba del vacío las cosas más sorprendentes y nadie le descubría cómo; «su secreto es que poseía la palabra, el estilo vivo y creador», aunque lo que iba creando duraba sólo lo que tardaba en pronunciarlo mentalmente.

Por caminos desviados, Ramón expresa aquí una idea central de su ideario artístico: la obra ha de emanar de la vida misma del escritor y debe transmitir íntegra la emoción creadora.

«Dos y la misma» (XVII, 853, 10-V-1930, 32-33). Solución de un misterio: que, en verano, se vean mujeres que luego, en invierno, desaparecen. Resulta que una misma mujer se había presentado a dos concursos de belleza, de verano y de invierno, lo que exige dos bellezas distintas: rotunda y sensual una, más recatada la otra. De ahí la duplicidad de las madrileñas, que cada una sea «dos y la misma».

Tenemos aquí un trampantojo, un enigma que se le plantea a la mirada. Ramón fue ante todo un mirador y así lo reconoció expresamente. *Trampantojos* será el título de una obra suya tardía, de 1947.

«Caprichos» (XVII, 880, 15-XI-1930, 24)[11]. «La limosna del hidalgo»: extiende la mano, como para

---

11   Estos caprichos se incluyen luego en *Otras fantasmagorías*, de 1935.

ver si llueve, y, al recibir limosna, dice que es para sus pobres. «El galgo del record»: para que gane una carrera, su dueño lo alimenta con gasolina; el galgo se incendia y la carrera es anulada. «Borrachería y sueño de un bebedor de chocolate»: se cree que sólo emborracha el alcohol, pero también lo hace el chocolate; los borrachos de chocolate tienen sueños tropicales. «El caballero de los calcetines tristes»: se va contagiando de la tristeza de sus calcetines; de haberlos elegido alegres y vistosos, se habría salvado. «Los que comen gato»: como los gatos, ven en la oscuridad. «El baúl ataúd»: no daba importancia al baúl que llevaba en sus viajes pero cada vez, al regresar, encontraba muerto, por inducción del baúl (con forma de féretro), a uno de sus hijos; desiste de llevarlo y, gracias a eso, «le dura aún su última hija, la soltera, metida en aguardiente».

«Modo de asomarse a los palcos» (XVII, 883, 6-XII-1930, 31). «Nada que merezca un tacto tan exquisito como el asomarse a los palcos». Desarrollando esta afirmación, ofrece un pequeño tratado de cómo practicar tal ciencia. En los palcos, antes de inventarse el cine, se filmaron las primeras escenas cinematográficas. Cada palco constituye un cuadro y, juntos, una «pinacoteca teatral».

Uno, «El caballero de los calcetines tristes», podría figurar en *El doctor inverosímil*, obra en la que abundan las cosas inductoras de enfermedad o muerte.

Véase, más arriba, «La rara e intrincada psicología de los palcos de teatro». Persistencia en la captación de atmósfera y en la visión pictórica.

3.   Una brevísima recapitulación. Las ochenta y cinco colaboraciones de Gómez de la Serna en *La Esfera*, entre 1921 y 1930, sus años de plenitud, tienen de promedio una calidad literaria elevada. De ellas, destacan sin duda los veintisiete «relatos», que, de ser reunidos en un breve volumen, revelarían una dimensión del escritor desconocida hasta ahora.[12] Los textos del «ramonismo», respecto del conjunto amplísimo de éste, aunque valiosos, no son tan relevantes. Respecto de los incluidos en los grupos «ciudades» y «actualidad», cuyas fronteras resultan más imprecisas, algunos, aproximadamente la mitad, se suman al madrileñismo; los restantes, heterogéneos, ilustran sobre uno u otro aspecto de la actividad o del ideario del escritor.

---

[12]   «La mona de imitación» se incluye en *Otras cosas*, de 1923.

El ramonismo: género y subterfugio

1.   Si a una persona culta no especializada en estudios literarios se le preguntase qué entiende por género, la respuesta no se apartaría mucho de la definición que, para la acepción 6ª de esta palabra, da la Academia Española en la entrada correspondiente de su diccionario normativo: «cada una de las distintas categorías o clases en que se pueden ordenar las obras según rasgos comunes de forma y de contenido».[1]

Se trata, en efecto, de una noción inveterada en la cultura europea. En la base de ésta, la retórica clásica distinguía tres grandes géneros —lírica, épica y dramática— con las subdivisiones respectivas. Así ya en la *Poética* de Aristóteles, en Horacio y Quintiliano y, mucho después, en los teorizadores italianos del Renacimiento. Todo hasta constituir un corpus de doctrina que, si por un lado encauza y estimula, por el otro limita y constriñe la creación literaria durante varios siglos.

La clasificación esbozada se mantiene vigente, en líneas generales, hasta el siglo XVIII. Los románticos, con su anhelo de libertad expresiva, empiezan a quebrantarla. Desde nuestra perspectiva, podemos decir que la rebelión contra las reglas se instaura por entonces. Benedetto Croce llegaría a pensar que cada obra literaria constituye su

---

[1]   Real Academia Española: *Diccionario de la lengua española*. Madrid, Espasa-Calpe, 1992 (21a ed.), s/v.

propio género. Esta posición, tan radical, invierte la diecio-
chesca, para la que los géneros heredados de la Antigüedad
habían establecido modelos intemporales que los autores,
so pena de rechazo por parte de los «inteligentes» (= 'en-
tendidos, expertos'), estaban obligados a respetar.

Hoy en día, al hablar de géneros, solemos dar preferencia al plano de la forma, en detrimento del plano del
contenido, prioritario antes (asuntos de reyes y nobles para
la tragedia, de burgueses para la comedia, de tipos
populares para la farsa). Según Todorov, por ejemplo, los
géneros se configuran en cuanto son expresivos de una
relación necesaria, inevitable, entre la obra nueva y las que
la preceden. Es decir, que los géneros organizan un
conjunto de convenciones y recursos de composición
mediante los cuales cada texto en particular establece una
red de relaciones con la serie, idealmente completa, de
todos los anteriores inscribibles en la misma tradición
cultural. Los géneros vienen, pues, a ser abstracciones
respecto de las cuales se sitúan, de un modo u otro, las
obras literarias en particular. Visto en el tiempo, mientras
un modelo genérico se mantiene vivo, vigente, cada una de
las obras que siguen su estela, sin dejar de tener rasgos
secundarios propios, se somete en lo esencial a las
exigencias codificadas a partir del arquetipo. Está claro que
las proporciones de sometimiento y de rebeldía no se
mantienen constantes. Cuando el equilibrio se rompe a
favor de la segunda, el encasillamiento genérico se
difumina y, si otras obras persisten en la discrepancia,
puede llegar a desaparecer. A su vez, en estos casos, la obra
rebelde triunfante puede erigirse en nuevo arquetipo. Los
géneros, entonces, resultan ser algo histórico a cuya
aparición, apogeo, decadencia y muerte es dable asistir, al

hilo del tiempo. En todo caso, y para cada época, pueden redefinirse en función del cambio que experimenta la relación de las obras particulares con el arquetipo y con el resto de la serie.

2. Valga el pequeño repaso que queda expuesto como introducción a un caso concreto entresacado en la obra de Gómez de la Serna. A este escritor, nacido en 1888, se lo suele inscribir en el movimiento cultural centrado en el periodo 1906-1923 y conocido por novecentismo, generación del 14, generación de Ortega y Gasset, etc. Esta generación, como la precedente, la noventayochista, fue innovadora. Siendo así, cuando Ramón empieza a escribir, la disolución de los géneros tradicionales arrastrados hasta fines del siglo XIX se encuentra ya bastante avanzada. Su niñez y primera juventud coinciden con la gran conmoción ideológica y artística que, para España, se llama modernismo. Le toca, pues, vivir una época más marcada por la ruptura que por la continuidad. Sobre este fondo, eso sí, Ramón destaca por sus propias y personales rebeldías. Un aspecto particular de cómo su trabajo contribuye al desmantelamiento de los géneros es lo que voy a presentar en esta ponencia.

Por lo pronto, a Ramón, lo extravagante de su perfil lo ha mantenido al margen de las clasificaciones. Se ha hablado de una «generación unipersonal» —o sea, constituida por él solo— ramoniana.[2] En relación estrecha con

---

[2]   Fernández Almagro, M.: «La generación unipersonal de Ramón Gómez de la Serna», en *España*, n° 392, 2-III-1923, pp. 10-11. Reproducido en *Ramón en cuatro entregas*. Madrid, Museo Municipal,

esto, se lo ha considerado: a) escritor sin género(s); b) destructor de todos los géneros a su alcance, lo que, de rebote, lo lleva a crear otros nuevos; c) creador y representante único de un género designado con su nombre de pila y título de uno de sus libros: «ramonismo». ¿Viene todo a ser una y la misma cosa? Parece que no del todo. En lo que sigue, me ocuparé sólo del «ramonismo». De entrada, hay que dejar constancia de que se trata de un escritor cuya obra vastísima, dispersa y desarticulada (aunque los «disiecta membra» conserven aire de familia) se resiste a ser clasificada de manera coherente y sin zonas de sombra.

En principio, sería propio del escritor de raza sentirse insatisfecho con los modelos genéricos heredados y aspirar a modificarlos o a sustituirlos. El talante personal de Ramón se orienta sin duda por esos rumbos. A los veintiún años, en *Concepto de la nueva literatura* (1909),[3] expone, con apasionamiento y radicalidad juveniles, algunas directrices a las que se mantendría fiel más tarde. Destacaré las que hacen al caso: rebeldía «¡cumplamos nuestras insurrecciones!», proclama al principio y al final); innovación (lo que se escribe ha de estar «forjado más en vista de lo inédito que de lo hecho hasta»); relativismo, anti-

---

1980, t. I, pp. 73-75. García de la Concha, V.: «La generación unipersonal de Gómez de la Serna», en *Cuadernos de Investigación Filológica*, tomo III, fascículos I y 2, mayo y diciembre 1977, pp. 63-86.

[3]   En *Obras completas* (ed. I. Zlotescu), Barcelona, Galaxia Gutenberg/Círculo de Lectores 1996, t. I, pp. 149-176. También en *Una teoria personal del arte* (ed. A. Martinez Collado) [antología de textos ramonianos de estética y teoría del arte]. Madrid, Tecnos, 1988, pp. 55-78.

dogmatismo («ya nada es lo que es por definición, maligno deseo de los escolásticos»); una cita última, compendio de las anteriores: «la nueva literatura tiende a ser lo menos literaria posible en la acepción pública (= 'aceptada por el público') e histórica (= 'fiel al pasado') de esa palabra».

Por otra parte, en el credo estético de Ramón, lo imperfecto o no hecho del todo es preferible a lo perfecto o sí hecho del todo. Acabado y comprensión absolutos equivalen a amaneramiento y muerte. Lo vital no es la visión plena, sino la «entrevisión»; no acabar de entender, preferible a la comprensión plena. Lo artístico es siempre provisional, nunca definitivo. Recurrir a los géneros —andadores que guían los pasos— es una tentación a la que no debe sucumbir el artista nuevo, cuyo deber es innovar. Otra cosa sería volver atrás, situarse a la zaga de los tiempos. Repetir, repetirse va no ya contra el arte como tal, sino contra la esencia misma de lo espiritual. Lo «trabucado con inspiración» (tampoco se trata de cualquier trabucamiento), aunque de momento sea incomprendido —se entiende por los muchos lectores pasivos y adocenados, no por los pocos activos y perspicaces— es lo único llamado a triunfar en el futuro. Se entiende bien que quien así pensaba no fuera respetuoso con los géneros literarios.

3.   Empezaré por la nómina del "ramonismo», título de un libro aplicado a toda una serie, como vamos a ver. Por orden cronológico (doy referencia de las primeras ediciones) tenemos:

   Nuevos caprichos, en *Muestrario*, Madrid, Biblioteca Nueva, s. a. (1918). pp. 27-149. *Variaciones* (I), en *Íbidem.* pp. 199-311. *Libro Nuevo*, Madrid, Imprenta Mesón de Paños, 8, 1920. *Variaciones* (II), Madrid, Atenea, 1922.

Disparates, Madrid, Calpe, 1923. *Otras cosas*, en *El alba y otras cosas*, Madrid. Saturnino Calleja, 1923, pp. 89-285. *Ramonismo*, Madrid, Calpe, 1923. *Caprichos* (I), Madrid, Cuadernos Literarios, 1925. *Gollerías*, Valencia, Sempere, 1926. *Otras fantasmagorías*, en *Los muertos, las muertas y otras fantasmagorías*, Madrid, Ediciones del Árbol, 1935, pp. 103-180. *Otros ensayos*, en *Lo cursi y otros ensayos*, Buenos Aires, Sudamericana, 1943, *Trampantojos*, Buenos Aires, Orientación Cultural Editores, 1947. *Caprichos* (II), Barcelona, AHR, 1956.

En total, trece libros y 1.377 textos breves.

3.1. Pasaré revista a las palabras cuyos plurales aparecen en los títulos de la lista precedente. El italianismo «capricho», usado por Goya, uno de los dioses tutelares de Ramón,[4] designa la «obra de arte en que el ingenio o la fantasía rompen la observancia de las reglas». «Disparate», también de abolengo goyesco, se aplica al dicho o hecho contrarios a la razón y el buen sentido. De «gollería»; se califica lo remilgado y superfluo. El galicismo «fantasmagoría» vale "ilusión de los sentidos o figuración vana, desprovista de todo fundamento». «Trampantojo» la trampa o ilusión con que se engaña a uno haciéndole ver lo que no es». El sentido de «variación» se inspira en el musical de «cada una de las imitaciones melódicas de un mismo tema» aplicado con ironía a la insistencia sobre un mismo asunto. «Muestrario» de sentido plural aunque morfológicamente sea singular, desplaza su significado habitual de «colección de muestras de mercaderías» al de conjunto heterogéneo de textos entre los que elegir. «Otras cosas» no aporta sino una noción muy desvaída de

---

[4]   Le dedicó una biografía: *Goya*, Madrid, Ediciones La Nave, 1928.

pluralidad. «Libro nuevo», por último, ¿ha de interpretarse como uno más que sigue una línea ya trazada o como otro más pero distinto porque se desvía de ella? Parece que el autor se complace en el equívoco. «Ramonismo», por último, al estar formado sobre el nombre de pila del autor, niega implícitamente cualquier antecedente y proclama la propia originalidad. Resumiendo los semas o rasgos distintivos de la serie, encontramos que destacan cuatro: innovación (rechazo de lo establecido), ludismo (superfluidad, gratuidad), sorpresa (el lector se ve defraudado en sus expectativas, inseparables por cierto de la familiaridad con los géneros preexistentes), diversidad (de cosas, de motivos, de fantasías). Todo bien acorde con unas ideas estéticas que, aunque dispersas y apenas conceptualizadas, se pueden localizar y sistematizar.

3.2. Hace bastantes años, Luis S. Granjel utilizó el término «ramonismo» para designar «un cierto número de libros, de *no fácil catalogación*, a los que caracteriza una inédita manera de expresarse, la 'greguería'. y un nuevo modo de acercamiento a la realidad, al mundo de las cosas».[5] También por entonces, Gaspar Gómez de la Serna rotuló así un capítulo extenso de su libro sobre Ramón, pero esta vez, de tan abarcante, el rótulo no resultó operativo.[6] Más interesantes son las ideas de Ioana Zlotescu, quien ha titulado «ramonismo» uno de los «espacios literarios» en que, como editora de las *Obras completas*, divide el conjunto de estas. Por lo pronto, «espacio» le parece palabra adecuada en cuanto «capaz de englobar y superar

---

[5] Granjel, L. S.: *Retrato de Ramón*, Madrid, Guadarrama, 1963, p. 171.

[6] Gómez de la Serna, G.: *Ramón (Obra y vida.)*, Madrid, Taurus, 1963, pp. 103-172.

al mismo tiempo cualquier denominación convencional».
Su pensamiento, esbozado en el «Prólogo general» al tomo
I,[7] se desarrolla en el «Preámbulo al espacio literario del
«ramonismo» del tomo III.[8] Dicho espacio lo concibe con
gran amplitud, tanto cronológica como temática. En el
tiempo, lo prolonga desde *El Rastro* (1914) hasta 1962
(último año de la vida creativa de Ramón, que muere en
enero de 1963) y, temáticamente, da cabida en él a la
totalidad de los libros iniciadores de «nuevos géneros» a
los que aludía el autor en el «Preliminar» a sus «primeras»
Obras completas, que no lo son, de 1956-1957.[9] Reúne así
tres conjuntos, que en mi opinión se diferencian lo bastante
para alcanzar consideración independiente: a) las
greguerías; b) la serie de libros monográficos (*El Rastro, El
circo, Senos, El alba, Pombo, La sagrada cripta de Pombo,
Los muertos, las muertas*); c) la otra serie, esta vez
miscelánea, de libros compuestos por una multitud de
textos breves o brevísimos, susceptibles de ser leídos en
cualquier orden y para los que yo prefiero reservar el
nombre de "ramonismo", por los motivos que voy a
exponer.

---

[7]   En: *Obras completas*, 1996, t. I, pp. 11-13. La cita en p. 14.

[8]   En: *Obras completas*, 1998, t. III, pp. 13-33.

[9]   Barcelona, AHR, 1956, t. I. En este prólogo, tras justificar la elimi-
nación de sus obras de juventud y que sea *El Ruso* la que «encabeza la
hilera» de las publicadas, Ramón dice que, a continuación, «van todas ya
con las responsabilidades que les incumbe, las novelas como un hecho
de sangre incontrovertible y todos los libros biográficos y los que iniciaron
nuevos géneros". Apunta, pues, una división en tres partes, de las que la
última, imprecisa, sería el ramonismo.

Por lo pronto, es de justicia reconocer que los críticos tienen razón al reservar el término "ramonismo", cualquiera que sea la manera de entenderlo, para los libros iniciadores de géneros nuevos. Sólo así se justifica la acepción, dilatada o no, de la palabra. Es cierto que, en toda su obra, fiel a sus principios, Ramón no ceja en el empeño de innovar. Ahora bien, su innovación no es uniforme ni en la teoría ni en la práctica de los géneros. De joven —y, de menos joven, un par de veces— escribe teatro. Casi toda su vida, escribe relatos, largos o cortos. También biografías, de sí mismo o de otros, con tal de que él sienta, con o sin razón, que los otros se parecen a él. Todo ello, en el contexto de la época en que escribe —muy avanzado ya, como hemos visto, el desmantelamiento de los géneros—, se suma a la tendencia general pero no se desvía abruptamente de ella; dicho de otra manera, resulta clasificable. Lo otro, lo del "ramonismo", rotundamente no. Es aquí, pues, donde el uso de la palabra en la metalengua crítica parece justificarse.

3.3. Me referiré a las greguerías, primero; a los libros monográficos y misceláneos, a continuación.

3.3.1. Acerca de las greguerías, pienso que su perfil es bastante nítido para hacer de ellas un género (ramoniano) —o, al menos, un subgénero (idem)— independiente. Aventuro mi definición:[10] la greguería es un texto brevísimo, por lo general una oración sintácticamente completa, sin contexto, donde el autor hace alguna observación sobre la realidad (greguerías discursivas), establece

---

[10]   La tomo de un estudio sobre las greguerías, de próxima aparición como prólogo a uno de los tomos de *Obras completas* de Ramón.

asociaciones —las más veces metafóricas— sorprendentes y/o humorísticas entre elementos de aquélla (greguerías asociativas) o juega con las posibilidades internas del lenguaje (greguerías verbales).[11] Esto para las autónomas, en el sentido de no incrustadas en otra obra mayor. La cosa se complica dado que, además de estas, están las «intratextuales», es decir, aquellas que, manteniendo una estructura greguerística más o menos reconocible según su mayor o menor alejamiento respecto de una formulación ideal hipotética, son asimiladas por el enunciado básico como piezas suyas.[12] Tenemos, en tercer lugar —con presencia, obviamente, mucho más abarcante—, la sintaxis greguerística, entendiendo por tal el predominio genera-lizado, desde que el estilo de Ramón alcanza madurez, del párrafo breve, así como la tenuidad o casi inexistencia de los enlaces extraoracionales o del trasvase de sentido de un párrafo a otro. No distinguir las tres cosas ha confundido a críticos como José Camón Aznar o Fernando Ponce, por ejemplo, para quienes todos los libros de Ramón, cualesquiera que sean, se reducen a manojos de greguerías.

3.3.2. Aparte las greguerías, los otros textos que componen el «ramonismo» (monográficos y misceláneos) tienen una base doble. Por un lado, la capacidad de obser-vación. Por otro, el desbordamiento imaginativo. La crítica

---

[11]   V. López Molina, L: «Nebulosa y sistema en las greguerías ramo-nianas», en *Versants*, 1, 1981, pp. 109-120.

[12]   V. López Molina, L.: «Un recurso ramoniano: la greguería intra-textual», en *Crítica semiológica de textos literarios hispánicos*, Madrid, CSIC, vol. II, pp. 711-718. Reproducido en Garrido Gallardo. M. A. (ed.): *La moderna crítica literaria hispánica*, Madrid, Mapfre, 1996, pp. 227-234.

ha sido más sensible a la primera que al segundo. Me refiero por separado a ambos.

3.3.2.1. Enfrentado a un elemento de la realidad, Ramón suele llevar a cabo tres operaciones distintas y complementarias: a) lo relaciona con otros elementos (cuantos más sean, y cuanto más inesperada e inédita resulte la relación, tanto mejor); b) enumera, despliega sus variaciones (*Variaciones* es titulo de dos libros suyos),[13] con un pormenor que, idealmente, las agotaría; c) ahonda en los recovecos de su subjetividad haciendo aflorar la incidencia en ella del elemento de que se trate. Como resultado de dichas operaciones, en las que entran en juego la observación y la imaginación, obtiene una serie amplísima de apuntes o notas desorganizados. Después, los caminos se le bifurcan. Aunque los apuntes o notas sigan admitiendo lectura independiente, si el elemento de la realidad consigue de él una atención sostenida —Ramón es capaz de dilatar hasta convertirlo en un libro lo que a otros escritores se les agotaría al cabo de pocas páginas—, el resultado es una monografía extensa. Cada una de ellas, lo que es del todo coherente, emana de una vivencia importante: frecuentación de los rastros o los circos, obsesión erótica por los senos, hábito de trabajar hasta el alba, angustia de la muerte, liderazgo de la tertulia de Pombo.[14] Tales monografias, en mi opinión, tienen entidad suficiente para constituir un género (ramoniano o más allá)

---

[13]   El de nuestra nómina y el incluido en *Toda la historia de la Puerta del Sol y otras muchas cosas* [c1925]; se trata de otras «variaciones» distintas, aparecidas en el diario *La Tribuna* y de las que no parece haber edición independiente.

[14]   Destaco las palabras presentes en los títulos de los libros.

propio. Si, contrariamente, la atención sostenida falta, tenemos un libro misceláneo. En este caso, cuenta también el hecho de que gran parte de los textos que los componen, antes de reunirse en libros, fueron apareciendo en secciones más o menos fijas de periódicos y revistas. Como lo ha señalado con acierto Ioana Zlotescu, la aparición inicial en la prensa es «detalle muy importante para comprender su vivacidad, su caza al vuelo de sensaciones y su observación fulgurante de mil detalles urbanos o de lo que sea».[15]

3.3.2.2. Junto a la observación fragmentaria, se da en los libros del «ramonismo» misceláneo, o «ramonismo» sin más, la representación de cosas irreales, la formación de imágenes mediante la fantasía, las ilusiones de los sentidos. Retengo, como ejemplo, un motivo particular: el de las invenciones o descubrimientos. Unas veces, el autor se mueve en la irrealidad pura. Otras, lo irreal se alía con referencias (a menudo humorísticas o irónicas) a la realidad cotidiana o histórica. Irrealidad pura: un violín que toca debajo del agua creando nenúfares musicales; unas gafas para que vean las estatuas, los bombones de ideas, invención de un dulcero culto que aspira a poblar las cabezas de sus clientes de «algo más que pájaros y mariposas»; el «rubiná», una fruta eslabón entre lo vegetal y lo animal cuyo carozo es el primer huevo de la primera ave; las regiones polares de hielo negro donde se baña la luna; un viejo músico chino que toca un instrumento sin cuerdas y sin clavijas, es decir, que saca la música directamente de su origen primigenio. Irrealidad referida a la realidad; el «girio», un metal que obliga a dar la vuelta a los obuses teledirigidos; el termo con el que el náufrago

---

[15]   Preámbulo cit. en nota 8, p. 15.

moderno reemplaza con ventaja la simple botella tradicional; el estoque anestesiante para matar a los toros sin hacerles daño; el «superaudión», que permite oír lo que del otro lado dicen junto al teléfono una vez cortada la comunicación; el acordeonista que, ante la carestía de la vivienda, instala a toda su familia en el acordeón; la pluma estilográfica atómica, que funciona como detector para que su dueño sepa si ha sido o no contaminado por la explosión de la bomba; el hipnotizador que provoca en las mironas de escaparates el deseo de comprar.[16]

Al componente imaginativo del «ramonismo misceláneo» hay que añadir los relatos brevísimos, diferentes y complementarios de los micro-textos imaginativos de los que doy ejemplos en el párrafo anterior.[17] Para situarlos mejor esbozaré una tipología de los relatos ramonianos en su conjunto.[18] Por orden decreciente de extensión existen tres grupos bien diferenciados:

a) Los que, de promedio, constan de cuatro a ocho capítulos y tienen de quince a veinticinco páginas. Encontraron acogida en las colecciones, la mayoría de periodicidad semanal, frecuentes a lo largo del primer tercio del

---

[16]   De nuevo, hay que citar a Zlotescu, I.: «el sistema estético del *ramonismo* en su acepción de textos específicos gira fundamentalmente en torno al descubrimiento de lo 'insólito' en lo 'trivial', esto es, en lo 'cotidiano'» (Preámbulo cit., pp. 27-28).

[17]   Véase Andrés-Suárez, I.: «El micro-relato. Intento de caracterización teórica y deslinde con otras formas literarias». En: *La novela y el cuento frente a frente*, Lausanne (Hispanica Helvetica 7), 1995, pp. 155-178.

[18]   Ramón solía llamar *novelas grandes* a las de extensión normal y *novelas* a los relatos cortos.

siglo XX, o en revistas entre las que destaca la prestigiosa *Revista de Occidente*. Esos relatos, aunque no todos, Ramón los fue reuniendo en volúmenes encabezados por el título de uno de ellos.[19] Son los únicos que han conseguido la atención de la critica.[20] Un subgrupo lo constituyen los que, por referirse de manera consciente a sucesos reales (caso de las «novelas superhistóricas») o a formas narrativas preexistentes (caso de las «falsas novelas») mantienen con unos y otras un juego determinado de correspondencias temáticas o de estructura.

b) Los que tienen de dos a cuatro subdivisiones (el nombre de capítulos les viene grande) y una extensión tipo de tres o cuatro páginas. Aparecieron en revistas y no se recopilaron más tarde. Sólo en *La Esfera*, que se publica entre 1914 y 1931 y a cuya nómina de colaboradores se incorpora Ramón en 1921, he encontrado una treintena.[21] La calidad media de estos relatos, desatendidos por la crítica, es más que decorosa. Valdría la pena analizarlos

---

[19]   *La malicia de las acacias*, Valencia, Sempere, s. a. (1924), 9 relatos; *El dueño del átomo*, Madrid, Historia Nueva, 1928, 10 relatos; *La hiperestésica*, Madrid, Ulises, 1931, 4 relatos; *El cólera azul*, Buenos Aires, Sur, 1937, 11 relatos.

[20]   Charpentier Saitz, H.: *Las 'novelle' de Ramón Gómez de la Serna*, London, Tamesis, 1990; López Criado, F.: *El erotismo en la novela ramoniana*, Madrid, Fundamentos, 1988; Rey Briones, A. del: *Las novelas de Ramón Gómez de la Serna*, Madrid, Verbum, 1992; López Molina, L.: «Relatos ramonianos en la Revista de Occidente», en *Philologica hispaniensia in honorem Manuel Alvar*, Madrid, Gredos, 1987, t. IV, pp. 253-265; del mismo. «Los relatos vanguardistas de Ramón Gómez de la Serna», en *Versants*, 17, 1990, pp. 119-150.

[21]   Datos de un trabajo que tengo en preparación.

con algún cuidado, en sí mismos y contrastivamente respecto de sus hermanos mayores y menores

c) Los muy breves o brevísimos incluidos en gran número en los libros del «ramonismo» misceláneo, o «ramonismo» *tout court*. Su extensión varía de una página o página y media los más largos a unas pocas líneas los más cortos, con una extensión tipo entre un tercio de página y media página. Leyéndolos, surge en seguida la duda de si son embriones o esbozos que no pasaron de tales, o si el autor los consideró completos a pesar de su brevedad. Nos inclinaríamos por lo segundo, para la gran mayoría de casos. Completas son las greguerías, aún más cortas en su época adulta. ¿Por qué no podrían serlo estos microrrelatos?[22] Por otra parte, son tan numerosos que resulta inconcebible que Ramón pensase desarrollarlos todos. Prefiero ver en ellos una muestra más de su gusto por la fragmentación.

4.   No todo, sin embargo, se sitúa en el nirvana de la teoría literaria. Hay que contar, también si no ante todo, con la necesidad de vivir. Recordaré que, desde 1922, año en que muere su padre, Ramón, mediada la treintena, deja de ser un hijo de familia y se ve obligado a profesionalizarse, o sea, a vivir de su pluma. Lo malo es que, al ser la suya una literatura a contracorriente de lo establecido y en consecuencia de poca o ninguna rentabilidad, profesionalizarse equivalía para él a depender de las colaboraciones periodísticas, algunas, durante el apogeo de su prestigio,

---

[22]   Los relatos de este tipo c tienen de algún modo equivalente en las semblanzas brevísimas de personajes incluidas en los libros pombianos. Las biografías extensas tienen extensión de novelas. Las breves, como los relatos del tipo a.

bien retribuidas para la época. «Artículo de primera necesidad: el que uno envía al periódico», proclama, jugando con el equívoco, una greguería no exenta de amargura.

Victima de la precipitación inherente al periodismo, hostigado por la necesidad de dinero, Ramón se queja, más de una vez, de no haber tenido el sosiego (el sosiego es tiempo pero también estado de espíritu) para pulir y redondear sus obras. Pero no es esto solo. Está además la índole de su talento, que, como el de Lope o Picasso, con los que se lo ha comparado, se manifiesta en dispersión. Escribe y escribe, trabaja a la vez en varios proyectos, va y viene de uno a otro: los hace avanzar, mientras, lateralmente, le vienen a la pluma cosas susceptibles de uso ulterior: observaciones sueltas, apuntes imaginativos, *relatos brevísimos* (los destaco tipográficamente porque son la base del «ramonismo»). Se lo siente apenado por tener que trabajar así y a la vez envanecido por el alarde de sus facultades. El caso es que los materiales se le van acumulando y llega un momento en que se impone darles salida. Para ello, los amontona en libros misceláneos. Desde otros criterios artísticos, proceder así sería precipitación, irresponsabilidad o chapucería. Desde los suyos, enemigos de lo acabado y orgánico, no hay inconveniente mayor. La obra de arte —lo dice ya también en *Concepto de la nueva literatura*— se nutre de la vida del escritor y debe transmitir íntegros el esfuerzo y la emoción de este, con todo su desorden. Se saca, pues, de la manga un tipo de libros —llamémosle un «género» (¿efímero, o no tan efímero?)— que, como las greguerías, importa no olvidar esto, sólo se constituye como tal gracias a la cantidad. Ni una golondrina hace verano, ni unas pocas greguerías hacen greguerismo, ni unos pocos textos sueltos llegan a ser ramonismo.[23]

En conclusión. Parece preferible reservar el término ramonismo para designar la serie de libros misceláneos donde se recogen, como componentes básicos, tres tipos de textos, muchos de ellos aparecidos antes en periódicos o revistas: a) observaciones sueltas; b) apuntes imaginativos; c) relatos brevísimos. Dichos libros, aunque obedezcan un imperativo práctico no declarado (de ahí que quepa hablar de subterfugio), alcanzan una entidad genérica, o al menos subgenérica, independiente. Si han influido, poco o mucho, en los escritores posteriores requeriría una pesquisa especial. Desde la perspectiva de este seminario, cabe ver en ellos un ejemplo, más que anecdótico, de la disolución y reorganización de los géneros operada por las vanguardias y por la acción personal de Ramón.

---

[23] Las de la primera época no solo eran más largas y difusas, sino que, en buena parte, eran otra cosa.

Gómez de la Serna en *La Gaceta Literaria*

Un conocimiento adecuado —en el sentido de total o tendente a serlo— de la obra literaria de Ramón Gómez de la Serna no llegará a ser posible sin la localización y estudio de sus colaboraciones dispersas por numerosos periódicos y revistas de Europa y América. En algunos casos, lo allí publicado reaparece incorporándose a un libro. En otros, los textos —por su brevedad o porque el autor no pudo o no quiso rescatarlos— caen en el olvido.

El presente trabajo, con el que me satisface sumarme al homenaje de que se hace objeto a Juan María Díez Taboada, pretende ser una aportación en el sentido que queda expuesto. Me ocuparé de las colaboraciones de Ramón en *La Gaceta Literaria*, una revista cuya importancia en la transición de los años 20 a los 30 ha sido más de una vez puesta de relieve por los estudiosos.[1]

Se constata ante todo que dichas colaboraciones, asiduas al principio, se van distanciando cada vez más. Se las encuentra en los cuatro primeros números, entre enero y febrero de 1927. Después, hasta el número 30, aparecen, bien consecutivas, bien separadas por intervalos que van de un número hasta cuatro. En adelante, los hiatos se agrandan: salto del número 30 al 44; presencia de Ramón

---

[1]   V. por ejemplo, César Antonio Molina: *Medio siglo de prensa literaria española (1900-1950)*. Madrid, Endymion, 1990, pp. 111-130. Da bibliografía.

en los números 51-52, 57, 61, 70-71, 73, 79, 82, 95-97 y 100; por último, hasta la desaparición de la revista, sólo una nota en el número 112.[2] Hasta qué punto, en la base de este proceso descendente, pudo contar el alejamiento personal de Ramón respecto de los responsables de la revista, en particular Ernesto Giménez Caballero, es asunto en el que no voy a entrar aquí.

Me ocupo, pues, de las colaboraciones de Gómez de la Serna en *La Gaceta Literaria*. Las organizo en grupos, a los que pongo rótulos, ramonianos en la medida de lo posible. Tenemos así: 1) un relato breve; 2) algunos retratos (en el sentido de textos sobre una persona determinada, aunque alcancen un sentido más general); 3) unos pocos textos inscribibles en el ramonismo (iniciación de géneros nuevos de cuño personal); 4) algunas entrevistas (el autor aparece en ellas como sujeto de relaciones con otros escritores y con el mundo cultural y artístico); 5) unos cuantos ensayos de tema vario: 6) otros pocos textos en torno a Pombo. En cada caso, resumo el contenido dando preferencia —aquí, mi responsabilidad— a lo que me ha parecido más expresivo de la concepción del mundo y del ideario artístico del autor (le cedo a menudo la palabra mediante citas breves elegidas con cuidado). Cuando el texto reaparece más tarde, incluido en libro, y es accesible sin esfuerzo, lo señalo y omito explicaciones. Prescindo por completo de los artículos sobre Ramón, abundantes en la revista y que merecerían tratamiento aparte.

---

[2]   De 15-VIII-1931. Es el número 1 de la serie —abarca los números 112, 115, 117, 119, 121 y 122— *El Robinsón literario de España*, escrita íntegramente por Ernesto Giménez Caballero.

1. Relatos

1.1. *La casa sin ventanas* (núm. 1, 1-I-1927. p. 3). La casa sin ventanas ha sido construida por don Santiago Mejorad y su esposa doña Caridad para preservar la inocencia y virtud de sus hijas Regina y Paloma, ambas bellas y exuberantes. Su ambiente enrarecido se carga, pese a todo. de erotismo: «La sensualidad de las cosas era muda pero las rondaba». Las dos muchachas, sin confesárselo, consuelan su frustración dialogando con sendos candelabros, en figura de guerreros, que hay en la casa. Salen pocas veces, siempre con su madre, pero, aun así, irradian erotismo por donde pasan. En la ciudad, la casa sin ventanas produce escándalo y rechazo: se llega a prohibir que construyan otras similares. Hasta que un día Paloma y Regina desaparecen por la inexcusable escalera de incendios. Consecuencia: hay que casarlas con un alemán y con un inglés. Subsiste el misterio de cómo hicieron para entenderse con ellos. Como quiera que sea, la casa sin ventanas se convierte en la casa de los miradores.

Este relato, ameno y bien conducido, recuerda mucho otro más extenso de Ramón, *La casa triangular.*[3] Es muy suyo el vitalismo que respira: fracaso ridiculizador de la represión de los impulsos eróticos, cuya legitimidad queda indirectamente puesta de relieve. Se diría una recreación personal del motivo de *El celoso extremeño* cervantino.

2. Retratos

2.1. *Un poeta ruso: Ylia Ehrenburg* (núm. 2, 15-I-1927, p. 5). Ramón había conocido a Ehrenburg en París,

---

[3]   Publicado por primera vez en *Revista de Occidente*, oct. 1925, pp. 56-70.

cuando el ruso estaba perseguido por el régimen zarista. Lo que entonces escribió[4] —según dice— lo reproduce ahora, prolongándolo un poco. Volvió a visitarlo en 1930. El texto inspirado por este encuentro apareció en *El Sol* el 27 de abril de ese año.[5] Ambos textos —de *La Gaceta* y de *El Sol*—, con adiciones y retoques, se integran en el más extenso de *Retratos contemporáneos*, en 1941.[6] Se trata, pues, de un texto conocido cuyo avatar en el tiempo ilustra, eso sí, sobre la evolución del autor. A estas alturas y desde una posición conservadora (¿o timorata?), Ramón evoca a Ehrenburg sin dejar dudas respecto de su discrepancia: «Como amigo antiguo —de literato a literato, nunca de político a político— le recibí en mi café de Pombo».

2.2. *El alma de Almada* (núm. 3, 1-II-1927, p. 3). Se trata José de Almada Negreiros, amigo de Ramón e ilustrador de alguna obra suya.[7] Traza una breve semblanza de este pintor y escritor portugués, del que reproduce un poema, un dibujo que representa a don Enrique el Navegante y un autorretrato. Lo celebra como «ser impar

---

[4]   No lo tengo a mi alcance.

[5]   Es el titulado *Visita a Ehrenburg*. V. Nigel Dennis (ed.). *París*, Valencia, Pre-textos, 1986, pp. 171-175. Este libro recoge los artículos de Ramón en *El Sol*, 1931. Sobre Ehrenburg (y Ramón), Juan Manuel Bonet: *Diccionario de las vanguardias de España*, Madrid, Alianza, 1995, s/v.

[6]   Buenos Aires, Sudamericana, pp. 341-356. El texto de *La Gaceta*, en pp. 341-344; el de *El Sol*, en pp. 346-350.

[7]   Es el caso de *La hiperestésica*, Madrid, La Novela Mundial, núm. 130, 6-IX-1928. Almada vivió en Madrid entre 1927 y 1932. Datos sobre él en Bonet: *op. cit.*, s/v.

en medio de la pintura y de la literatura portuguesa» y dice de él que en su obra ha reflejado lo más fino y esencial «de esa melancólica y feliz Lisboa, dando noble aire de blasón a cada cosa y soplándolas (= a las cosas) hacia el ideal como si fuesen carabelas». Texto inscribible en la «lusofilia» de Ramón, materializada, como es sabido, por sus estancias en el país y por sus relatos de ambiente portugués, ante todo *La quinta de Palmyra*.

2.3. *Góngora el cordobés* (núm. 11, 1-VI-1927. p. 2). El principio de este número se dedica al centenario de la muerte del poeta. Para Ramón, Góngora, como El Greco, cultiva un realismo profundo, es de los artistas que trascienden la realidad aparencial para esbozar otra realidad superior más allá de ella («la flor más fina y más alta de la realidad»). Su verso es «como retortijón y torcedura ideal de una borrachera de realidades»; Góngora dio «la amanerada elegancia de la transposición a lo que sin transposición sería vulgar». Este texto, penetrante, es distinto de otro posterior, poco conocido, también sobre Góngora: el «Prólogo» a *Sus mejores versos*.[8]

2.4. *El primer humorista español* (núm. 13, 1-VII-1927, p. 1). Se trata de Goya, a cuyo centenario se dedica el comienzo de este número. El texto se incorpora, con algunas adiciones, al capítulo «Los caprichos» de la biografía extensa posterior.[9]

---

[8] Madrid, *Los Poetas*, año II, núm. 24, 19-I-1929, pp. 5-15.

[9] *Goya*, Madrid, La Nave, 1928, y Madrid, La Nave s. a. [1930]. El texto de *La Gaceta*, en pp. 86-91 y 07-103, respectivamente.

2.5. *Jean de Gourmont* (núm. 30, 15-III-1928, p. 5).[10]
Texto dividido en dos partes: la primera reproduce una nota
autógrafa en francés que Ramón poseía y que él mismo
debió de traducir;[11] la segunda traza una semblanza válida
de algún modo para los dos hermanos Gourmont, Jean y
Remy:[12] ambos intentaban sin desmayo satisfacer una
sensualidad siempre huidiza, y ambos escribían porque,
para ellos, hacerlo era una forma de conocerse y afirmarse.

2.6. *La genial pintora Ángeles Santos incomunicada
en un sanatorio* (núm. 79, 1-IV-1930. pp. 1-2).[13] En la
última Exposición de Otoño —dice Ramón—, el cuadro
«Un mundo», de Ángeles Santos, lo sorprendió «como si
fuese un dado de gran fortuna que cayese en medio de las
jugadas nulas de casi todos los pintores». Más tarde, otra
exposición acabó de convencerlo del talento de aquella
pintora de sólo 18 años, «Al venirme a París —añade— me
paré en Valladolid sólo para ver los cuadros que guardaba
en la casa paterna». Ángeles acababa de salir de uno de esos
colegios donde «monjas rusticanas» pretenden preparar a
sus alumnas para un mundo que ellas mismas desconocen.

---

[10]   Ramón había prologado en 1920 (Madrid, Biblioteca Nueva) la
traducción española de *Una noche en el Luxemburgo* de Remy de
Gourmont, y en 1924 (Valencia, Sempere) la de *El vellocino de oro* de
Jean de Gourmont. Ambos prólogos no me son accesibles al redactar este
trabajo.

[11]   La nota reaparece en *Retratos contemporáneos* («Remy de Gourmont»), *cit.* en nota 298.

[12]   Algo menos de la mitad se reproduce en *Ibíd.* pp. 214-215. Se
suprime el resto.

[13]   Datos sobre ella en Bonet, *op. cit.*, s/v.

Supo luego de su reclusión en un manicomio de Madrid. El hecho le parece monstruoso, ya que los seres geniales, incluso perturbados, tienen derecho a la libertad, y su vida puede malograrse en esa «fresquera del trasmundo» que viene a ser un sanatorio mental. Todo ello lo lleva a concluir la oposición radical entre la juventud y los artistas (estos son siempre jóvenes), de un lado, y la sociedad establecida (retrógrada y castradora), del otro. Por su parte, proclama su compromiso con los jóvenes, en la empresa común de derribar el mundo viejo.

Ramón vivió con Ángeles Santos una relación mal conocida. Gaspar Gómez de la Serna, comentando la «escapada» a París tras el estreno de *Los medios seres*, dice: «para complicar más la trama. tuvo lugar un alto en una estación provinciana, camino de Francia, en donde una joven pintora le llamaba también tan apasionadamente que después, al no recibir respuesta a un encendido telegrama, intentaría suicidarse, afortunadamente sin otra consecuencia que la de aquel pasajero arrebato juvenil».[14] Una vez más, Ramón parece nadar y guardar la ropa. ¿Compensaría, con elogios encendidos a la artista, su tibieza o desvío hacia la mujer?

2.7. *A propósito de la pintora Montserrat Casanova* (núm. 95, 1-XII-1930, p. 4). Ramón la ve —como a Ángeles Santos y a Maruja Mallo— «comprometida (...) en una go ingenuo— que las mujeres, al ser capaces de «lanzar vida hecha» fuera de ellas, van más lejos que los hombres en el innovar, están más dotadas para «lanzar al mundo la fantasmagoría y la tumefacción suprarreal».

---

[14]   *Ramón (Obra y vida)*, Madrid, Taurus, 1963, p. 157.

298 Luis López Molina

3. Ramonismo

3.1. *Las tijeras* (núm. 4, 15-II-1927, p. 2). Adopta la forma de una diatriba contra las tijeras: las de cortar papel, es decir, las mutiladoras de lo escrito. Hay párrafos de los que se pueden sacar buenas greguerías «intratextuales».[15] Ejemplos: «Tijeras: pulseras de los dedos»; «La mano con las tijeras parece que camina con oquiales o gemelos dactilares»; «Las tijeras nacen del matrimonio de dos navajas barberas». Cabe interpretar este texto como una acusación dirigida a la censura primorriverista por parte de un Ramón aún algo militante o comprometido con valores culturales básicos. Como la libertad de expresión.

3.2. *Caprichos* (núm. 21, 1-XI-1927, p. 3; y núm. 24, 15-XII-1927, p. 7).[16] En el núm. 21 tres «caprichos». *Los dos afiladores:* dos afiladores, que frecuentan la misma calle, «cada uno frente a una carnicería», tras haber afilado sendos cuchillos de destazar, acaban matándose el uno al otro. «como en doble suicidio de la competencia». *El sastre leonardesco:* un sastre londinense es tan celoso de su originalidad, que se oculta y pinta él mismo las telas para sus trajes (de ahí el adjetivo «leonardesco», es decir,

---

[15] V. Luis López Molina: «Un recurso ramoniano: La greguería intratextual», en *Crítica semiológica de textos literarios hispánicos*. Madrid, CSIC, 1986, vol. II, pp. 711-718. Reimpreso en: Miguel Ángel Garrido Gallardo (ed.): *La moderna crítica literaria hispánica. Antología*. Madrid, Mapfre, 1996, pp. 227-234.

[16] *Caprichos* es el título de un libro de Ramón: Madrid, Cuadernos Literarios, 1925, ampliado luego: Barcelona, AHR, 1956. En *Otras cosas*, unos textos breves se llaman también *Caprichos* (en *El alba y otras cosas*. Madrid, Saturnino Calleja, 1923, pp. 92-96).

'creador' como Leonardo da Vinci). *La triste asomada*: una muchacha sufre de tristeza inexplicable, hasta que «el detective de los invisibles e imprecisos síntomas» descubre que el mal era debido a la influencia de una carátula situada sobre el balcón al que solía asomarse.[17] En el núm. 24, otros dos. *La flauta estrecha:* un flautista tenía una flauta tan estrecha, que no sonaba; lo intenta todo para arrancarle alguna nota, pero sin éxito; por fin, se le ocurre llevarla al especialista de flautas, que la opera; una vez operada, la flauta suena, haciendo feliz a su dueño. *Marinos especiales para tempestades*: cierto pueblo se ha dotado de un cuerpo especial de marinos para casos de tempestad; aunque nunca actúan y se pasan el tiempo en la taberna, no por ello disminuye su prestigio, y ni labradores ni mineros se atreven a reprocharles su holgazanería.

4.   Entrevistas

4.1. *Manías de los escritores. La de José Ortega y Gasset* (núm. 6, 15-III-1927. p. 1).[18] Ramón entrevista a Ortega. La manía de éste es el coche. En su opinión, todo europeo debe tener uno y, si no lo tiene, justificar por qué. El coche convierte en algo dinámico la realidad estática en la que España consiste. Su patrón tendría que ser Heráclito, por aquello de que «todo corre». En los coches, se echan de menos dos cosas: un elemento que una el radiador a un aparato para hacer café, y una «goma de velocidades» que

---

[17]   Este texto tendría su lugar en *El doctor inverosímil*: Madrid, Atenea, 1921 (versión extensa). Antes: Madrid, La Novela de Bolsillo, s.a. [1914] (versión breve).

[18]   El protagonista de este texto es, en rigor, Ortega. Lo recogemos por la importancia del entrevistado y de su influencia sobre Ramón.

suprima la brusquedad de los cambios de marcha (premonición curiosa de lo que, con el tiempo, sería el cambio automático).

4.2. *Un debate apasionado. Campeonato para un meridiano intelectual. La selección argentina Martín Fierro (Buenos Aires) reta a la española Gaceta Literaria (Madrid). «Gaceta Literaria» no acepta por golpes sucios de «Martin Fierro» que lo descalifican. Opiniones y arbitrajes* (núm. 17, 1-IX-1927, p. 3). Título largo pero expresivo. La polémica la provocó un texto que encabezaba el número 8 de *La Gaceta Literaria*.[19] El punto de vista de Ramón, aunque centralista. es conciliador. Expresa su confianza en un «espíritu español» confraternizador que cruce América de Norte a Sur. Propugnar un idioma americano tan peculiar e independiente que llegue a no ser entendido por los peninsulares le parece «pasajera inconsciencia de algunos espíritus confusos» que sólo llevaría al más esterilizador de los aislamientos.

4.3. *Política y literatura, una encuesta a la juventud española* (núm. 22, 15-XI-1927, p. 1). He aquí las preguntas, con las respuestas (resumidas) de Ramón: 1) ¿Debe intervenir la política en la literatura? No: el literato debe sobrepasar la política, alejarse de ella; si acaso, puede ser, desinteresadamente, «indicador» suyo. 2) ¿Siente Vd. la política? El literato puede sentir la política, incluso enjuiciarla, pero manteniéndose como «espectador sumo» de ella. 3) ¿Qué ideas considera fundamentales para el porvenir del Estado español? No contesta, ya que hacerlo

---

[19]   V. José Carlos González Boixo: «El meridiano intelectual de Hispanoamérica: polémica suscitada en 1927 por La Gaceta Literaria». *Cuadernos Hispanoamericanos*, núm. 459, sept. 1988, pp. 166-171.

sería trazar un programa político y acaba de decir que eso no compete al literato.

4.4. *Nuestro campeón europeo. Gómez de la Serna en París* (núm. 27, 1-II-1928, pp. 1-2). Informa sobre el regreso de Ramón a Madrid y le cede la palabra para que comente su apoteosis parisina. Esta es conocida por un artículo de Corpus Barga publicado en aquellos mismos días por la Revista *de Occidente.*[20]

4.5. *¿Qué preparan nuestros escritores?* (núm. 29, 1-III-1928, p. 1). Ramón declara tener en el telar: *Goya* («con 65 fototipias», en Atenea),[21] *La Nardo* («novela madrileña, entre Cuchilleros, el Rastro y las afueras»).[22] *Trampantojos.*[23] Vida, Pasión y muerte de un humorista [sic por *Vida, pasión...*] «novela grande», en Calpe). *Viernes Santo* («novela en que reúno todas las fiestas y horrores de Semana Santa»). *La señorita azul* («novela de una norteamericana especial»). *El matarife* («novela grande», en Historia Nueva).[24] *El dueño del átomo* («para

---

[20]   Núm. de febrero 1928, pp. 275-286. Ramón lo incluiría después en *Automoribundia*. Buenos Aires, Sudamericana, 1948, pp. 470-478.

[21]   En efecto, aparece en 1928 en esa editorial.

[22]   Sale, en 1930, en Ediciones Ulises.

[23]   Lo anuncia en la colección «Humoristas» de Calpe, donde ya había publicado *Disparates* en 1921 y *El incongruente* en 1922. No conozco edición anterior a la de Buenos Aires: Orientación Cultural Editores, 1947, en cuya «Advertencia preliminar» Ramón declara llevar muchos años queriendo publicar un libro con ese título.

[24]   Este título, y los tres anteriores, corresponden a proyectos truncados.

salir en estos días»),[25] *La mujer de ámbar* («novela grande», en Biblioteca Nueva)[26] y *El caballero del hongo gris* (en Mundial de Librerías).[27]

4.6. *El homenaje a Ramon* (*ibidem*). Se trata del banquete que se le ofreció pocos días antes: el 18 de febrero. En el discurso de agradecimiento Ramón lamenta que la vida literaria española en particular y la vida española en general se estén cargando de agresividad, de que los conciliadores acaben siendo víctimas. En relación con ello, elogia cómo Giménez Caballero dirige su *Gaceta*: sin excluir lo vital o polémico pero sin virulencia.

4.7. *[Tres juicios de jóvenes sobre Andrenio]* (núm. 73, 1-I-1930, p. 2). El de Ramón dice así: «Baquero fue la ponderación, el monóculo impasible, los guantes de goma. Era el doctor literario, parco en palabras, breve en sus visitas, enterado de las enciclopedias. Su arrebato liberal templó sus venas y dio a su figura un empavonado reluciente. Sonreía a todo como en secreto sin perder su aire de hombre de casino, que para todo tiene escepticismo, referencias misteriosas, aire de estar en la conspiración».

4.8. *Resumen de mi intervención* (núm. 96, 15-XI-1930, pp. 10-11). La que tuvo lugar en el Cineclub de Madrid, al comienzo de su tercera temporada. Presentó la película realizada por Giménez Caballero *Esencia de verbena* (1928), en la que aparecía él mismo, como torero y como muñeco del pimpampum; acompañó o «mimó» la

---

[25]   En efecto, aparece en Biblioteca Nueva, 1928, y recoge diez relatos bajo ese título.

[26]   Sale ese mismo año.

[27]   París-Madrid-Lisboa, Agencia Mundial de Librería, s.a. [1928].

proyección y actuó como «explicador», enfrentando así su yo propio y otro yo suplantador. Según informa un texto anejo de L. Gómez Mesa, en esta ocasión, presentó además *El orador*, una «breve película parlante (...) de greguerías acerca de la oratoria y sus cultivadores».

4.9. *Ramón, en Buenos Aires* (núm. 112, 15-VIII-1931, p. 8). Es el núm. I de la serie *El Robinsón Literario de España*. Giménez Caballero reproduce una nota brevísima de Ramón en la que éste le comunica sus impresiones de América y le anuncia que retrasará su regreso hasta octubre de ese año.

5. Ensayos

5.1. *El torpedo en la pista* (núm. 9, 1-V-1927, p. 2). Cuatro textos. *Los premios*: hay que desacreditarlos, e irlos suprimiendo. porque desorientan al lector, al eximirlo del deber de juzgar por cuenta propia, y ponen en peligro «esa justicia que entre todos logramos implantar»; por eso, él no concurre a ninguno. *Escritores que no escriben*: en España, cuando más influye un escritor es cuando ya no escribe; en cambio, mientras es productivo, no se hace sino ponerle obstáculos; no faltan tampoco quienes no escriben para así hacer creer que ya han triunfado. *La inspiración:* el escritor se ha vuelto tan descuidado que ya no provoca, en su interior, la inspiración, «ese estado de trance y comunicación que se procuraba con un ritual magnético desaforado»; se impone, con todo, recuperarla. *Defensa del oso, de la pandereta, del queso, de la pipa y de la mandolina*: frente a la «mesocracia pedante y atarugada», Ramón defiende los lugares comunes o «contraseñas pintorescas» de las masas —el oso es Hungría, la pandereta España, el queso Holanda, la pipa Inglaterra, la mandolina

Italia—, que permiten el reconocimiento, lo mismo que en
la Edad Media, sociedad de iletrados, las tiendas no tenían
rótulos sino pinturas representativas de lo que se vendía en
ellas.

5.2. *Algunos juicios sobre el futurismo* (núm. 28, 15-
1-1928, p. 3). Ramón se limita a entresacar algunas frases
de su *Introducción a la Proclama futurista a los españoles
de Marinetti*,[28] de 1910.

5.3. *La nueva épica* (núm. 44, 15-X-1928, p. 4).
Texto incluido en la sección «Cinema». La nueva épica del
título es pues el cine, que, según Ramón, se encuentra en
sus comienzos, o sea lleno de futuro. Él tiene fe en ese
futuro, en el que será sobre todo el cine de humor el que
perviva.[29] La llegada del sonido le parece positiva porque
viene a llenar un vacío: «el incremento último (= reciente)
del gramófono se debe al deseo de llenar el silencio que no
llenaba el cine». Hasta hacerse sonoro, el cine, más que
arte, era un procedimiento, «el séptimo procedimiento».
Ahora. en cambio, «el supremo artista, el creador literario
volverá a ser el jefe, y todo dependerá de su estilo». El cine
sonoro representa además un avance cultural, puesto que
incluso los analfabetos saben oír. La sonoridad hará
también posible el «peliculismo nacional», que con el cine

---

[28]   Publicada con el seudónimo Tristán en el núm. 20 de *Prometeo*.
Reimpresa en Ana Martínez Collado (ed.): *Una antología personal del arte*,
Madrid, Tecnos, 1983, pp. 95-96; y recientemente en Ioana Zlotescu (ed.):
Obras completas I, Barcelona, Círculo de Lectores-Galaxia Gutenberg,
1996, pp. 302-307.

[29]   Ramón desarrolla estas ideas en *Gravedad e importancia del
humorismo*, en *Revista de Occidente*, jun. 1930, pp. 348-391.

mudo sucumbía a la competencia de la industria extranjera. Acaba reiterando su fe en un cine «reintegrado de lleno al arte y la literatura».

5.4. *Jazbandismo*. Se publica en dos números consecutivos y con dos títulos distintos: *Lo que dije y no pude decir en quince minutos* (núm. 51, 1-II-1929, p. 6) y *Continuación de la conferencia de Ramón Gómez de la Serna en el Cineclub* (núm. 52, 15-II-1929, p. 6). El texto, con retoques y prolongado por el final, reaparece en *Ismos*.[30] Asimilable resulta *Negras confesiones de Ramón* (núm. 52, 15-II-1929, p. 1), texto acerca de las emociones experimentadas por él, cuando, pintado de negro, dio una conferencia sobre el jazz, como preámbulo a la proyección de una película de Al Jonson. Reaparece diluido en el capitulo LV de *Automoribundia*.[31]

5.5. *El antiguo y el nuevo estudiante* (núm. 82, 15-V-1930, p. 4). Ramón contrapone, al estudiante del Siglo de Oro, el estudiante moderno, con ventaja para este: «Hoy el estudiante está más en todo que nunca y si siente solidaridad no es para las vanidades de privilegio señoritil, ni para realizar arbitrariedades, sino para mantener su dignidad espiritual y su libertad. Se declara más de acuerdo con los estudiantes de 1930 que con los de su propio tiempo. El nuevo estudiante —rebelde en sentido profundo, no retórico— «se hace la corbata ante espejos de porvenir». Acaba proclamando su fe en la juventud rechazadora de cualquier amaneramiento pasado o presente.

---

[30]   Cap. «Jazzbandismo»: Madrid, Biblioteca Nueva, 1931, pp. 178-197.

[31]   Buenos Aires, Sudamericana, 1948, pp. 382-383 y 389-390.

6.   Pombo

6.1. *Muerte del falso Pirandello* (núm. 19, 1-X-1927, p. 2; y núm. 20, 15-X-1927, p. 2). El «falso Pirandello», así bautizado por Ramón, era un pobre hombre, mitómano con veleidades de agitador, que frecuentaba la tertulia y que servía de irrisión. Muerto en la miseria, fue enterrado a expensas de los pombianos y de los vendedores ambulantes que lo conocían.[32]

6.2. *Gaceta de Pombo* (núm. 57, 1-V-1929, p. 2; núm. 61, I-VII-1929, p. 4; y núm. 70, 15-XI-1929, p. 4). Las secciones denominadas «gacetas» se incorporaron a la revista a partir del núm. 49, 1-1-1929. La de Pombo, cabía esperarlo, fue confiada a Ramón. El contenido de los tres textos es complejo y no dispongo aquí de espacio para reseñarlo. Además, se anuncia su aparición próxima en un tomo de las *Obras completas*.[33] El núm. 57 se encabeza con un «Proyecto» en el que Ramón reitera sus ideas centrales sobre la tertulia: ironía en la elección de lugar (ámbito viejo para actitud nueva), ausencia de todo programa cons-trictivo, lucha sólo contra el amaneramiento, espacio abierto a los sencillos y a los locos pero con «seguro instinto de orientación en su locura». En los tres números, una subsección, «El mármol» o «Lápiz en mármol», reúne un total de 68 greguerías. El grueso, sin embargo, está formado por un «pot-pourri» de noticias, libros recién aparecidos, visitantes notables de la tertulia, actividades en el marco de ella. El num. 61 incluye un interesante texto

---

[32]   Se echa de menos, en este caso, por parte de Ramón, la inexcusable piedad respecto del personaje.

[33]   Ioana Zlotescu, «Prólogo general» a *Obras completas I*, cit. en nota 320, p. 31.

sobre el Rastro, al que acompaña un expresivo plano dibujado por Ramón. Un cuarto texto. *Tertulias literarias. Pombo, 1930* (núm. 97, 1-I-1931, pp. 10-11), aunque con otro título, es asimilable a las tres «gacetas». Ramón desmiente que su larga ausencia de Pombo —por haberse marchado a París, donde puso en marcha una tertulia en el café La Consigne, y luego a Alemania— equivalga a una huida. En su periplo europeo, ha podido constatar que: «Ya por el mundo todos se son extraños, y solo están ligados por un egoísmo económico». En contraste con ello, destaca el programa liberador de los pombianos. Son gentes como ellos —artistas, no políticos— las llamadas a crear el mundo ameno, que es el único digno de vivirse.

Otros tres textos menores completan la materia pombiana y vienen a ser como esquirlas de las «gacetas», más extensas: 1) *Una proclama de Pombo. Banquete a Azorín* (núm. 22, 15-XI-1927, p. 21. Ramón escribe en nombre de los pombianos. El texto, con añadidos, reaparece en el cap. «Azorín y Pombo» de *Azorín*.[34] 2) *Gestos* (núm. 71, 1-XII-1929, p. 3). Los de Ramón en Pombo, expresivos de su peculiar manera de dirigir la tertulia. 3) *Notas pombinas. Lápiz en mármol* (núm. 100, 1-III-1931, p. 2). Consta de 17 greguerías y dos notas breves.

7.   Recapitulo

El espigueo en *La Gaceta Literaria* ha dado como resultado: un relato breve, cuatro retratos al parecer inéditos, seis «caprichos», cinco pequeños ensayos (y otro, más extenso, sobre el cine, para el que Ramón, con poco acierto, prevé un futuro ancilar respecto de la literatura),

---

[34]   Madrid, La Nave, 1930, pp. 294-308.

unos cuantos textos ilustrativos de varias actividades, datos complementarios del amplio conjunto constituido por ambos «Pombos»: *Pombo* y *La sagrada cripta de Pombo*. Indirectamente, alguna información sobre el método de trabajo, por cierto no muy escrupuloso: reutilización frecuente de textos anteriores para «rellenar» los que iba produciendo. No demasiado. pero sí lo bastante —pienso— para justificar el tiempo invertido en la pesquisa.

Un aspecto de la creatividad léxica ramoniana

1. A diferencia de otros escritores que en nada lo superan, Gómez de la Serna ha sido relativamente poco estudiado. El hecho es anormal, e injustificable, dado que tanto la magnitud como la diversificación y originalidad de su obra hacen de él un caso único en el panorama de la literatura española del siglo xx. Aún lo es más si se considera que Ramón no sólo importa por lo que escribe, sino por lo que trae de fuera, por cómo abre la escritura de su tiempo a las vanguardias europeas, y por cómo su magisterio se ejerce sobre los coetáneos y sobre las generaciones siguientes.

Repasando los acontecimientos históricos con repercusión sobre su vida personal, encontramos dos fechas, próximas la una de la otra y que le resultaron ambas aciagas: 1929 y 1931. Corresponde la primera, como es sabido, al «crack» de los Estados Unidos, frontera en el tiempo entre una vanguardia «alegre y confiada» y otra taciturna y recelosa. La segunda, al advenimiento de la II República, con la correspondiente politización del mundo intelectual y artístico, y con la exacerbación de las tensiones que van a llevar a la guerra civil. No es exagerado afirmar que, desde 1929-1931, a Ramón, aunque siga siendo productivo, incluso muy productivo, durante una serie de años, se le ha pasado su época. Se niega rotundamente a tomar partido en la lucha fratricida. Empieza a perder capacidad de magisterio, se va encon-

.

trando aislado. La marcha a la Argentina, en 1936, al desga-
jarlo de su público natural, le asesta otro golpe del que
nunca llega a recuperarse del todo. Proscrito de su país,
privado del clima cultural propicio, se sobrevive. La tristeza desolada de sus textos de última época, en particular
de *Cartas a mí mismo*,[1] lo testimonia patéticamente.

Pues bien: los estudios de que Ramón ha sido objeto,
considerados en el tiempo, no son ajenos al proceso que
acabamos de esbozar. Figura capital de la literatura española a partir de 1915, y sobre todo durante los «felices años
veinte», que son los de su plenitud, Ramón se sitúa en el
foco mismo de la atención de sus contemporáneos
(escritores, más que estudiosos de la literatura). Se reseñan
sus obras, recién aparecidas; se le dedican artículos y
ensayos; se lo entrevista. Interesan de él, desde luego, la
índole de su obra, pero también la figura personal, la
manera de vivir y trabajar (inseparable de una gran dosis de
histrionismo). Toda esta gloria, sin embargo, va a ser más
bien efímera. Ramón cae en el olvido, se produce un largo
hiato en la atención que se le presta. La recuperación,
cuando se produzca, va a ser ante todo académica. Ramón,
prácticamente, no tendrá tiempo de envanecerse de ella. En
1957, tenemos el libro pionero de Rodolfo Cardona.[2]
Después, las publicaciones se concentran con motivo de
dos fechas: 1963 (muerte del escritor) y 1988 (centenario
de su nacimiento). A la primera corresponden dos estudios

---

[1]   Barcelona, AHR, 1956. Con *Cartas a las golondrinas*: Madrid,
Espasa-Calpe (Austral 1310), pp. 95-225.

[2]   *Ramón: A Study of Ramón Gómez de la Serna and his works*, New
York, Eliseo Torres & Sons, 1957.

de conjunto que, a pesar del tiempo transcurrido, conservan casi toda su utilidad y siguen siendo referencia insoslayable: los de Gaspar Gómez de la Serna y Luis S. Granjel.[3] A la segunda, otros dos libros generales: los de Rafael Flórez y Mariano Tudela.[4] Entre ambas, un trabajo no erudito pero notable por su penetración y sensibilidad: *Ramón y las vanguardias* de Francisco Umbral.[5] Y no sólo esto. Desde los años setenta, el hispanismo internacional, encabezado por el de los Estados Unidos, multiplica sus aportaciones.[6] Desde 1988 hasta ahora se viene produciendo cierto «boom» de monografías de valor desigual: sobre las greguerías, los relatos cortos, las novelas e incluso el «teatro muerto» de la primera época.[7] También se han publicado algunas obras de Ramón, sobre todo novelas, con

---

[3]   Gaspar Gómez de la Serna, *Ramón (obra y vida)*, Madrid, Taurus; Luis S. Granjel, *Retrato de Ramón*, Madrid, Guadarrama.

[4]   Rafael Flórez, *Ramón de Ramones*, Madrid, Bitácora; Mariano Tudela, *Ramón Gómez de la Serna. Vida y gloria*, Madrid, Hathor Editorial.

[5]   Madrid, Espasa-Calpe, 1978. Hay 2ª ed.: Madrid, Espasa-Calpe, 1996.

[6]   Dos referencias (estudios de conjunto): Ronald Daus, *Der Avantgardismus Ramón Gómez de la Serna*, Frankfurt, Klostermann, 1971; Rita Mazzetti Gardiol, *Ramón Gómez de la Serna*, New York, Twayne, 1974 (en inglés).

[7]   Destacamos: César Nicolás, *Ramón y la greguería: morfología de un género nuevo*, Universidad de Extremadura, 1988; Antonio del Rey Briones, *La novela de Ramón Gómez de la Serna*, Madrid, Verbum, 1992; Agustín Muñoz-Alonso López, *Ramón y el teatro: la obra dramática de Ramón Gómez de la Serna*, Ciudad Real, Universidad de Castilla-La Mancha, 1993.

estudio introductorio y notas.[8] Cabe esperar que la
aparición de las obras completas, en la editorial barcelonesa
Círculo de Lectores, encomendada al cuidado de Ioana
Zlotescu, proporcione la base necesaria para un mejor
conocimiento de la obra de Ramón.

Toda esta actividad crítica —cuyo valor de conjunto
debe reconocerse— deja sin embargo zonas amplias de
sombra. Del lado literario, es el caso del grupo de libros
incluidos bajo la etiqueta común de «ramonismo»[9] —cuya
índole, diferenciación interna y sentido global están
pendientes de exploración—, de los dos «Pombos»[10] y de
las obras madrileñistas,[11] especímenes de un neocostumbrismo peculiar. Del lado lingüístico, entre otros
aspectos de alcance menor, queda pendiente de estudio
cómo el sistema expresivo ramoniano ha ido evolucio-

---

[8]   *La quinta de Palmyra* (ed. Carolyn Richmond), Madrid, Espasa-
Calpe, 1982; *El secreto del acueducto* (ed. Carolyn Richmond), Madrid,
Cátedra, 1986; *La viuda blanca y negra* (ed. Rodolfo Cardona), Madrid,
Cátedra, 1988; *Greguerías* (ed. Antonio A. Gómez Yebra), Madrid, Castalia,
1994; Teatro muerto (ed. Agustín Muñoz-Alonso López y Jesús Rubio
Jiménez), Madrid, Cátedra, 1995.

[9]   Hay un libro titulado así: *Ramonismo*, Madrid, Calpe, 1923. Pero
también otros: *Caprichos*, *Gollerías*, *Variaciones*, *Muestrario*, *Libro nuevo*,
Otras cosas, *Otras fantasmagorías*, *Trampantojos*.

[10]   *Pombo*, Madrid, Imprenta Mesón de Paños, 8, 1918 (reedición:
Madrid, Trieste, 1986); *La sagrada cripta de Pombo*, Madrid, Imprenta G.
Hernández y Galo Sáez, s. a. [1924] (reedición: Madrid, Trieste, 1986).

[11]   *Elucidario de Madrid*, Madrid-Barcelona-Buenos Aires, Renaci-
miento/CIAP, 1931; *Nostalgias de Madrid*, Madrid, Espasa-Calpe (Austral
1380), 1966.

nando en el tiempo desde el párrafo extenso y a menudo impreciso y farragoso de la primera época hasta la yuxtaposición de frases breves, con enlaces extraoracionales escasos o ausentes, característica de su escritura «adulta»; o la cuantificación, caracterización y valor estilístico de la creación neológica. Con una modesta cala en esto último, me complace ahora sumarme al nuevo homenaje de que, con plenitud de merecimientos, es objeto el maestro y amigo Germán Colón.

2.   Mi interés por la creatividad léxica de Gómez de la Serna viene de lejos. Hace años le dediqué un trabajo tentativo.[12] Más tarde, Ignacio Soldevila-Durante llevó a cabo otra pesquisa en el mismo sentido.[13] En 1989, yo mismo, en un trabajo cuyo centro de interés era otro, volví a llamar la atención sobre la cuantía del neologismo ramoniano.[14] Lo que sigue se limita a un aspecto concreto, la derivación, e incluso al caso particular de un sufijo determinado: _-ismo_. Su justificación, si es que la tiene, sería la de una mera propuesta metodológica.

---

[12]   «Notas sobre el léxico ramoniano», en _Miscelánea de estudios hispánicos. Homenaje de los hispanistas de Suiza a Ramón Sugranyes de Franch_, Publicacions de l'Abadia de Montserrat, 1982, pp. 207-220.

[13]   «Para un estudio de la creatividad léxica de Ramón Gómez de la Serna», en _Nueva Revista de Filología Hispánica_, XXXVI, 1988, pp. 753-766. V. también: «El gato encerrado (Contribución al estudio de la génesis de los procedimientos creadores en la prosa ramoniana)», en _Revista de Occidente_, enero de 1988, pp. 31-62.

[14]   «Adiciones al Diccionario Histórico de la Lengua Española», en _La Corona de Aragón y las lenguas románicas. Miscelánea de homenaje para Germán Colón_, Tübingen, Gunter Narr, 1989, pp. 395-411.

2.1. En una primera lectura, o en una lectura descuidada aun no siendo primera, el neologismo ramoniano, al no plantear casi nunca problemas de comprensión, tiende a pasar desapercibido. Releyendo, o prestando más atención, se empieza ya a captar lo mucho que tiene de alejamiento, e incluso de ruptura, respecto de la convención idiomática al uso. Tal impresión, intuitiva en un principio, se ve confirmada tras la consulta de los diccionarios. El hecho por lo pronto es de relieve cuantitativamente. En mi trabajo de 1989, para el espacio comprendido entre *a* y *anafrodítico* (el que abarcan los diecisiete primeros fascículos del Diccionario Histórico de la Lengua Española que la Academia viene publicando desde 1960), encontré 50 palabras no recogidas en este. En ese mismo espacio, Soldevila registró 84 palabras, de las cuales sólo 15 repiten otras tantas de las mías.[15] Sumando resultados, se obtiene un total de 119 neologismos para este reducido segmento. Extrapolando, resulta que si, en las 94 páginas que en la última edición del diccionario normativo académico corresponden a *a-anafrodítico*, aparecen 119 casos, al conjunto le corresponderían casi 2.000 (1.915 para ser exactos). En relación con ello, nos atrevemos a pensar que un estudio exhaustivo, o al menos apoyado en datos abundantes y ordenados, de la creatividad léxica ramoniana, concretamente de la derivación, a lo largo de medio siglo, entre 1913 y 1963,[16] enseñaría mucho sobre la evolución y sobre los límites de la misma.

---

[15]   En uno y otro caso, varió, claro, el corpus utilizado.

[16]   1913 es el año de publicación de *El ruso*, al final de la «prehistoria» de Ramón; 1963, el de su muerte.

2.2. Como señaló hace años Eugenio G. de Nora,[17] Ramón «es, antes que nada, un modo de escribir, una fuerza de creación lingüística excepcional». En lo que atañe al vocabulario —terreno en el que se inscribe el neologismo—, encontramos que el suyo, además de rico y fluente, es impremeditado, propenso a transformaciones sorprendentes y a distorsiones humorísticas. La innovación neológica, como todas las manipulaciones a las que somete al lenguaje, se revela perfectamente acorde con su doble proyecto: primero, revolver-destruir lo establecido; luego, reordenar lo revuelto y substituir lo destruido, en busca siempre de otra dimensión tan inédita como sea posible.

Ahora bien, en la escritura de Ramón, la creatividad léxica no implica elitismo ni pedantería algunos. Trabaja con un nivel de lengua que viene a ser el estándar muy penetrado de coloquialidad. Se veda escrupulosamente lo que él llamaba «barbilindismo retórico». Sus neologismos son captables desde la competencia lingüística del lector medio; su comprensión no requiere de conocimientos elevados y cuando son cultos se suelen rebajar jocosamente. Evita tanto lo arcaico como lo clasicista, discrepando con ello de su maestro Azorín;[18] tampoco cultiva lo «castizo», lo que es notable en quien, como él, asimila una fuerte dosis de costumbrismo. Parece pensar, como Antonio Machado, que las cosas que de verdad importan —y nada le importa tanto como innovar la literatura— han

---

[17]   *La novela española contemporánea*, Madrid, Gredos, 1979, II, p. 101.

[18]   La admiración (juvenil) de Ramón por Azorín desembocó en una de sus biografías mayores: *Azorín*, Madrid, La Nave, 1928, donde en rigor se ocupa de toda la generación del 98.

de decirse en el lenguaje de todos. Una greguería —«Ni speaker ni locutor, pregonero»— sintetiza bien lo que estamos comentando: ni extranjerismo ni cultismo (latinismo), sino palabra de uso y alcance generales, si bien «pregonero» no parece en este caso la más acertada.

Otra cuestión que se plantea es la de saber si la mayor o menor densidad de neologismos coincide o no con una mayor o menor voluntad y tensión de estilo. Se estaría tentado a pensar que sí, pero es aventurado pronunciarse al respecto sin una exploración detallada previa. Algo se entrevé, no obstante. En la «prehistoria» de Ramón, cuando aún no ha encontrado modos de decir que reflejen con fidelidad su propia y peculiar concepción del mundo, no hay neologismos salvo en casos aislados, lo que les quita relevancia. Una vez alcanzada la madurez, hay obras en las que la creación neológica se concentra, salta a la vista en casi cada párrafo, y otras en las que escasea hasta desaparecer. Vuelve a escasear con la rehumanización dolorida de los últimos años.[19] Que se dé una u otra cosa parece depender de la pendulación entre cierta continuidad respecto del realismo heredado del siglo XIX (escritura concatenada, trabada en el plano sintáctico) e impulso innovador vanguardista (escritura sintácticamente fraccio-

---

[19]   Según Ignacio Soldevila, art. cit., p. 756, Ramón conserva desde las primeras a las últimas obras una asombrosa capacidad neologizante. No comparto este punto de vista. Piensa además que su creatividad léxica no se limita a los neologismos, aunque éstos resulten lo más llamativo: «Es aún más abundante la adaptación de palabras ya existentes a significados novedosos, exigidos por su personalísima visión de la realidad» (p. 758), afirmación que me parece exagerada.

nada, con numerosas asociaciones insólitas). Quede esto simplemente esbozado.

2.3. Como Picasso —sobre el que escribió[20] y con el que se lo ha comparado—,[21] Ramón es mucho más creador que teorizador. Cabe, con todo, entresacar de pasajes dispersos de su obra afirmaciones que, una vez reunidas y. ordenadas, constituyen un «ideario lingüístico» peculiar. Tampoco falta algún texto breve y a su manera teórico (por supuesto, no con el metalenguaje al que la lingüística nos tiene acostumbrados). Desde mi perspectiva, voy a detenerme un poco en el ensayo titulado «Las palabras y lo indecible», publicado por primera vez en la Revista de Occidente,[22] y desde hace poco accesible en una útil antología de textos ramonianos sobre estética y teoría del arte.[23]

Según dicho ensayo, el arte literario nuevo y a la altura de los tiempos postula la palabra en libertad, reivindica el derecho al desvarío verbal. La creación neológica, interpreto yo, se inscribe espontáneamente en la

---

[20] *Completa y verídica historia de Picasso y el cubismo*, en *Revista de Occidente*, julio 1929, pp. 63-102, y agosto 1929, pp. 224-250. También en *Ismos («Picassismo»)*, Madrid, Biblioteca Nueva, 1931, pp. 42-107.

[21] Guillermo de Torre, «Picasso y Ramón. Paralelismos y divergencias», en *Doctrina y estética literaria*, Madrid, Guadarrama, 1970, pp. 734-757. V. también Luisa Sofovich, «¿Picasso?», en *La vida sin Ramón*, Madrid, Ediciones Libertarias, 1994, pp. 39-44.

[22] Número de enero de 1936, pp. 56-87. También en: *Lo cursi y otros ensayos*, Buenos Aires, Sudamericana, 1943, pp. 191-230.

[23] *Una teoría personal del arte* (ed. Ana Martínez-Collado), Madrid, Tecnos, 1988, pp. 184-200.

práctica de esa libertad y ese derecho. Por otra parte, Ramón concibe la literatura como una «contramatemática» (el término es suyo), en el sentido de que en ella es imperativo romper las asociaciones establecidas entre las palabras; el lenguaje requiere «una disgregación que abra luces en su compacta materia». Tales principios inspiradores obligan al escritor a moverse en una provisionalidad insoslayable. Para él, lo imperfecto (= lo no hecho del todo) es sin duda preferible a lo perfecto (= lo sí hecho del todo). Resulta, pues, que el «buen acabado» (las comillas son mías), lejos de ser marca de calidad, lo es de rutina, amaneramiento o sumisión culpable al adocenamiento del público. La provisionalidad del neologismo ramoniano, en la que insistiré más adelante, encaja aquí sin violencia alguna. Es cierto que la práctica totalidad de sus neologismos no han alcanzado una lexicalización estable, pero no por ello dejan de justificarse, de desempeñar con eficacia la función que se les encomienda, que no es sino la de disgregar, vivificar y rejuvenecer el lenguaje, a la vez que revelan el esfuerzo del escritor, braceando en las aguas revueltas.

Por otra parte, en el ideario lingüístico ramoniano, se preconiza, al unísono con los surrealistas, el automatismo de la expresión. Dicho automatismo favorece la creación de derivados inéditos, forzando al máximo las posibilidades que, en este plano, ofrece la virtualidad de la lengua española. Inversamente, el amaneramiento, la inercia o la repetición, inhibidores de la creación neológica, vulneran en lo más profundo la originalidad que se considera constituyente primero y principal del arte. La mirada ideal del artista, utópica y «à la limite» inalcanzable, es la «espongiaria», es decir, múltiple, circular y omniabarcante (rotación y compendio de perspectivas parciales que se suman); despojada de tabúes y preferencias, no jerarquizada. Para quien proyecta sobre el mundo tal tipo de mirada, la creatividad léxica se convierte en un procedimiento enteramente idóneo y natural. Su sentido último es el logro de una «supervisión», a la que sólo acceden los artistas si previamente han entrado en lo indecible (a su vez inseparable de los azares y quiebros del pensamiento y de la palabra) como descubridores. Todo ello es a su vez inseparable de otra idea clave en el pensamiento de Ramón: la de que una cosa es el «literato» (él se siente y se quiere literato) y otra el «poeta». Literato es «el que crea la ciudad (= visión artística del mundo) de la que ellos (= los poetas) son sólo las giraldas (= las torres, las cumbres)». Los poetas, sin literatos, «son solo gritos de auxilio en casas vacías, encabezadores sin textualidad» (= títulos bellos de textos inexistentes). Llevando esto a mi propio terreno, la producción de neologismos sería tarea propia de literatos; entresacar, para perpetuarlos, los más bellos o eficaces, responsabilidad de los poetas.

2.4. En cualquier lengua natural, el acervo léxico cambia mediante la acción conjunta de: 1) pérdida de elementos que formaban parte integrante del conjunto; 2) aparición de otros elementos nuevos o neología. Dentro de ésta, recordaremos la distinción entre neología denominativa, que obedece a la necesidad práctica de designar algo nuevo, y neología estilística o expresiva, justificable con fines artísticos (así la de Ramón). Esta última constituye una necesidad, o al menos una tendencia, a la que nadie escapa del todo y que, en el caso particular de ciertos escritores, se hipertrofia y se hace imperiosa en cuanto componente de la voluntad personal de estilo. Crear neologismos implica a la vez utilización del código (mediante el desarrollo de determinadas virtualidades que éste ofrece) y trastorno o subversión del mismo. Lo que ocurre es que la creación neológica, nacida en un momento determinado, puede luego, andando el tiempo, verse confirmada o rechazada por la comunidad. En el caso particular de Ramón, se da un desequilibrio flagrante entre la cuantía de su innovación y la pervivencia de ésta, entre el efecto sorpresivo y refrescante que produce en los lectores y la acogida por parte de la comunidad lingüística del aluvión de términos que se le proponen.

3.   A fin de evitar, en la medida de lo posible, que este trabajo resulte demasiado abstracto procederé a una cala en la creatividad léxica de Ramón. Selecciono los derivados en *-ismo*. La elección de este sufijo no es arbitraria. *Ismos* se titula, como es sabido, uno de sus libros capitales, imprescindible para el conocimiento de su propia obra y de los movimientos vanguardistas, españoles y europeos, en general.[24] Si algo estuvo presente en su pensamiento fueron esas múltiples tendencias artísticas, de cuya aparente multitud sólo sobrevirían unas pocas de mayor peso específico y de cuyos nombres él separó el sufijo para convertirlo, sustantivado, en nombre del principal compendio de sus ideas estéticas.

A partir de un corpus de veinticuatro obras —de diversos géneros y de extensión desigual pero pertene-

---

[24]   V. nota 367. Hay ed. más moderna: Madrid, Guadarrama, 1975.

cientes todas a la época de madurez—[25] he reunido un centenar de palabras, todas ellas ausentes en la última edición del diccionario académico,[26] tomado como punto principal de referencia. Por razones de espacio, no puedo utilizarlas todas. Me limitaré a un tercio. Parece suficiente para proponer y ejemplificar una clasificación que sirva de base a unas conclusiones provisionales y como sugerencia

---

[25]   Son las siguientes: *Automoribundia*, Buenos Aires, Sudamericana, 1948 (= A); *La abandonada en el Rastro*, en *Revista de Occidente*, marzo, 1929, pp. 257-288 (= AR); *Aventuras de un sinsombrerista*, en *Revista de Occidente*, marzo, 1932, pp. 282-307 (= AS); *Cartas a las golondrinas*, Barcelona, Juventud, 1949 (= CG); *El caballero de Olmedo*, en *Doña Juana la Loca (y otras) (seis novelas superhistóricas)*, Madrid, *Revista de Occidente*, 1949, pp. 33-56 (= CO); *El chalet de las rosas*, Valencia, Sempere, 1923 (= CH); *Dalí*, Madrid, Espasa-Calpe, 1977 (= D); *El doctor inverosímil*, Madrid, Atenea, 1921 (= DI); *Doña Urraca de Castilla*, en *Doña Juana la Loca ...*, Madrid, *Revista de Occidente*, 1949, pp. 57-74 (= DU); *La emparedada de Burgos*, en *Doña Juana la Loca ...*, Madrid, *Revista de Occidente*, 1949, pp. 95-117 (= EB); *Gollerías*, Valencia, Sempere, 1926 (= G); *Interpretación del tango*, Buenos Aires, Albino y asociados, 1979 (= IT); *La mujer de ámbar*, Madrid, Espasa-Calpe, 1959, 6.ª ed. (= MA); *Norah Borges*, Buenos Aires, Losada, 1945 (= NB); *Nostalgias de Madrid*, Madrid, Espasa-Calpe, 1966 (= NM); *Otras cosas*, en *El alba y otras cosas*, Madrid, Saturnino Calleja, 1923 pp., 89-285 (= OC); *París*, Valencia, Pre-textos, 1986 (= P); *Piso bajo*, Madrid, Espasa-Calpe, 1961 (= PB); *Policéfalo y señora*, Madrid, Espasa-Calpe, 1932 (= PS); *Quevedo*, Madrid, Espasa-Calpe, 1953 (=Q); *La quinta de Palmyra*, Madrid, Biblioteca Nueva, 1923 (= QP); *Ramonismo*, Madrid, Calpe, 1923 (= R); *Senos*, Buenos Aires, Albino y asociados, 1979, 4 vols. (= S); *Las tres gracias*, Madrid, Perseo, 1949 (= TG); *Don Ramón María del Valle-Inclán*, Madrid, Espasa-Calpe, 1953 (3.ª ed.) (= VI).

[26]   Madrid, Espasa-Calpe, 1992 (21.ª ed.).

metodológica susceptible de aplicación en espigueos
ulteriores más completos.

3.1. Valores próximos al normal, es decir, al inven-
tariado en las gramáticas, según las cuales -ismo es sufijo
propio de sustantivos con valor abstracto que designan
doctrinas, sistemas, escuelas o movimientos: filosóficos,
ideológicos, sociales, políticos, artísticos, etc.:[27]

1. *Absurdismo:* «todo parece posiblemente (= vir-
    tualmente) igual en el absurdismo» (D 130).

2. *Acratismo:* «Entre Retiro y acratismo osciló la
    gran anécdota de mi adolescencia» (A 171).

3. *Barbilindismo:* «Madrid es... el sentir sin
    incurrir en el barbilindismo y menos en la
    sobonería» (NM 14).

4. *Decorativismo:* «así se salvan (= los pisapa-
    peles) del exceso de decorativismo» (A 639).

5. *Torreeburnismo:* «los más injuriados de torre-
    eburnismo vivieron en... zaquizamíes» (A 490)
    [de «torre ebúrnea» o «torre de marfil», con el
    sentido de 'elitismo'].

6. *Tremebundismo:* «Quevedo es el tremendo
    español y por eso anda a vueltas como nadie con
    el tremebundismo de la muerte» (Q 131) [viene
    a ser equivalente del luego consagrado
    «tremendismo»].

3.2. Valores desgastados, imprecisos y que se van
separando del uso normal; las formaciones de este grupo se
deslizan hacia lo superfluo en la medida en que se dejan

---

[27]   Entra también en la formación de términos científicos, aquí ausentes.

reemplazar sin violencia por otros términos bien instalados en el vocabulario (los indico entre paréntesis) y respecto de los cuales no presentan ventaja apreciable:

7. *Adornismo:* «emplea (= Valdés Leal en sus cuadros)... ese adornismo (= 'decoración') de audaces volutas que es la rúbrica de lo barroco» (Q 127).

8. *Camaraderismo:* «un periodista dijo... a su espalda una macabrez en el crudo camaraderismo (= 'camaradería') español» (VI 199).

9. *Fisgonismo:* «Con unos buenos visillos se puede vivir... aunque... impere mucho el fisgonismo (= 'fisgoneo') de los unos sobre los otros».

10. *Pasionismo:* «En los ojos verdes de Norah está profesada la inocencia como cristal... para... dejar en su tácito más allá todos los pasionismos (= 'apasionamientos') de la vida» (NB 34).

11. *Ternurismo:* «en el Teatro sucede que se llega a un ternurismo (= 'sentimentalismo, blandenguería') tal en el deseo de halagar a los demás» (A 507).

12. *Trovadorismo:* «gracias a ella (= la muñeca de cera) no decae mi trovadorismo (= 'galantería')» (A 339).

3.3. Un paso más, y los derivados en *-ismo* pasan a expresar la condición, papel o cometido de alguien:

13. *Amazonismo:* «Colgaba aquella cola de gasa negra por detrás de su sombrero... como alarde de un amazonismo tenido en medio de los bosques (CH 115).

14. *Brujismo:* «vosotras os decís «¡duro y a volar!» y con un brujismo infantil... redobláis vuestros ejercicios» (CG 91).

15. *Detectivismo:* «tenéis como encomendado por Dios un detectivismo... en cuanto os toca vigilar florestas lejanas de las ciudades» (CG 50).

16. *Incluserismo:* «algunos... van perdiendo sus apellidos... acabando la vida en una especie de incluserismo vergonzante» (R 19).

17. *Peatonismo:* «van gulusmeando esquinas, disfrutando su peatonismo» (PB 71).

18. *Rusismo:* «hablan ruso a mi alrededor... y se ven siluetas familiares de los nómadas del rusismo de Montparnasse» (P 81).

3.4 Formaciones humorísticas, a partir del vocabulario coloquial o del personal e intransferible del escritor, que contribuyen a trastornar el valor de un sufijo adscribible ante todo a la lengua culta:

19. *Cervatismo:* «no le podían señalar (= a un marido) cervatismo alguno» (EB 107) [«ciervo» se asocia a «cuernos»].

20. *Cotillismo:* «Los testigos... hablaban con cotillismo inconsciente» (MA 121).

21. *Medicinismo:* «me dediqué a fundamentar mi medicinismo ('afición a las medicinas')» (A 688).

22. *Pirandonismo:* «Seguía (= Valle Inclán) escribiendo *El ruedo ibérico*... Pero ¡qué majeza y qué pirandonismo!» (VI 203).

23. *Policefalismo:* «Nada como el champagne [para] que buscase los vericuetos más recónditos de su policefalismo» (PS 181) [Policéfalo es el nombre del protagonista masculino de *Policéfalo y Señora,* novela de Ramón publicada en 1932].

24. *Reborondismo:* «No representan comilona... ni reborondismo de desayuno en tren o estación» (NM 191) [«reborondo», refuerzo de «orondo», es palabra predilecta de Ramón].

3.5   Derivados a partir de nombres concretos. Estos nombres concretos, al servir de base a un sufijo característico de palabras con sentido abstracto, dan un resultado chocante y a menudo cómico:

25. *Avionismo:* «no tenemos más misión que llevar a América la palabra amena... revelando... los avionismos (= 'elevaciones') de la palabra hacia el cielo» (A 549).

26. *Bacaladismo:* «el bacaladismo era una escuela enjundiosa... y a cuyo arte habría que estimular con una primera medalla» (NM 95) [se trata de un tendero madrileño de ultramarinos inventor de unos «tapices» hechos de bacalaos secos con los que adornaba su escaparate; Ramón, además, juega, a la manera barroca, con los dos sentidos, material y figurado, de «enjundioso»].

27. *Camisismo:* «el camisismo existencialista ha frivolizado más la escuela (= 'corriente de pensamiento') inconsistente» (D 75).

28. *Carambanismo:* «esos espejos llenos de carambanismo que tienen marco de espejo»

(AR 282) [el cristal de los marcos de espejo es equiparado al hielo de los carámbanos].

29. *Japonesismo:* «Doña Renée tenía los ojos entornados, en que comienza el japonesismo (= 'arrugas, patas de gallo', por comparación con los ojos «fruncidos» de los orientales) de la vejez» (AR 283).

30. *Lagunismo:* «la enorme cantidad de agua que queda de las pasadas lluvias y en cuyos lagunismos (= 'lagunas') hay árboles a medio sumergir» (CG 50).

3.6. Doy, por último, ejemplos de derivaciones inusuales, forzadas o defectuosas:

31. *Becquerianismo:* «el becquerianismo de los que esperan que una mano descorra los finos encajes de ese balcón, será inútil» (G 108) [sobre «becqueriano» y no sobre «Bécquer»].

32. *Broncinerismo:* «los broncistas lucen su sortija de sello en bronce... Es la joya de su broncinerismo» (OC 250) [sobre «*bronci-nero», aunque en el pasaje esté la forma normal «broncista»].

33. *Curiosantismo:* «El hombre osado... se pone a ver el secreto de detrás de la valla. ¿Es una estafa de curiosantismo?» (NM 151) [¿de «*curiosante», por «curioseante»?].

34. *Marisabidismo:* «Hay los senos llenos de mari-sabidismo» (S IV 14) [de «*marisabida», en vez de «marisabidilla»].

35. *Ternejalismo:* «tenía blandura de sandwich (sic)
y de niño recién nacido, ternejalismo que sólo
tiene el libro que se va a lanzar por primera vez
al mundo en primera edición» (TG 77) [de
«ternejal», que en rigor significa 'terne,
valentón', confundido con «ternejón» o
«ternerón», derivados de «tierno»].

36. *Zarrapastrismo:* «en lo social iban contra... el
zarrapastrismo de Baroja» (VI 103) [de
«zarrapastro», forma que recogen los diccionarios, aunque lo previsible sería «zarra-
pastrosismo», sobre el usual «zarrapastroso»].

4.   Tras este muestreo, intentaré recapitular. La creatividad de Gómez de la Serna, en el plano léxico, se caracteriza por la capacidad considerable de creación neológica,
difícil de apreciar íntegramente al no disponerse aún en
español de un diccionario «tesaurizante» completo. Dicha
carencia impide también determinar con margen escaso de
error cuándo se trata de invenciones ocasionales[28] y cuándo
de términos que han alcanzado una lexicalización, aunque
sea precaria. Señalaré de pasada la tendencia ramoniana a
la «autolexicalización», es decir, a repetir sus propios
neologismos en pasajes alejados unos de otros en el tiempo
o pertenecientes a obras de índole diversa.

---

[28]   La Academia, en el prólogo al *Diccionario Histórico de la Lengua
Española*, pp. IX-X, se declara partidaria de recogerlas «porque representan una actividad creadora importante por sí misma; además, en
muchas ocasiones, no es prudente asegurar que carezcan de antecedentes
o consecuentes en el uso colectivo».

En la medida en que cabe apreciarlo, se diría que la creatividad léxica de Ramón, marca destacada de su estilo y contribución importante al encanto de éste, no ha alcanzado persistencia. La comunidad hispanohablante no ha aceptado, difundido y fijado sus hallazgos. Los motivos de ello han sido varios: 1) número excesivo de neologismos, en detrimento del relieve y la eficacia de cada uno; 2) perfil borroso, al ser captables sin dificultad, como lo muestra la mayoría de ejemplos aducidos, entre otros muchos posibles; 3) escasa relevancia intelectual y estética de casi todos; 4) imprecisión y cierta defectuosidad; 5) inserción en contextos donde, más que realzarlos, se los rebaja. Sin embargo, y paradójicamente, no hay que pensar tampoco que la neología de Ramón carece de sentido, que ha sido superflua e inoperante. Constituye una exhibición admirable de destreza y libertad lingüísticas que entrena al lector para gozar y compartir una y otra. Se trata una vez más de una manifestación de genialidad inseparable del exceso, de la precipitación y hasta del «descuido». Entre comillas «descuido» por todo lo que, en el proyecto artístico de Ramón, tiene el descuido de deliberado, es decir, de solícito y diligente en la consecución de una finalidad. El hecho encuentra su sentido último referido a la lucha enconada del escritor contra el statu quo, lo convencional y recibido, el envaramiento y rigidez academicistas. En el «Ex-libris» de la primera edición de *El Rastro*,[29] hay un pasaje que me parece clave para la comprensión de todo esto: «La perfección del balbuceo, el no avergonzarse ni corregir el balbuceo, es la única forma admirable de expresión, es la única manera de que haya

---

[29]   *El Rastro*, Valencia, Sempere, s. a. [1914], p. 259.

potencialidad en el estilo». Provisionalidad e impreme-
ditación del lenguaje ramoniano, inseparables de su riqueza
y exuberancia. Diseminación, desparramamiento de una
facundia que, por premura o por impulso temperamental
irreprimible, casi nunca se depura ni alcanza la contención
necesaria. Ausencia de diques donde se remanse y
clarifique lo agitado y turbio de las aguas.

Las acotaciones del teatro ramoniano juvenil (1909-1912)

0. La producción teatral de Ramón Gómez de la Serna ha merecido en los años últimos una atención sostenida por parte de la crítica académica. Por una parte, se le han dedicado cuatro libros (Palenque, 1992; Muñoz-Alonso López, 1993; Martínez Expósito, 1994; Herrero Vecino, 1995); por otra, se lo ha hecho accesible en dos ediciones (*Teatro muerto*, 1995; *Teatro de juventud*, 1996). Con todo ello se ha recuperado, enjuiciándolo a la vez, un conjunto amplio de textos, de los que el autor mismo había renegado en parte y que, con pocas excepciones, dormían el sueño de los justos en bibliotecas no accesibles a todos.

En este artículo, que me ofrece la posibilidad de expresarle a Vidal Lamíquiz mi admiración y amistad, voy a limitarme a un aspecto parcial de dicho teatro: las acotaciones o didascalias. Prescindo de las pantomimas, que, aun siendo contemporáneas, corresponden a un subgénero diferente.

1. Como es sabido, la semiótica teatral distingue dos tipos de texto: principal (en los diálogos) y secundario (en las acotaciones); el primero, literario, es susceptible de lectura autónoma e independiente respecto de su hipotética puesta en escena, mientras que el segundo o espectacular es concebido en función de ésta. Dicho de otro modo: el texto principal pertenece a la literatura, se justifica por el

mero hecho de ser leído, lo que no excluye, claro está, su representación virtual en la imaginación del lector. Las acotaciones, en cambio, son la palabra del autor, ajena al mundo de los seres de ficción; su destinatario son las personas responsables de que el texto cobre vida en las tablas, deje de ser mera escritura para convertirse en espectáculo. Dichas acotaciones preceden cada acto, cuadro, o escena, dando instrucciones sobre el aspecto y ubicación de los objetos en el escenario, sobre las actitudes y desplazamientos de los actores, sobre el manejo de los efectos especiales como luces y sonido, etc.

Esta dicotomía tiene, obviamente, su correlato en el plano lingüístico. El texto principal o dialógico acapara la literariedad de la obra teatral. A diferencia de esto, las acotaciones son funcionales, es decir, no estéticas, sino meramente prácticas: orientan la puesta en escena, enumeran los elementos que deben aparecer en ella, indican cómo han de declamar, gesticular o desplazarse los actores; sus funciones son la referencial y la conativa. Las cosas, sin embargo, no son siempre tan simples. En ciertos casos, más exactamente en ciertas realizaciones sub-genéricas del teatro, ambos registros —porque se trata en definitiva de registros, de utilizaciones diferenciadas de los niveles disponibles en el sistema de la lengua— se interpenetran, en una simbiosis o «mestizaje» particular. En estos casos, las acotaciones, sin renunciar del todo a su utilidad práctica, se asimilan a la poeticidad propia de los diálogos, con los que establecen una relación compleja, presagiándolos, haciéndose eco de ellos y, de un modo u otro, vigorizándolos, añadiéndoles intensidad dramática. Es lo que ocurre, en grados diferentes, con el teatro juvenil de Gómez de la Serna.

1.1. El estudio de las acotaciones debe plantearse previamente si Ramón escribió teatro para representarlo, para que fuese leído o por su mero placer personal, a modo de catarsis. La crítica, en general, ha venido considerándolo poco apto para la escena y mucho más para la lectura, o relectura —dada la dificultad, de al menos parte de las piezas— en calma y soledad. Al ser así, Ramón se ha vuelto a ver penalizado muchos años después del fracaso, al comienzo de su carrera, como autor teatral. Las cosas, sin embargo, no son tan evidentes. Por una parte, está el hecho de que él mismo intentó en algún caso ver representadas sus piezas. Por otra, los estudiosos han mostrado cómo el torrente verbal enturbiador de la superficie no oculta del todo una preocupación por la coherencia estructural, que se mantiene perceptible en el fondo. Que el joven autor no desechó la posibilidad del estreno lo confirma el hecho de que sitúe fuera de la escena situaciones que implicarían problemas graves de escenificación o que debilitarían el impacto sobre el espectador (Muñoz-Alonso 1993, p. 168).

En principio, la estetización parcial o total de las acotaciones las sitúa en la línea modernista simbolista, que Ramón prolonga en parte durante su etapa juvenil. Dicha estetización, si se extrema, puede llegar a hacer de ellas pequeños poemas en prosa. Es lo que ocurre en buena parte de las del teatro ramoniano juvenil, como ha notado la crítica reciente: «Las acotaciones de *La utopía* [= de 1911] (y de casi todos los dramas de Ramón), extensas y de alta calidad literaria, prueban que para él la descripción poética de lo circunstancial era parte consustantiva del texto dramático» (Sobejano 1996. p. 34); «De sus acotaciones, verdaderas joyas de la prosa ramoniana a la altura de las de Valle-Inclán, se deriva la preocupación por describir y

crear adecuadamente ambiente y personajes» (Herrero
Vecino 1995, p. 26).

1.2. Precisaremos un poco la índole de este desvío
experimentado por las acotaciones del teatro ramoniano
respecto de su función puramente práctica. A menudo no
tienen aplicación escénica directa o pecan de imprecisas:
por ejemplo, no señalan sino en parte la entrada y salida de
los personajes, las de índole iconográfica divagan y no
llegan a trazar un verdadero retrato físico, las que describen
objetos atienden más a la captación subjetiva de estos por
parte del autor que a sus características concretas, las que
tendrían que describir movimientos escénicos renuncian a
hacerlo y se demoran en efluvios sutiles o evanescentes del
personaje más que en el personaje mismo en cuanto
principio activo de la representación. Pecan, pues, contra la
funcionalidad. Sin embargo, visto por el otro lado, se
benefician de una «plusvalía» peculiar, es decir, aumentan
su valor por causas extrínsecas (más allá de lo útil),
sobrepasan con mucho su función originaria de dar pautas
al espectáculo. Las hay que informan sobre los gestos,
actitudes, modos de hablar, estado de ánimo o situación
emocional que atraviesan los personajes, lo que
proporciona placer en la lectura pero alcanza escasa o nula
justificación más allá de ella. Cuando se trata de enumerar
los detalles concretos del escenario, las sugerencias
despertadas por los objetos y captadas por la subjetividad
del autor son tanto o más importantes que los objetos
mismos. En general, las acotaciones resultan más bellas que
aplicables —salvo muy indirectamente— a la realización
escénica. Desbordan así sus límites funcionales y entran a
formar parte del desarrollo de la obra, adquiriendo una

importancia similar o incluso superior a la de las escenas dialogadas.

Por añadidura, en el caso de Ramón las acotaciones son inseparables de otros textos complementarios de las obras teatrales y que las acompañan con frecuencia. Encontramos un poco de todo: efusiones personales, raptos líricos, consideraciones ensayísticas, proclamas o manifiestos de su manera de encararse con el hecho teatral. Desde luego, el autor tenía conciencia clara de estar haciendo un teatro innovador, rebelde respecto de las convenciones y tópicos al uso, un teatro para cuya captación el público no se hallaba preparado. Era, pues, coherente que, según iba escribiendo, sintiese la necesidad de explicar y justificar lo que hacía. De explicarlo por confuso y de justificarlo por heterodoxo. Se explica así la abundancia de prólogos y de epílogos, así como de otros paratextos-variantes de un común discurso ideológico de tipo prescriptivo- que, aunque guarden relación temática con las obras que acompañan, conservan también autonomía. Desde nuestro punto de vista, hemos de señalar que entre estos paratextos y las acotaciones se produce una simbiosis o mixtura que hace borroso el papel de estas: unas veces los paratextos se apropian de precisiones prescriptivas propias de las acotaciones, otras veces estas absorben nociones generales relativas a la atmósfera o sentido general de la pieza dramática que tendrían lugar más adecuado en aquellos. A nuestro juicio, se trata de una anomalía explicable en parte por designio consciente y en parte por inexperiencia juvenil del autor.

2.   A continuación, seleccionamos unos ejemplos, clasificados y mínimamente comentados o anotados, de las

acotaciones del teatro ramoniano juvenil. Inspirándonos en un trabajo sobre las acotaciones de Valle-Inclán (Segura Covarsi: 1988), distinguimos las acotaciones dinámicas de las climáticas y, dentro de estas, las descriptivas de las iconográficas. Transcribimos en letra redonda lo que consideramos funcional y en letra cursiva lo que consideramos literario o estetizado, es decir, no aplicable, o aplicable sólo indirectamente, al trabajo de los responsables de la hipotética puesta en escena.

2.1. *Acotaciones dinámicas*

Las que se mantienen en relación estrecha con la acción, cuyo desarrollo encauzan y guían.

2.1.1. Entresacamos —de *Desolación* (1909: 729, 737, 743 y 746)— unos ejemplos en los que la sencillez y funcionalidad del lenguaje no ofrecen duda. La aplicabilidad a la dirección escénica, tampoco:

La escena representa un gabinete confortable, adornado con cierta sencillez elegante. Los viejos retratos de los antepasados, colgados en sus blancos, le dan un serio aspecto un poco aristocrático. A la izquierda, junto al proscenio, un velador con una lámpara muy empantallada. En el fondo, un balcón con visillos. Puertas a derecha e izquierda. Arde en silencio la chimenea. Paz. Búcaros con flores en las rinconeras. Atardece. [*Blancos* 'huecos, espacios libres'].

Se levanta [= don Alejandro] con grandes dificultades. Vanse [= él y doña Teresa]. Silencio. El criado abre el balcón y se lleva en dos veces todos los búcaros. Desaparece. Larga pausa.

Pausa. Doña Teresa toma asiento. Don Alejandro, muy serio, con señales manifiestas de adustez, como encolerizado, se pasea por la escena, que esclarece Dory muy suavemente encendiendo la lámpara empañada, opaca, de sobre el velador. Don Alejandro echa el pestillo a la puerta. De pronto se para en seco e interpela.

Rompe en sollozos. Se interrumpe al escucharse de nuevo en escena el son deplorable, emocionante, del viático. Pausa. Un momento se escucha con toda distinción su son intercadente. Todos se arrodillan. Los campanillazos se van haciendo cada vez más imperceptibles, hasta que al fin se apagan. Dory se levanta, y en silencio se acerca a los cristales.

2.1.2. La acotación siguiente —de *Cuento de Calleja* (1909:99)— equilibra funcionalidad y estetización:

Los tres combatientes [= niños que juegan a la guerra] cortan en pedazos un periódico y van haciendo municiones en silencio. Raimundo en su sillón, impresionado por el cuento [= han leído uno titulado *El cofrecito encantado*], mira pensativo, quieto, soñador, *algo extraordinario y fantástico que sucede en sus pupilas...* No parece un niño, parece un hombre, *mascullando, resistiendo una recia y erupcionada pubertad... Algo precoz, anormal, demasiado fijo, un raro lunatismo, efusiona su pensamiento y hace dibujos en él, esbozos que son conatos de cosas reales, sordas incertidumbres... Cosas indivisables, cosas inexistentes... Tiene el aspecto calenturiento y retorcido de los saturnianos, parece vivir de melancolías y de sentimentalismos estilizados como ellos, influido por ese astro meditabundo, intrigado, por el gran Saturno el Cojo, que les perfora con esa espina de luz que clavan al reflejarse en los lagos las estrellas morganáticas*. Abatido en el sillón, que se le come por ancho de respaldo y por oscuro, parece relucir con el resplandor opaco de la nieve su rostro menudo y blanco de Hamlet niño, como sobre los brazos obscuros sus manitas febriles y pálidas *que también arden y tienen en su fisonomía un gesto torcido... Los tuberculosos tienen un poco de luz, adelanto de la de sus fuegos fatuos en las noches próximas de cementerio...* Los niños comienzan a tirar proyectiles, mezclando sus exclamaciones épicas y guerreras. [*Saturnianos* 'tristes, taciturnos'; *morganáticas* ¿por superior rango de las estrellas respecto de los lagos?].

2.1.3. Un ejemplo de *Siempreviva* (1911: 272); consta de tres párrafos donde es fácil apreciar la diferente dosificación entre lenguaje estetizado y lenguaje funcional:

Carolina vuelve a quedarse en el centro de la habitación, saca su pañuelo y lo huele pensativa; después lo guarda y, *al verse de nuevo tan en el claro del despacho*, vuelve a salir de él *como traslúcida y corrida como si todo hubiera sido demasiado sagaz*. Se acerca al almanaque, mira un momento sorprendida y, después, volviéndose de todos lados, arranca unas hojas y las guarda con precipitación en el portamonedas. Después se mira en su espejo, arregla su peinado y vuelve a entrar en el gabinete.

Pausa. *Todo lo que ha sido señalado tiene un papel más culminante, más testarudo en esta pausa, se ha enconado, se ha agravado en su plasticidad y en su inercia como respondiendo a lo que se ha dicho sobre ello.*

Aparece Cruz precedido de Luisa, que parece que en vez de anunciarle va a denunciarle *o a decir risiblemente que no ha llegado.* Cruz es hombre joven, anguloso como los que son irresistibles a sus pasiones, *como los que siempre se precipitan y resbalan en la vida.* Está un poco avejentado, pero sin barba, y el bigote recortado, *se puede dudar si su madurez es una precocidad o una saciedad.*

2.2. *Acotaciones climáticas*

El clima, ambiente, atmósfera o «aura» a cuya creación se encaminan es el resultado de dos tipos de datos o de sugerencias: *descriptivos* de los espacios e *iconográficos* o descriptivos de los personajes. Son, con mucha diferencia, las más adecuadas para la estetización, para ser paladeadas en la lectura morosa, las más poemáticas.

2.2.1. *Acotaciones descriptivas.* Las que, por acumulación de datos concretos o de sugerencias a partir de estos, van definiendo y visualizando el espacio escénico, el ambiente —externo o interno, explícito o implícito— de la obra, es decir, tanto en su realización material como en su capacidad evocadora.

En estas acotaciones, se anticipa la hiperestesia y regodeo ramoniano en torno a los objetos que hará eclosión poco después en toda una serie de libros. Nos encontramos —no se olvide— en el período de gestación de *El Rastro* (publicado en 1914). En *La corona de hierro* encontramos anticipada, por ejemplo, una de las nociones esenciales del ensayo de madurez *Las cosas y el ello* (1934). Christian, la amante del rey, le dice a este: «¿Te has fijado cómo buscan su rincón las cosas, como animales sin rostro pero con voluntad? Yo siento por los objetos la efusión que por los niños recién nacidos, tan quietos en su sitio, con los ojos sin abrir o sin hacer... Pero que los tendrán algún día» (*La corona de hierro*, 638). Es asimismo significativo que Ramón eleve las cosas al rango de personajes (Herrero Vecino 1995, p. 148). En *La Casa Nueva*, tres casas —la Solariega, la del Virrey de Indias y la Nueva del título— encabezan la nómina de personajes. Y, en *El lunático*, no solo figuran entre éstos el Antifaz y el Busto de la bella de las manos del Verrocchio, sino que la obra entera se desarrolla en torno al primero y, por si fuese poco, un texto preliminar extenso, sin título, se dilata en pormenorizar todo lo que una mujer con antifaz puede sugerir a una personalidad sutil, exacerbada y morbosa como es la del protagonista (Muñoz-Alonso 1993, p. 116).

2.2.1.1. La acotación que introduce el acto I de *Siempreviva* (1911: 269) va casi toda ella en lenguaje funcional:

> Un despacho en el que todo tiene la anormalidad de esos días [= los días en que muere alguien]. La lámpara de mesa está arrinconada, en lo alto de una librería, los bibelots han sido entremezclados sobre el estante de las revistas, los cuadros están todos un poco torcidos; hay cuatro ceniceros y todos ellos llenos de colillas, las maderas han quedado abiertas, siendo ya noche manifiesta; hay demasiada luz —las seis lámparas del plafond encendidas—, *estando demasiado abandonado el despacho*; hay cuatro

escupideras, la mesa del despacho falta —*como no sucede más que esos días, en que toda habitación resulta pequeña*—, y en el corro de las sillas hay entremezcladas con las del severo juego del despacho esas sillas ingentes que se traen de otras habitaciones en *días como esos, o días de santo.*

2.2.1.2. El cuadro único del único acto de que consta *El drama del palacio deshabitado* (1909:527) se introduce por la acotación siguiente. En ella la pertinencia funcional de casi todo lo que se indica se equilibra con un nivel elevado de estetización. Nótese la observación «como al magnesio», tipo de luz que ha de envolver todo el escenario:

Un amplio salón obscuro *que el espectador obtiene* como al magnesio *de un modo inaudito y extraño.* En las paredes, tapizadas de rojo, sórdidos retratos de desconocidos; ellas con pomposos trajes recamados y ellos con vistosos trajes aristocráticos y guerreros. Sobre los retratos, en lo alto, junto al artesonado, reposteros gualdos con armas españolas. Al fondo, una puerta con un portier de terciopelo con dos hileras de escudos y flores de lis bordadas; le repliega un alzapaños para dejar paso. En la misma disposición dos tapices flamencos en las puertas derecha e izquierda. A ambos lados de todas [= las puertas], *como sostenidas por manos serviles y guardianas, por soportes de metal,* fieras alabardas. Dos balcones cerrados a derecha e izquierda y al fondo una ventana cerrada también. En profusión sillas de tijera, candelabros, anchos sillones de cuero trabajado, alguno *infantesco y solemne* con alto espaldar de labor y crestería ojival, espejos ciegos, armarios, arcones, bargueños, retablitos, bufetes, una armadura, cosas de loza y porcelana, sobre el lomo de una vasta chimenea un reloj *suizo*, mudo, muerto en una hora lejana, en el centro de la habitación sobre un pie de fina talla una cruz procesional con un Cristo feo, y a un lado un clavicordio, primitivo, sobredorado y fastuoso, con un búcaro sin flores. En todo se presiente el polvo *que desdora y desbarniza*, la polilla y la carcoma *que todo lo deshacen escondidamente, y ese algo tácito que lo ha deslustrado todo y que prosigue.*

2.2.1.3. En el caso siguiente —se trata de la acotación que introduce el acto I de *La Casa Nueva* (1911: 321-322)— se equilibran de nuevo utilidad práctica y belleza. En lo que se dice sobre el sillón, muy extenso respecto del resto, se produce el desvío mayor respecto de la funcionalidad:

El comedor de la Casa Solariega, espacioso *de espacio y de tiempo*, alto de techo, aunque lo abohardille el marco de los ventanales, ancho, bajetón y sórdido... Una gran mesa de nogal cruzada de lado a lado, en una equis sinuosa, por una dorsal de hierro. El aparador empotrado en la pared con un juego de porcelana antiguo dorado en el fondo, *con ese dorado inimitable y candescente de las porcelanas antiguas.* Mucho vidrio y una gran jarra churrigueresca de las que tienen escrito con torpeza: «¡Viva el rey!». En un rincón, en un pie de madera tallada, un jarrón panzudo de porcelana dominado de colores azules, muy lavados. Un banco de los que se cierran con bisagras, con dos iniciales en taracea. Bajo un ventanal la trébede castellana, *la rica trébede, cuentista y moliciosa,* con su cobertor azul oscuro. Una estampa empalidecida como una vitela arcaica; dos cuadros obscuros, de los que solo se ve el marco dorado, *triste como todo lo dorado —ese color fracasado, abortivo y engañoso—;* dos platos de loza antiguos, uno con un león y el otro con un sol con cara de luna; sillas de ruido y de dureza esparcidas, y junto al otro ventanal el gran sillón, ese sillón con el cuero del asiento vencido, sugiriendo el amo. *Estos sillones usuales, que parecen una voluntad autoritaria y retenida, hecha roble tallado, los dos brazos firmes bien posados, remendado [¿sic por remedando?] un gesto de dominación como si se hubieran quedado con los brazos distributivos y supremos del dueño... Estos sillones tribunalicios con el respaldo enhiesto, inconmovible y duro de espinazo, que conservarán siempre la sombra de su dueño, sentado como se sientan los monarcas en el salón del trono.* En él está don Severo, más situada su figura por los tachones dorados que bordean el espaldar. Junto a él están don Bernardo y don Sebastián y un poco más allá doña Prudencia, doña Ana, doña Soledad y doña Teodosia. [*Espacioso de... tiempo*: porque el adjetivo *solariego* connota también la amplitud temporal; *dorsal*: 'barra arqueada que asegura la mesa'; *cuentista y moliciosa* por alusión a la práctica de contar cuentos, junto al fuego, en las horas libres; *distributivos* por ser propio del señor distribuir dinero, regalos o mercedes; *situada* 'enmarcada'; *tachones* 'tachuelas grandes'].

2.2.1.4. La acotación siguiente —introductoria del acto I de *La corona de hierro* (1911: 613-614)— insiste, como las anteriores, en la descripción de un espacio suntuoso, recargado, arcaico, opresivo, decadente:

El Salón de los Retratos del Palacio Real, todo cubierto de grandes cuadros con *hondos ámbitos,* encuadrados con marcos de un dorado viejo y cobrizo. *Sus imágenes tienen de esos ojos en que no se pone el sol ni el alma y de esas cejas que mantienen toda la voluntad.* Bajo los retratos, sobre columnas de pórfido y sobre los bargueños, hay bustos en mármol y con peanas sin desbastar, pedazos de mina de mercurio y de hierro; *son bustos que se empinan, que tienen un cráneo impulsivo como un martillo y que encabezan las figuras de caballeros y damas, todas como cabalgando sin saber por qué, o como plantadas en altas cumbres naturales; no hay en ellos nada plano ni débil, ni de segundo término y entran en el espacio interviniendo en todo él...* Hay como de respeto, *sin huellas y sin figuraciones,* una sillería de brocatel con tallas doradas, junto a la pared. Y esparcidos en el salón, canapés, grandes divanes, sillas de media tijera y la silla rasa de tijera *para el mayordomo mayor...* Hay una gran mesa de pórfido, *con luces de estanque en su bruñido,* sostenida por cuatro patas de león con grandes uñas clavadas en pequeños terráqueos... Hay tres bargueños en los tres paineles, uno con relieve en oro, representando en sus cuarteles cosas de Rubens, tetudas y rubias, otro con espejitos y otro nielado de misterios religiosos... Hay en un rincón una armadura de plata, *con una altivez fanfarrona, obsesionada y cansada*... Hay dos espejos grandes con esas lunas antiguas, duras y aceradas, *con una helada rigurosa en su espacio planetario y satélite*... Todas las tres puertas están cubiertas por grandes cortinones de terciopelo *que las ensanchan y las dramatizan*, bordados como reposteros con el escudo del Rey... Del techo pende una araña de gruesas lágrimas, *como una ducha de frío y de ranciedad desoladora como una nevada*... Y sobre el pavimento hay una alfombra con ese color deslustrado, *arqueológico y plácido* de las alfombras palacianas. [*Hondos ámbitos* porque dan impresión de profundidad; *mina* ¿'mineral'?; brocatel 'tejido de cáñamo y seda'; *rasa* 'sin respaldo'; *terráqueos* 'globos terráqueos'; *paineles* 'compartimientos en que, para su ornamentación, se dividen los lienzos de pared'; *cuarteles* 'cada una de las cuatro partes en que se divide algo'; *tetudas y rubias* son las mujeres pintadas por Rubens; *nielado* 'adornado con nieles o labores en hueco sobre metales preciosos'; *una araña de gruesas lágrimas, como una ducha de frío* es una greguería intratextual cuya formulación autónoma sería Araña: ducha de frío.

2.2.2. *Acotaciones iconográficas.* Las que trazan los retratos de los personajes, atendiendo tanto a su físico y a su indumentaria como a su perfil psicológico, caractero-lógico o moral, a su etopeya.

2.2.2.1. La siguiente descripción de la protagonista, en *Beatriz* (1909:583), presenta la particularidad de figurar al final de la lista de personajes y antes de la acotación introductoria del acto único de la obra. La reiteración de puntos suspensivos —que se da también en otros casos— connota lo inefable y evanescente de la belleza de la muchacha, así como la incapacidad de captarla del todo:

> Beatriz es joven y es bella, con una belleza de sagrario, *de baptisterio, invisible en las fiestas profanas y en la calle...* Beatriz tiene unos ojos infinitos y unas suaves ojeras sobre una palidez nívea y trágica de hambrienta... Es rubia, pero desapercibe la riqueza aurífera de su pelo la torpe sencillez de su peinado... Un peinado alisado y prieto, *que es un escondrijo... Se nota en sus ojos blandos un piélago, movible y fantasioso, y el fragor que la consume y la ahíla por momentos... Espera degustando la menta de sus esperanzas, el día de las vendimias allá en el cielo... Viste con pobreza, pues es hija de unos mercaderes de los arrabales que la maltratan y la hacen ir con las banastas atestadas gritando la mercancía... Puede con ella ese trabajo... Sus padres no lo comprenden y se enfurecen porque no se la oye. ¡Pero es que no puede más!...* Todo en ella es infantil, impúber —siendo ya una mujer—. [*Invisible* 'desapercibida'; *desapercibe* 'impide

percibir', *sencillez* es sujeto de *desapercibe* y *riqueza* su complemento directo; *prieto* 'ajustado, ceñido'; *escondrijo* porque oculta sus encantos, su capacidad de seducción; *blandos* 'que miran con ternura'; *piélago* 'mar de sentimientos'; *ahíla* 'adelgaza'; *gritando* 'pregonando a gritos'].

2.2.2.2. En *El laberinto* (1910: 139-140), la acotación que sigue ilustra la entrada en escena de la Viuda, una de las mujeres empedernidas, es decir, no dispuestas a renunciar a los hombres, a diferencia de las trasfiguradas:

Aparece la incógnita, es larga —no alta—, ahilada, ahilada, *liliada en negro...* lleva un luto de viuda, *un luto sin coquetería, de viuda entrañable.* Parece que su sombra, su silueta crecida por el manto largo caído solemnemente en pesados pliegues, *puede levantarse más alto,* puede extenderse en alas, *puede ascender, excederse, dominar sobre el cielo, como una visión...Parece que lleva escondidas muchas cosas, alguna sombra humana, una sombra de crimen, una sombra de pasión, o una sombra imposible...*Tiene un dolor fijo, *como antiguo, de esos que miran siempre, sin consolarse, doliéndose, presenciando pasadas escenas, su porqué, su origen... y hasta cuando parece que miran otra cosa, la miran entremezclada con su duelo...* Tiene un aspecto *frío y renunciador* de estatua yacente en pie, roto el cruzamiento eterno de sus manos, pero *en cualquier momento y en cualquier ademán* como si estuvieran

cruzadas y suspensas en ese gesto, *extinto, exan-
güe y fatal... como después de haber sobrepasado
el dolor más grande, después de haber traspuesto
el límite. Su nariz es de una quietud de rostro
eternizado ya, eternizado en un dolor...* Y sus
ojos inmóviles, *con su pupila plana, espesa, de
lágrimas ya condensadas, mares muertos que
todo lo comprenden en su calentura crónica, bajo
las cejas distendidas, en el último cansancio
después de todos los histerismos,* en la suprema
quietud de las mascarillas — *porque en
definitiva todo su rostro es como una mascarilla.*
Sale al encuentro de Ana y la abraza.

2.2.2.3. El pasaje siguiente se encuentra al final de la
acotación extensa que introduce el acto único de *Los
unánimes* (1911: 397-398). Describe a unos mendigos
que esperan la apertura de un refugio. Se trata, pues,
de una acotación iconográfica de grupo. Destaca en
ella el carácter pictórico, así como la distribución
escultural de los personajes: sentados y encogidos, de
pie o yacentes. Las *líneas ensambladoras o listones de
plomo* tienen por una parte connotaciones medieva-
lizantes (como de vidriera de catedral) y por otra
sugieren la fragmentación y la multiplicación de
planos propias del cubismo. Insistencia en el clima
general de miseria, suciedad y sordidez. Renunciamos
en este caso al intento de deslindar tipográficamente
los componentes funcional y estetizado. La funcionalidad, si es que existe, deja toda su iniciativa al
escenógrafo:

Todos ellos resultan hechos retazo a retazo, en
cambios de color que no se funden, sino que se

reúnen con las ensambladoras líneas de plomo de los vitrales. Todo después de ellos parece que adquiere la dura y recalcitrante visualidad de alta vidriera: las casas, sus ventanas ojerosas, sus barrotes, las piedras, el tejado en su remate sobre el cielo pintado con la misma línea caliginosa y material, y hasta las nubes, que con ese listón de plomo hacen más blanco su blanco y más azul el azul celeste. Tienen todos en sus posturas un acuerdo completo, y hacen masas siempre y componen muy bien. Los que están sentados sobre la acera y ponen sus rodillas en la barbilla, los que están en pie y abren la boca y miran al cielo, y los que hacen grupo y se reúnen en un achaque de miseria tirados en el suelo o como en las esculturas de la condolencia el varón fijo, en pie, con un brazo hacia la nuca y su codo apuntando el cielo, el otro brazo caído sobre la espalda de la mujer o posada su mano en la mejilla de ella, recostada en las nalgas varoniles. Imita su cara cosas extrañas, unas veces son los dientes, otras la mejilla que se contrae, y lo que más se descara son los ojos, que parece, a veces, como si tuvieran vueltas las pestañas, tomado [parece error por *tomando*] así, sin reborde negro, sino en carne viva y reptílica, un gesto desorbitado y escocido desde muy lejos y han dormido en salas de descanso, en calles de sitios extraños y en campos solos, trazas de hombres recién desembarcados, de hombres de mar y de mujeres de mar, la frente llena de la sensación del peligro y del caudal del mar, y trazas obscuras de hombres que han debido estar en Rusia.

3. Llegados a este punto, cabe intentar una recapitulación. Las acotaciones, desde el punto de vista lingüístico, alcanzan, en la obra teatral primeriza de Ramón, un estatuto peculiar en el que nos ha parecido justificado detenernos un poco, dado que, hasta ahora, nadie parece haberlo hecho, salvo de paso. Son además una etapa necesaria en la adquisición de su estilo maduro o «adulto». Su silueta se hace perceptible de manera contrastiva respecto del resto del lenguaje dramático propiamente dicho. Puestos a caracterizar este, nos aventuraríamos a ver en él la coexistencia de: a) un registro propiamente coloquial, es decir coincidente con el que se utiliza en las relaciones cotidianas; se da minoritariamente; más presente en las obras dedicadas a niños o protagonizadas por éstos, en las más tradicionales por su organización textual o por su sentido de conjunto, en las que Sobejano agrupa bajo el título de personales; b) un registro literario, más o menos alejado del de la comunicación normal, mejor trabajado, torrencial, farragoso, reiterativo, ramificado sintácticamente y que puede, en los momentos peores, deslizarse hacia la mera logomaquia; aparece sobre todo en las obras corales, de nuevo en término de Sobejano; el autor parece servirse de él como válvula de escapa de su confuso y comprimido mundo interior; aunque a veces se disfrace de dialógico, consiste por lo general en una rotación de monólogos o parlamentos sucesivos donde los personajes faltan al decoro, no alcanzan la diferenciación necesaria, se expre-

san todos como Ramón (Sobejano 1996, p. 35). Precisaremos que, en la atención crítica, el tipo A ha pasado a veces desapercibido en beneficio del tipo B. Más exactos en sus apreciaciones han sido quienes recientemente se han ocupado del teatro ramoniano. Por ejemplo, en *Los sonámbulos*, antes y después de la aparición de la mujer de la bata roja, el lenguaje cambia sustancialmente (Muñoz-Alonso 1993, p. 74); en *Teatro en soledad*, hay contraste entre la coloquialidad de la primera parte del acto I y la rotación de parlamentos extensos en el resto de la obra (*Ídem* p. 115). En las acotaciones, paralelamente, cabe distinguir: A1) un registro funcional (equivalente, en los textos secundarios, al tipo A de los principales); B1) un registro estetizado (correlato, en los textos secundarios, del tipo B de los principales); este tipo B1 aparece como sólo en parte original, dada su dependencia respecto de la corriente modernista simbolista en cuyas aguas menguantes aún nadaba el joven Ramón. Concluiremos diciendo que, en su estilo primerizo, las acotaciones merecen una consideración doble: positiva en cuanto alcanzan una calidad estética elevada, aún más meritoria por la juventud del escritor; menos positiva por tratarse aún, en buena medida, de apropiación de una línea escritural procedente de la tradición literaria a su alcance; aun aquí, sin embargo, el tratamiento de los objetos —el detalle, complacencia, pormenor, refinamiento y sentido visualizador que les aplica, próximo ya al que irrumpirá, acendrado, en el conjunto amplio de lo que se designa como ramonismo—, aporta el componente más valioso y relativamente más personal.

BIBLIOGRAFÍA

GÓMEZ DE LA SERNA, RAMÓN: «*Prometeo II*». *Teatro de juventud,* en *Obras completas II,* ed. de Ioana Zlotescu, Barcelona, Galaxia Gutenberg / Círculo de Lectores, 1996. En este vol.: *Beatriz,* pp. 581-607; *La Casa Nueva,* pp. 303-383; *La corona de hierro,* pp. 609-659; *Cuento de Calleja,* pp. 79-111; *Desolación,* pp. 725-749; *El drama del palacio deshabitado,* pp. 521-549; *El laberinto,* pp. 113-145; *Los unánimes,* pp. 391-424.

GÓMEZ DE LA SERNA, RAMÓN (1995): *Teatro muerto,* ed. de Agustín Muñoz-Alonso López y Jesús Rubio Jiménez, Madrid, Cátedra.

HERRERO VECINO, CARMEN (1995): *La utopía y el teatro: la obra dramática de Ramón Gómez de la Serna,* Boulder, Colorado, Society of Spanish and Spanish-American Studies.

LÓPEZ MOLINA, LUIS (1986): «Un recurso ramoniano: la greguería intratextual», en *Crítica semiológica de textos literarios hispánicos. Actas del Congreso Internacional sobre Semiótica e Hispanismo* (Madrid, 20-25 junio, 1983), Madrid, CSIC, vol. II, pp. 711-718.

MARTÍNEZ EXPÓSITO, ALFREDO (1994): *La poética de lo nuevo en el teatro de Gómez de la Serna,* Oviedo, Departamento de Filología Española.

MUNOZ-ALONSO LÓPEZ, AGUSTÍN (1993): *Ramón y el teatro (La obra dramática de Ramón Gómez de la Serna),* Ediciones de la Universidad de Castilla-La Mancha.

PALENQUE, MARTA (1992): *El teatro de Gómez de la Serna: estética de una crisis,* Sevilla, Ediciones Alfar

Facultad de Ciencias de la Información Universidad de Sevilla.

SEGURA COVARSI, ENRIQUE (1988): «Las acotaciones dramáticas de Valle-Inclán», en Ricardo Doménech (ed.): *Ramón del Valle-Inclán*, Madrid, Taurus, pp. 202-217.

SOBEJANO, GONZALO (1996): «El primer teatro de Ramón Gómez de la Serna», en *«Prometeo II»*, *op. cit.*, pp. 13-41.

El estilo ramoniano:
creación literaria e ideario lingüístico

0. Planteamiento

Parece lícito afirmar, como punto de partida, que un escritor alcanza la edad adulta a partir del momento en que su estilo se adapta a su concepción peculiar del mundo. En el caso de Ramón Gomez de la Serna, la producción juvenil (de primera juventud) se caracteriza por la verbosidad, el desbordamiento expresivo, la fluencia torrencial del discurso. Párrafos inacabables, no exentos de incoherencias sintácticas, y que no acaban de redondear el sentido, manifiestan la desmesura. Se aprecia sobre todo en las obras teatrales (más todavía en las que Gonzalo Sobejano llama «corales»)[1] y en las autobiográficas de índole intimista (*Morbideces, El libro mudo*). *El Rastro* (1914) se puede situar en el comienzo de una madurez aún relativa, pero ya trabada y concorde con la evolución que va a marcar la obra hasta la plenitud e incluso hasta el límite biológico.

En adelante, casi todo cambia. El lenguaje de Ramón, inseparable siempre de su fecundidad excepcional, fluye sin tropiezos y, por eso mismo, no muestra, si no se aguza la mirada, rasgos acusados. Su escritura sigue siendo poco

---

[1] Gonzalo Sobejano: «El primer teatro de RGS», en *Obras completas* (ed. Ioana Zlotescu), Barcelona, Galaxia Gutenberg / Círculo de Lectores, t. II, 1996, pp. 13-41, y, sobre todo, 27 y sigs.

premeditada (en este aspecto, prolonga la etapa anterior), pero la coincidencia no va más allá. Ahora se abre a creaciones sorprendentes de vocabulario, propende a distorsiones (ante todo humorísticas), se desvía de la norma (las pullas antiacadémicas son recurrentes). Básicamente no rebasa los límites del español estándar, muy impregnado de coloquialidad. Exenta tanto de pedantería como de esteticismo, viene a coincidir con el registro de la comunicación general. Los neologismos, el aspecto más llamativo, son captables desde la competencia del hablante medio. La brevedad de los párrafos, por lo general escasos de subordinaciones, produce no sólo fragmentación, sino deshilvanamiento del sentido general, lo que es inseparable de la escasez de enlaces extraoracionales. Se tiene la impresión de que, si se los barajase, el conjunto se resentiría poco o nada. Tampoco se deja de constatar algún descuido que otro, compensado, eso sí, por la facilidad y frescura generales.

En todo momento, Ramón tuvo mucha más capacidad creadora que interés o aptitud para teorizar sobre lo que escribía. Dado que nunca practica, o incurre en, lo que solemos llamar metalenguaje crítico, los juicios de algún alcance teórico, cuando aparecen, carecen de registro propio, con el consiguiente riesgo de pasar desapercibidos.

Sin embargo, la conciencia teórica existe. Cabe espigar afirmaciones puntuales, diseminadas en obras de todo tipo y relativamente concentradas en ensayos y prólogos.[2] Dichas afirmaciones, una vez reunidas y organizadas, van perfilando rasgos que, al repetirse, resultan caracteri-

---

[2]   Consciente de ser un innovador, un rompegéneros, Ramón necesita explicar y justificar sus innovaciones.

zadores.[3] A la vez, leyendo y releyendo, merodeando por su obra extensísima y heterogénea, el estudioso va captando rasgos que, al repetirse, resultan caracterizadores del estilo. No resulta fácil, exige paciencia, pero es hacedero. Hacedero y gratificante, ya que, a medida que se trabaja en esta dirección, la obra ramoniana, a despecho de la heterogeneidad de superficie, va revelando su coherencia de fondo.

1.   FECUNDIDAD, INVENCIÓN, PROVISIONALIDAD

En el capítulo XLVIII de *Automoribundia*, Ramón reflexiona sobre su condición de escritor y sobre su «prolificidad», por la que era atacado. Esa prolificidad la reconoce, y la defiende:[4] «La fecundidad literaria es la depuración mejor del espíritu pero la pereza y la viciosidad espiritual han inventado todas las calumnias para la facundia verdadera. (...) En mi prolificidad encuentro yo la sorpresa de la excavación profunda».[5] Y, más adelante: «Un escritor es lo que se llama un alma en pena, un alma en pena de oraciones, creaciones, palabras, necesidad de vivir la suposición y el invento de algo superior que falta en la vida».[6] Por oraciones hay que entender frases; por

---

[3]   Es útil la «Antología de textos de estética y teoría del arte» ramonianos reunida por Ana Martínez-Collado: *Una teoría personal del arte*, Madrid, Tecnos, 1988.

[4]   Hace de *El Tostado*, escritor prolífico por antonomasia, un modelo... que superar.

[5]   Cito por la primera ed.: *Automoribundia* (1888-1948), Buenos Aires, Sudamericana, 1948, p.345.

[6]   *Ibid.*, p. 349.

creaciones, obras; por palabras, neologismos. La literatura, cultivada en plenitud, exige escribir sin parar, escribir como un forzado. Los hallazgos, de cualquier tipo, la mejoría que el arte impone a la realidad, vienen necesariamente de ahí.

Las palabras y lo indecible es un ensayo de madurez, imprescindible para el entendimiento del ideario lingüístico de Ramón.[7] Viene a decir, en esencia, que lo propio de un espíritu liberado es el no someterse a ninguna doctrina. El arte nuevo tiene dentro de sí mismo la tarea revolucionaria que cumplir. El amaneramiento y la repetición atentan no sólo contra la dignidad del arte, sino contra las leyes mismas del espíritu humano. No puede, en ningún caso, dejar de autorrenovarse. Para conseguirlo ha libertado las palabras dejando que actúen por su cuenta, según una ley inconsciente pero segura. La materia prima de las palabras hay que disgregarla; el lenguaje, para estar a la altura de su tiempo, necesita «una disgregación que abra luces en su compacta materia».[8] Palabra en libertad significa rotura de los sentidos y asociaciones preexistentes, reacción contra la inercia del sistema. Al choque de la idea nueva, la palabra nueva no puede menos de prorrumpir, iluminadora aunque pasajera. Palabra destello, propia de un arte llamado a desvanecerse pronto, como fuego de artificio. La expresividad, en cuanto potencia de captar lo inédito e irrepetible, se erige en el valor primero. El amaneramiento, en el antivalor máximo. Con tal de evitarlo, la defectuosidad, inherente al balbuceo de lo nuevo, resulta

[7]   Publicado por primera vez en la *Revista de Occidente*, enero 1936, págs, 56-87. También en *Una teoría* ..., pp. 184-200, por la que cito.

[8]   *Ibid.*, p.194.

disculpable, positiva incluso. En un texto juvenil, *Morbideces*, Ramón había definido así la literatura: «disparate, trampolín, albur, fuego, bagatela»;[9] entiéndase: alogicidad, salto a un más allá, azar, pasión, intrascendencia.

En «Vaniloquio de las palabras»,[10] texto en forma de diálogo teatral, intervienen veintiocho de ellas. Cada una se autoensalza, pondera alguna cualidad que le es propia, y es rebatida por la que interviene a continuación. Al debate le pone fin la palabra «etcétera», que dice de sí misma: «Yo valgo más que todas, porque represento tanto a unas como a otras y soy todas al mismo tiempo».[11] Dedúzcase que, para Ramón, el valor de una unidad léxica es proporcional a su polisemia, a la cantidad de sentidos, o de matices de sentidos, que puede acoger. Se trata, en definitiva, de agrandar el vocabulario creando palabras nuevas y añadiendo sentidos a las ya existentes, siempre al servicio de la visión innovadora.

Refiriéndose a la génesis de la prosa exigida por los tiempos nuevos, en cuya creación él mismo está comprometido, Ramón destaca el magisterio de Azorín: «Se podría decir que el ritmo pausado, íntimo y penetrante de las prosas castellanas es implantación de Azorín. Antes se escribía con otro arrebato lleno de adornos y con mazacote de escayola (...), lo que la encorpachaba (= a la prosa) de

---

[9]   En *Obras completas*, t. I, 1996, p. 493.

[10]   De *Otras cosas*, en *El alba y otras cosas*, Madrid, Saturnino Calleja, 1923, pp. 151-153. Un estudio detenido merecería «Palabras en la rueca», en *Obras completas*, t. I, 1996, páginas 878-903.

[11]   *Ibid.*, p.153.

mala arquitectura».[12] La libertad de las palabras se realiza rompiendo las asociaciones (pre)establecidas entre ellas, rotura que por supuesto se corresponde con la de los componentes de la realidad. Un ejemplo tomado de la biografía del pintor Solana: «Las destrozonas tienen categorías que no están en la escala social y llegan a monstruosidades divertidísimas, como la de sufragista injerta en barrendero o la de sacristán mezclado de deshollinador».[13] Otro: «Hay ritmo (= afinidad) entre muchas cosas completamente distintas, siendo lo más difícil de apreciar esos ritmos secretos».[14] Por ejemplo: a una cosa se le aplica un adjetivo incongruente o se la enlaza con otra considerada incompatible con ella. Entiéndase: incongruente o incompatible según el sentir general, que es, por cierto, el que rechaza el creador. Ambos procedimientos contribuyen a generar una realidad nueva, inédita, que es la misión específica del arte. La palabra se convierte en milagro poético si deja de ser mostrenca, si se desmonta del aparato inerte del idioma hecho; escritura lúdica que nunca se engríe ni ritualiza, borrando la distancia entre la palabra noble y la innoble. El deseo de evadirse, por elevación, respecto de lo tangible y lo cotidiano, está en la raíz misma de una estética entendida así: lo que se escribe sólo se justifica por lo que se inventa, concluye Ramón.

---

[12]   *Azorín*, Madrid, Ediciones La Nave, 1930, p. 279.

[13]   *José Gutiérrez Solana*, en *Biografías completas*, Madrid, Aguilar,1929, p. 1454. V. el relato «Destrozonas», en *El cólera azul*, Buenos Aires, Sur, 1937, pp. 127-140.

[14]   «Los autos a la puerta del cine», en *Otras cosas*, op. cit., p. 215.

2. IMPERFECCIÓN Y VIDA

Un manifiesto juvenil, *El concepto de la nueva literatura*,[15] contiene ya ideas que, mejor formuladas luego, seguirán inspirando el quehacer literario del escritor ya hecho. La mayoría de ellas no se refieren directamente al lenguaje pero sin duda inspiran el manejo de este. Estilo es ante todo tener algo nuevo que decir; o sea, hay que restar importancia al modo de decir y sumársela a lo que se diga. La obra ha de anclarse en la vida del escritor (por lo tanto debe transmitir íntegros la emoción y el esfuerzo creadores, permitiendo al lector participar de ellos). El estilo, cuando es auténtico, no ha de notarse. Por auténtico ha de entenderse expresivo, con una expresividad espontánea e impresionista (= no articulada) que funciona por destellos. La nueva literatura trata de ser lo menos literaria posible «en la acepción pública (= establecida) e histórica (= anclada en el pasado)». Una exigencia básica: el informalismo, la inobservancia de cualquier preceptiva. Antiburguesa, la obra de arte se opone a las exigencias de la lógica y del sentido práctico, se identifica con lo extravagante e inusitado. La innovación —y sólo el hecho de innovar la legitima— le exige aspirar a lo todavía no hecho. Proceder así no garantiza el buen resultado —la búsqueda puede resultar infructuosa, o desnortada— pero sí señala el único camino posible.

Al hilo de los años, Ramón reitera, diversificándolas pero sin alteración esencial, estas ideas juveniles. Ejemplo (de apariencia humorística pero serio en el fondo): «El ojo

---

[15] En *Obras completas*, t. I, pp. 149-176. También en *Una teoría...*, pp. 55-78.

de Juan Ramón».[16] Su oculista, el doctor Poyales, descubrió que el poeta de Moguer disponía de dos visiones distintas: una normal, aplicable a la realidad no poética; otra prismática, arlequinesca, calidoscópica y multi-cromática, para lo poético. Con su ojo prismático veía las cosas, bien a la manera de los cubistas (hasta los cuadros académicos se le hacían cubistas, «¡Qué suerte la suya»!), bien a la divertida de los niños cuando miran a través de una cuenta de cristal tallado. Lógicamente, Juan Ramón salió de la consulta satisfecho y orgulloso de poseer un ojo así, un ojo que, lejos de estar enfermo, resultaba una superación del ojo, un ojo como un diamante tallado y no en bruto, como el del común de los mortales.

En el retrato de Colette: «[Su estilo] (...) es como un líquido sensible que registrase las más sutiles emociones de su epidermis y de su tuétano físico, bañándose en él como en un baño de placer, tibio y largo».[17] En otro retrato, Ramón presta sus ideas a Remy de Gourmont (este caracteriza el simbolismo, del que forma parte): abandono de fórmulas aprendidas, tendencia hacia lo nuevo y extraño, antinaturalismo.[18] Detrás de todo, el magisterio de Ortega. En *La Tribuna*, con motivo del homenaje que le ofrecieron los pombianos, publica una crónica[19] en la que resume el que llama un «consejo cubista» del maestro: hay

---

[16]   En *Otras cosas, op. cit.*, pp. 147-149.

[17]   *Retratos contemporáneos*, Buenos Aires, Sudamericana, 1941, p. 440.

[18]   *Ibid.*, pp.175-215.

[19]   Reproducida en *La sagrada cripta de Pombo*, Madrid, Trieste, 1986, pp. 402-410.

que hacer arte con lo que, en el caso de que sea percibido, parece antiartístico; ciencia, con lo que todavía se ignora; política, con lo que, de momento, se ve como antipolítico. Es la única manera de llegar a hacer seriamente alguna de esas cosas: arte, ciencia o política. Hasta aquí Ortega. Los que lo hacen así —piensa Ramón— son deudores ante todo de quienes, precediéndolos, por edad o por saber, los animan en vez de rebatirlos, como, por ejemplo, Enrique Díez-Canedo: «nos dio la seguridad en el porvenir a los que balbuíamos con vehemencia un arte nuevo».[20]

En *La sagrada cripta de Pombo*, vuelve a insistir en su desprecio de lo perfecto. Aspira a un arte sin «ensañamiento» (entendamos: sin «ensañamiento de la memoria» proustiano, pasadista, y sin cualquier otro ensañamiento entendido como aprehensión trabajosa, cuerpo a cuerpo, de algo para dar de ello una imagen que, por fija, aspira a definitiva), a un arte alígero y liberador en el que puedan descansar y relajarse los hastiados de esos otros artes ensañados o de mazacote: «Lo que brote brotará solo, sin amaño, con no mentida espontaneidad, viéndolo llegar por caminos visibles, aceptando lo inesperado, lo contradictorio, lo que aparece a salto de mata».[21] Porque repetir lo dicho es muerte y decir lo no dicho vida: «Hasta que no se haya dicho todo lo que hay que decir, no se acabará el mundo».[22]

Consecuentemente, lo imperfecto —en el sentido de lo no hecho del todo, lo no retocado para redondearlo—

---

[20] *Ibid.*, p. 447.

[21] *Ibid.*, p. 596.

[22] *Ibid.*, p. 595.

resulta preferible a lo perfecto: lo bien acabado, lo definitivo. En «Nuevas invenciones», se declara inequívocamente a favor del producto perecedero: «El plato ha de romperse, la bombilla ha de fundirse, la pluma ha de despedirse de nosotros cuando cada temporada hay que renovar el estilo y el humorismo».[23] En «La mejor página», otro testimonio en el mismo sentido: «No. No se puede escribir la mejor página (...), es la página de la que hay que desistir. No podremos escribir nunca la página que pueda ir en una colección de trozos escogidos».[24] Todo debe quedarse provisional, impreciso. Comprensión total es muerte; lo vital es el no acabar de comprender. De ahí que se preconice «el azar de las palabras», el automatismo de la expresión, sola garantía de no fijamiento, de maleabilidad, de creatividad en definitiva. Para quien piensa así, el punto de vista ideal resulta ser el de la esponja, que está «hundida en lo subconsciente y avizora desde su submarinidad» (la esponja como ser vivo, claro). La de la esponja es una «supervisión»: quiere decirse una visión múltiple, polifacética, sin predilecciones ni jerarquías, asociadora de todo con todo; y el cerebro humano, masa «espongiaria», debe también aspirar a ella. Es así como se llega a decir lo indecible, en el sentido de lo nunca dicho: «Entremos en lo indecible como descubridores», proclama Ramón.

Dos últimas citas: de Perfecto Tully, protagonista de *Policéfalo y señora*, dice Ramón dos cosas significativas: que «poseía el verbo en libertad, puesto que en lo bilingüe

---

[23]   En *Trampantojos*, Buenos Aires, Orientación Cultural Editores, 1947, p. 94.

[24]   En *Muestrario*, Madrid, Biblioteca Nueva, s. a. [1918], p. 71.

que sea una misma lengua está el triunfo del decir»;[25] y que era olvidadizo, pues, en su memoria, el pasado se olvidaba debido al entrechoque de sus componentes raciales, «condición admirable de su cabeza y rejuvenecimiento de todos sus actos».[26]

3. NEOLOGISMO, PALABRA EN LIBERTAD

La creación neológica es quizás, entre las características del lenguaje ramoniano, la más llamativa. Hace años le dediqué un primer estudio, meramente tentativo.[27] Hace menos tiempo, me he ocupado de un aspecto concreto: las formaciones en -*ismo*.[28] Entre tanto, he visto mi interés compartido por estudiosos de tanta solvencia como Ignacio Soldevila Durante y Ricardo Senabre Sempere.[29] Un estudio, no ya exhaustivo, sino abarcador, sin más, del neologismo ramoniano —dada la amplitud, dispersión y

[25]   *Policéfalo y señora*, Madrid, Espasa-Calpe, 1932, p.16.

[26]   *Ibid.*, p. 17.

[27]   «Notas sobre el léxico ramoniano», en *Miscelánea de estudios hispánicos. Homenaje de los hispanistas de Suiza a Ramón Sugranyes de Franch*. Publicacions de l'Abadia de Montserrat, 1982, pp. 207-220.

[28]   «Un aspecto de la creatividad léxica ramoniana: la derivación (formaciones en -ismo)», en *Estudios de lingüística y filología españolas. Homenaje a Germán Colón*, Madrid, Gredos, 1998, pp. 271-281.

[29]   Ignacio Soldevila Durante, «Para un estudio de la creatividad léxica de RGS», en *Nueva Revista de Filología Hispánica*, XXXVI, 1988, pp. 753-766, y «El gato encerrado (Contribución al estudio de la génesis de los procedimientos creadores en la prosa ramoniana)», en *Revista de Occidente*, enero de 1988, pp. 31-62; Ricardo Senabre Sempere, «El lenguaje de RGS», en *Capítulos de Historia de la Lengua Literaria*, Cáceres, Universidad de Extremadura, 1998, pp. 293-323.

variedad de su obra— exigiría un tiempo y un espacio considerables. En este apartado me limitaré a comentar unos cuantos pasajes en los que Ramón opina sobre las libertades que se toma con el vocabulario.

Dichas libertades le inspiran, acá y allá, comentarios jocosos en la superficie pero serios en el fondo. Se trata siempre de justificar el incumplimiento de la norma, de legitimar la transgresión. En *Ismos*, hablando de un libro de Max Ernst, dice que en él están «corruptados» los grabados originarios; el neologismo «corruptados» —participio de un verbo *«corruptar», a partir de «corrupto», en vez de «corromper»— no lleva marca tipográfica, y Ramón explica: «no me gusta decir ni corrompidos ni corruptos».[30] En el *Retrato de Barbey d'Aurevilly*, hablando del protagonista de una novela, dice que ha sido un gran luchador de la «chuanería»[31] y añade: «españolizaré hasta lo prohibido y diré en francés cuanto me apetezca».[32] En «Ágape organizado por Prometeo en honor de Fígaro», cita a éste y su defensa del galicismo: a las palabras no hay que preguntarles de dónde vienen sino de qué sirven.[33] En general, abundan en Ramón los galicismos, no siempre bien transcritos, que a menudo marca tipográficamente, en cuyo caso es lícito deducir que no los considera asimilados al español. También es favorable a los arabismos. En «Brillo y gloria del alfajor» dice: «Al encontrarnos con el

---

[30]   *Ismos*, Madrid, Guadarrama, 1975, p. 284.

[31]   De «chouannerie»: insurrección de los chuanes o legitimistas del Oeste de Francia, durante la primera República.

[32]   *Efigies*, Madrid, Ediciones Oriente, 1929, p. 103.

[33]   En *Obras completas*, t. I, p. 291.

alfajor, el fondo de árabes que tenemos todos se solaza como ante una fiesta»;[34] en palabras como esa «se asoma el alma antigua de la raza»; «alfajor» tiene «el perfume de esas palabras orientales que refuerzan la lengua española y que vienen de cuando al barbero se le llamaba alfajeme».[35] Unos casos de Goya: calificar a unas mujeres de *mormuradoras*, y no de *murmuradoras* (cursivas de Ramón), les añade murmuración;[36] la forma «alcagüetas», atenida a la pronunciación, la prefiere a la culta «alcahuetas»;[37] comenta que la Iglesia, en vez de llevarse a otro sitio la ermita de san Antonio, prefirió dejarla «allí donde mismo estaba», añadiendo en seguida entre paréntesis: «giro popular que me conviene»,[38] aunque no explica por qué. Que a Ramón no le interesa crearle dificultades a su lector, su voluntad demótica, se ve en casos como los siguientes, de la misma obra: habla del «insulto» sufrido por Goya y lo define como «la hemorragia cerebral a que era propensa su cabeza exaltada y preocupada» (acepción inhabitual);[39] explica que la Quinta del Sordo tenía dos «andares», es decir, «dos pisos de gran altura de techo»;[40] recluido en su quinta, Goya ve y pinta los espíritus elementales o «coboldos», que son

---

[34]   En *Explicación de Buenos Aires*, en *Obras completas*, t. XV, 1998, pp. 700-703, cita en p. 700.

[35]   *Ibid.*, p. 701.

[36]   En *Goya*, Madrid, Aguilar, 1959, p. 598.

[37]   *Ibid.*, p. 603.

[38]   *Ibid.*, p. 706.

[39]   *Ibid.*, p. 638.

[40]   *Ibid.*, p. 656.

«mezcla de hombres muertos y demonios».[41] Un último ejemplo, de *Pombo*: de las lámparas de gas del café dice que eran unas bellas y blancas «catalas» que se columpiaban sobre un trapecio de cobre, e intercala la definición de la palabra poco usual: las catalas son «esa especie de suaves y blancas cacatúas».[42]

En «Arte culinario, puericultura y parricidio»,[43] declara no ser partidario de tiquismiquis lingüísticos. Cree en el significado más inmediato y pintoresco de las palabras e incluso acepta «el significado de su corrupción»; en todo caso, no hay que enquistarse en los significados antiguos: «¡Que yo halle la idea, que las palabras tendrán que surgir, y hasta es posible que nazcan por primera vez para mí solo!» Con humor, jugando con falsas etimologías, critica bromeando las tres palabras que figuran en el título de este capitulillo: «culinario» («¡llamarse culinario lo que se refiere a la comida!», como si derivase de culo), «puericultura» (tendría que ser el «tratamiento higiénico y cuidadoso de los puercos» (por el parecido de los fonemas de «puerco» y «puer[i]cu-»), y «parricidio» (de éste le parece mal la extensión que le da el derecho penal — asesinato de cualquier pariente próximo—; habría que decir «hijicida», por ejemplo, y el crimen entre esposos ni siquiera se tendría que considerar delito, al atentar solamente contra una institución tan abominable como el matrimonio). En *El circo*, dice de «jauría» que es «una palabra excesiva para referirse a unos perros y que debía

---

[41]   *Ibid.*, p. 679.

[42]   *Pombo*, Madrid, Trieste, 1986, p. 25.

[43]   *Ramonismo*, Madrid, Calpe, 1923, pp. 200-202.

emplearse para señalar un grupo rabioso y calenturiento de leones o de leopardos».[44]

En el «retrato» de Manuel Machado, dice que éste había pulido su chulería andaluza con la de Madrid, llena de «rentoides», y añade: «concepto que no he sabido nunca qué significa, aunque se sospecha que es la réplica a la primera palabra, la réplica antes de nada, la réplica madrugadora y por delante».[45] El sentido que le atribuye Ramón está entre el de 'chulería o desplante' y el de 'pulla o indirecta',[46] que es el que mejor corresponde con mi propia experiencia lingüística de hablante andaluz. En el de Enrique de Mesa, habla de la sierra de Guadarrama como de un entrometimiento extravagante en la llaneza de Castilla que ejerce una influencia no ya nefasta, sino «nefista», y añade: «Qué quiere decir nefista? Pues quiere decir que el que ve una España llanera, rasera, humilde y con muchos encantos en su humildad al subir o al bajar la sierra se revuelve contra esa España y quiere subvertirla o quiere reformarla con un afán de reformismo bárbaro».[47]

Sirvan estos pocos ejemplos como ilustración de un rasgo fundamental: considerado en su conjunto, el lenguaje ramoniano se caracteriza por el tratamiento libérrimo que el autor le aplica y por la provisionalidad. El hecho de que sus neologismos, numerosísimos, no hayan alcanzado

---

[44]   *Obras completas*, t. III, 1998, p. 472.

[45]   *Nuevos retratos contemporáneos*, Buenos Aires, Sudamericana, 1945, p. 29.

[46]   Manuel Seco, *Diccionario del español actual*, Madrid, Aguilar, 1999, s/v.

[47]   *Nuevos retratos...*, *op cit.*, p. 194.

lexicalización estable se explicaría por dos razones: su número, considerable, va en detrimento de la relevancia de cada uno en particular; su perfil borroso (el hecho de que sean comprensibles desde la competencia lingüística media, como queda dicho) los hace pasar desapercibidos. Con todo esto no quiero dar a entender que sean inoperantes. Al contrario, representan una realización admirable de destreza y originalidad, de agilidad y frescura, que se apodera del lector. Una forma más de manifestarse una genialidad inseparable del exceso, del desbordamiento, sin perder conciencia de ello: «Los escritores tienen derecho al desvarío verbal», dice en *Las palabras y lo indecible*. En el programa revolucionario del joven Henri Kloz, protagonista del relato *El hijo surrealista*,[48] figura la invención de nuevos nombres para las cosas y de nuevas cosas que exigen nuevos nombres. Las palabras pueden, y deben, alcanzar por su mero sonido un valor que no les dan los diccionarios. No es la única vez que Ramón reclama para la prosa recursos sentidos, antes de las vanguardias, como privativos de la poesía. La sugerencia y la evocación, procedimientos indirectos, le parecen preferibles a la descripción. En todo caso, la creación neológica ramoniana no es tanto estetizante como servidora de una concepción del mundo. Si se le resta importancia al modo de decir, para sumársela a lo dicho —como en su caso—, la libertad de la palabra está al servicio del segundo. Se trata siempre de la lucha enconada contra lo convencional, lo establecido, el envaramiento. En el «Ex-libris» de la primera edición de *El*

---

[48]   Publicado por primera vez en la *Revista de Occidente*, octubre 1930, pp. 27-52. Incluido luego en *Ismos*, Madrid, Biblioteca Nueva, 1931, pp. 289-310.

Rastro hay un pasaje muy expresivo de todo esto: «La perfección del balbuceo, el no avergonzarse ni corregir el balbuceo, es la única forma admirable de expresión, es la única manera de que haya potencialidad en el estilo».[49]

4. GREGUERÍA Y LENGUAJE

La crítica ha insistido en el papel destacado que, en la obra ramoniana, le corresponde a la greguería en cuanto núcleo el torno al cual se constituye la peculiaridad más notable de su estilo. Esta afirmación no pasa de aproximada, o de intuitiva, y exige ser reformulada y precisada. En un trabajo anterior, al que tengo que referirme,[50] propuse distinguir entre sintaxis greguerística y greguería propiamente dicha, y, dentro de ésta, entre greguería autónoma y greguería intratextual. Por sintaxis greguerística entiendo una forma especial de primitivismo (como es sabido, el arte progresa, a menudo, dando pasos hacia atrás): a la sucesión de frases cortas separadas por punto y aparte, y de sentido apenas concatenado, correspondía, en el interior de cada una, la escasez de conjunciones o locuciones conjuntivas, a cuyo cargo va normalmente en el discurso la expresión de las transiciones del pensamiento. Esta característica, de tan extendida, viene a constituir como un telón de fondo, sobre el cual los «géneros» ramonianos destacan con su propio

---

[49]   Valencia, Sempere, s. a. [1914], p. 259.

[50]   «Un recurso ramoniano: la greguería intratextual». En *Crítica semiológica de textos literarios hispánicos*. Actas del Congreso Internacional sobre Semiótica e Hispanismo (Madrid, 20/25-VI-1983), Madrid, CSIC, vol. II, 1986, pp. 711-718. Reimpreso en *La moderna crítica literaria hispánica* (ed. Miguel Ángel Garrido Gallardo), Madrid, Mapfre, 1996, pp. 227-234.

perfil. Las greguerías propiamente dichas, sin embargo, son otra cosa. Por greguerías autónomas hay que entender, obviamente, cualquiera de los millares de textos brevísimos, sin contexto, susceptibles de lectura discontinua, que Ramón cultivó desde c1910 hasta el final de su vida y que fue publicando en periódicos y revistas, diseminando por sus libros (a menudo con otros nombres que las camuflan) y reuniendo luego en volúmenes hasta alcanzar la mole del titulado *Total de greguerías*.[51] Las intratextuales son, a su vez, algo distinto. Se inscriben en un enunciado básico como componente suyo —es decir, carecen de autonomía— y su forma es más o menos reconocible según se acerque o aleje de la formulación ideal hipotética, que es la más breve. El enunciado básico las interfiere y en reciprocidad es interferido por ellas. Se establece, en este sentido, una gradación que va desde la greguería intratextual formulada exactamente igual que una autónoma hasta la meramente nuclear (la que no alcanza formulación sintética y, por así decirlo, se diluye en el enunciado básico) pasando por diversas formas intermedias. En todos los casos, la condición de «literal» (destinada a reproducirse en sus propios términos) propia de la greguería no queda invalidada, aunque sí atenuada.

Unos ejemplos aclaratorios: En *La quinta de Palmyra* alguien dice: «Las cazoletas del telégrafo son palomas ahorcadas» o «Los pinos son el tupé de nuestros montes».[52] En los dos casos sólo las diferencia de las autónomas el hecho de ser complemento directo de sendos *dicendi verba*. En *El torero Caracho* «las patillas entrecomillaban a los

---

[51]   Madrid, Aguilar, 1955; 2a ed.: 1962.

[52]   Madrid, Biblioteca Nueva, 1923, pp. 90 y 92.

espectadores castizos» (reduciéndola a su forma sintética tendríamos: «Patillas: cara entre comillas»).[53] En *Automoribundia*, Ramón se confiesa: «Hay días en que se me acentúa ese pájaro de sombra, ese ibis sombrío que simula el relieve de la frente sobre las cejas, acampado sobre el entrecejo» (forma sintética, tras una manipulación mayor que la anterior, con descarte de varios términos: «Entrecejo fruncido: pájaro de sombra»).[54]

Las greguerías, desde otro punto de vista, constituyen también un caso especial. Las hay «verbales», es decir, generadas en virtud del dinamismo interno del lenguaje.[55] El idioma, además de referirse a la realidad, se puede convertir en espacio de clausura o coto cerrado, se puede tratar como autosuficiente, liberando una capacidad asociativa que no rebasa sus límites. Cuando ocurre así, el autor se entrega —gozosa, lúdicamente— a las sugestiones internas del vocabulario. Las palabras las manipula, las monta y desmonta, las ve, porque así se lo propone, como lo haría un niño, o un analfabeto, o un tonto. Las posibilidades son muchísimas, y doy solo unos cuantos ejemplos: «Viernes: día picudo» (la picuda es la V mayúscula), «Grajo: palabrota con alas» («grajo» comparte fonemas con «carajo»), «Admón de loterías es un nombre bíblico más que una abreviatura» (lo es si se lee la abreviatura sin desarrollarla), «Aquel agitador acabó moviendo cócteles en un bar» (dilogía: sentidos físico y figurado de «agitar»), «Pandemonium: una tahona de

---

[53]   Madrid, Espasa-Calpe (Austral 1441), 1969, p. 50.

[54]   *Automoribundia*, op. cit., p. 344.

[55]   Luis López Molina, «Nebulosa y sistema en las greguerías ramonianas», en *Versants*, 1, 1981, pp. 109-120.

demonios» (falsa etimología), «Berenjena: nombre de reina» (paronomasia: «berengena», «Berenguela»), «Desvío amoroso: huelga de abrazos caídos» (dislocamiento de una expresión fija). En estas greguerías verbales tenemos quizás la perduración más clara de un barroquismo que, más o menos visible, nunca falta en Ramón.

Cuando las greguerías alcanzan su forma madura, raramente aparece un neologismo en ellas. La razón de esto parece encontrarse en su brevedad: de dos o tres palabras a dos o tres líneas. Si la concentración es máxima, cualquier palabra sorprendente tendría más de perturbadora que de eficaz. El mínimo espacio ha de aprovecharse para acuñar la idea y/o la asociación en que la greguería consiste, y no deja margen para recursos complementarios. La creación neológica parece, inversamente, inseparable del torbellino de las palabras. Cuando, desbocado su ingenio, se deja llevar por las solicitaciones laterales (y por las asociaciones que provocan), es cuando el neologismo aparece y prolifera. Dejando de lado las greguerías y puestos a establecer un esbozo de ley general, aventuraríamos la siguiente: cuando Ramón se desliza hacia la escritura tradicional, o hacia la rehumanización, su creatividad neológica se atenúa. Cuando su escritura se hace más descosida y lúdica y cuanto más se entrega a la asociación libre, más abundante y original se le vuelve la creación de neologismos.

* * *

Una última observación, que añadir a las precedentes. En lo que se me alcanza, apenas se ha captado el hecho de que Gómez de la Serna comparte con los maestros del realismo la capacidad de observación. La exhibe sobre todo en las greguerías, así como en *Ramonismo* y en otros libros del mismo tipo. Lo que ocurre es que, para él, describir la realidad no es el final sino el comienzo del proceso de la escritura. En *La sagrada cripta de Pombo*, hablando del pintor mexicano Orozco, dice: «mira con una mirada a la que saca punta para clavarla mejor en los agujeritos de las cosas».[56] Lo mismo valdría para caracterizar la suya propia. Es este además un buen ejemplo de la capacidad de Ramón para decir lo abstracto en términos concretos, uno de los rasgos de su estilo. En efecto: aplica los sentidos con asiduidad, hace miles de observaciones puntuales, pero luego, en lugar de articularlas u organizarlas, las mantiene dispersas y se sirve de ellas, bien refiriéndolas por primera vez unas a otras, bien a planos, por así decirlo, laterales o intransitados de la experiencia humana. Ve el mundo como un inmenso sistema de correspondencias. Fiel a esta visión, inventa, neologiza, gregueriza. Todo a raudales, todo provisional, nada definitivo. Un estilo a la vez perecedero y fecundo, que, como el ave fénix, renace una y otra vez de sus cenizas.

---

[56]   Madrid, Trieste, 1986, p. 495.

Ramón Gómez de la Serna o la escritura incontenible

Dar una idea coherente de la obra literaria de Ramón Gómez de la Serna y de su significación, en el espacio de pocas páginas, es a la vez tentador y disuasorio. Sobre todo por dos razones: lo muchísimo que escribió y la voluntad innovadora de todo lo que escribió, que exige una acomodación cambiante de la mirada crítica. Pero hay más. Se trata de alguien que no sólo importa por su obra personal, sino también en cuanto transmisor, portavoz y estimulador de tendencias artísticas nuevas. En la medida en que es así, habría que considerarlo no sólo aisladamente, sino instalado en el centro de una serie de relaciones con otros creadores, contemporáneos o del pasado, algo que, obviamente, no cabe ni intentar aquí.

Para ordenar la exposición distinguiré tres períodos. El primero, juvenil o de tanteo, se extiende desde el principio hasta 1914, año de publicación de *El Rastro*. El segundo, de madurez, hasta la salida de España en 1936. El tercero, de estancamiento y desarraigo, hasta la muerte del escritor, en los primeros días de 1963. Procuraré coordinar datos biográficos y desarrollo de la obra.

Período juvenil

Hijo primogénito de una familia acomodada, Ramón nace en Madrid en 1888. Estudia el bachillerato en seis años: 1898-1904. Entre este año y 1908, sin el menor entusiasmo, por simple respeto a la tradición familiar (su padre fue jurista y desempeñó cargos de relieve), cursa la carrera de derecho, que no llega a ejercer. Recién licenciado, José Canalejas, jefe político y amigo del padre, le ofrece el puesto de secretario particular suyo, que él rechaza, sentando así, desde tan joven, el compromiso con la literatura. En 1907 había perdido a su madre, con la que estaba muy vinculado: durante toda su vida, la gravitación obsesiva hacia la mujer parece anclada en la dependencia filial. Por estos años, la frecuentación del Ateneo madrileño es decisiva para los primeros pasos en la vida literaria: lee incansablemente y hace amistad con otros jóvenes inquietos como él. Su adolescencia y primera juventud son conflictivas, con exaltado sentido crítico respecto de la situación sociopolítica y cultural de España. Coquetea con el anarquismo y la vida bohemia pero, no mucho después, renuncia a todo ello en aras de la creación literaria independiente de cualquier hipoteca ideológica. El vitalismo o defensa a ultranza de los impulsos placenteros, inseparable de la ojeriza contra la Iglesia, por represora de aquéllos, es el componente de la rebeldía juvenil que más se prolonga en el tiempo.

Siendo casi un niño, ya envía artículos a periódicos de provincias a los que se extendía la influencia de su padre. Algunos los reúne en *Entrando en fuego*, un librito (el primero) de 1905. En 1908 su padre crea una revista, *Prometeo*, de la que saldrán treinta y ocho números entre el otoño de 1908 y la primavera de 1912. Su carácter inicialmente político no va más allá del número 7. A partir del 11, Ramón se convierte ya en director. Infatigable, publica en ella artículos sobre temas diversos, piezas de teatro e incluso, por entregas, una obra extensa, *El libro mudo*. Todo ello constituye para él un entrenamiento formidable. Desde *Prometeo* inicia también la actividad de promotor de la vida literaria, dando acogida a colaboraciones de sus amigos escritores y también de extranjeros, sobre todo franceses. En este marco se emplaza asimismo el comienzo de su relación con la escritora Carmen de Burgos. Por entonces, él inicia la veintena y ella le dobla la edad. Los unía, quizás ante todo, la literatura, entendida por ambos como una actividad desbordante a la que entregarse sin claudicaciones ni desfallecimientos. Desde 1909 establece con Silverio Lanza una relación de amistad-discipulazgo intensa pero corta (Lanza muere en 1912). En él parece que vio Ramón una encarnación del propio inconformismo respecto de lo consagrado y un precedente inadvertido de las nuevas tendencias.

En estos años, Ramón cultiva sobre todo el teatro, cuya casi totalidad aparece en *Prometeo*. Un teatro que no llega a estrenar, pese a algún intento de hacerlo, y del que renegaría después. La primera pieza, *La utopia* (I) (hay otra posterior del mismo título), sale en el número 8; las últimas, *El teatro en soledad* y *El lunático*, en los números 36 y 38. Un libro aparte, *Ex-votos* (1912), reúne lo publicado en 1911. En general, Ramón se dio cuenta de que el teatro español requería cambios profundos. Quiso distanciarse del «drama burgués», pero no supo bien cómo hacerlo. Logró a menudo, eso sí, una buena calidad de página, inherente al lirismo. Tuvo atisbos notables —la crítica los ha destacado—, pero no dio con una fórmula válida en función de la puesta en escena. Su teatro está muy anclado en la concepción griega, con personajes que tienen más de símbolos que de criaturas vivas. Lo que, en la escena comercial, mantenía viva la atención del espectador

—intriga interesante, diálogos ágiles, personajes seduc-
tores— lo rechaza de plano. No imita la realidad (mimesis),
sino que revela otra realidad nueva. La acción se simplifica,
la indagación psicológica se elimina, así como la lógica de
lo cotidiano. Las obras, de acción escasa o nula, más que
de diálogos, constan de monólogos extensos yuxtapuestos.
Teatro apenas teatral, en el sentido establecido del adjetivo,
en parte espectáculo plástico (por cierto: escribió también
danzas y pantomimas, que extreman la plasticidad) y en
parte torrente informe de palabras. Todo ocurre en una
cuarta dimensión, en un más allá, entre unos espectros
cuyos conflictos se desvinculan de cualquier forma de
experiencia vivida por el público. Estas características se
hacen patentes sobre todo en las obras que Gonzalo
Sobejano llama «corales». Las acotaciones, muy este-
tizadas —en la estela del modernismo decadente—, se
desvían de su función práctica de dar instrucciones para la
puesta en escena y se dejan absorber por el texto principal,
lo que se suma al lirismo en detrimento de la vis dramática.
Por su parte, consciente de que este teatro va a resultar
como mínimo desconcertante para los más, Ramón lo
acompaña de prólogos o epílogos que lo justifican y
aclaran. En los años últimos, la erudición se ha ocupado a
fondo de este teatro juvenil, pero es dudoso que su
recuperación vaya más allá de los especialistas.

En su período juvenil Ramón cultiva también un
autobiografismo intimista, representado por *Morbideces*
(1908) y *El libro mudo* (1910). *Morbideces*, «obra
impregnada por un fuerte nihilismo y embrión teórico del
primer Ramón» y «obra atemporal en un estilo de escritura
simultáneo», en opinión de Jacqueline Heuer, es un texto
embarullado y verboso interesante en la medida en que ya

esboza, aunque quede imprecisa, la personalidad del autor. A *El libro mudo* se le venía negando valor literario pero Ioana Zlotescu, su editora, ha visto en él «una de las obras más densas y menos conocidas del autor». Consiste en un largo soliloquio en el que un Ramón aislado y marginal se obstina en afianzar un yo no reconocido frente a un «ellos» que representa lo estatuido y convencional.

Algunos estudiosos han sostenido que, en 1908, con *Morbideces*, acaba la «prehistoria» de Ramón. Es verdad que por entonces, a los veinte años, tiene ya una formación universitaria, y autodidacta, más alguna experiencia literaria, pero básicamente es todavía un criptoescritor, un principiante refugiado a la sombra de su padre. No ha iniciado la «vida pública», por así decirlo. Lo hará con *El Rastro*, su primera obra madura (hasta donde puede haber madurez a los veintitantos años) y primera también en ser aceptada por una verdadera editorial.

Período de plenitud

Desde 1914, y sobre todo durante los «felices años veinte», Ramón alcanza el máximo rendimiento de sus capacidades y, con él, el apogeo de su prestigio, que llega a ser internacional. Ya ha descubierto el «ramonismo» y las greguerías. Ha puesto en marcha la tertulia sabatina de Pombo, desde la que proyecta su personalidad y a la que dedicará dos libros extensos: *Pombo* (1918) y *La sagrada cripta de Pombo* (1924). Trabaja en la serie de semblanzas biográficas que sirven de prólogos a los «raros» editados por Luis Castillo (una primera recopilación de ellas será *Efigies*, de 1929). Periódicos y revistas prestigiosos solicitan sus colaboraciones; mención especial merece la *Revista de Occidente*, donde aparecerán dos ensayos importantes: *Las cosas y el ello* (1934), fundamental para entender su interés por los objetos, y *Las palabras y lo indecible* (1936), donde expone sus ideas sobre el uso creativo del lenguaje. Inicia sus libros madrileñistas (costumbrismo renovado): en 1919, *El Paseo del Prado*, publicado como epílogo a *Fígaro*, biografía de Larra por Carmen de Burgos; en 1920 vendrán *Toda la historia de la calle de Alcalá* y *Toda la historia de la Puerta del Sol*. Publica «novelas grandes» (así solía llamar a las de extensión normal) y «novelas» (relatos cortos). Un golpe duro: en 1922 muere su padre. Pierde así la existencia confortable de hijo de familia y se ve obligado a profe-sionalizarse, es decir, a depender de las colaboraciones periodísticas, dado que sus obras «mayores», por inno-vadoras, no resultan rentables. Apolítico, tiene sin embargo un roce con la dictadura de Primo de Rivera (implantada en 1923), que disuelve la junta directiva del Ateneo, de la que formaba parte como secretario general. Entre 1924 y 1926 pasa temporadas en Estoril y Nápoles —a ello no es ajena la politización creciente— pero, por motivos económicos, tiene que regresar a Madrid, donde lo aguarda su «torreón» de la calle de Velázquez, en el que se instaló tras la muerte de su padre y donde le dio a su estampario-museo personal la forma al parecer más perfecta (última versión, bonaerense, del mismo: la con-servada en el Museo Municipal madrileño). En 1929 vuelve al teatro y estrena, sin éxito, *Los medios seres*. Despechado, se marcha a París, viaje que tiene todas las trazas de una huida: se había creado una situación personal de difícil salida al tener una aventura con la hija de Carmen de Burgos. La relación con ésta, ya deteriorada antes, se enfría ahora por completo hasta la muerte de la escritora en 1932. El relevo de «sus mujeres» no tardará en producirse. En 1931 va a la Argentina, para dar conferencias, y allí conoce a Luisa Sofovich —judía rusa, separada y madre de un niño, escritora y más joven que él—, a la que se une para siempre. Ese mismo año se proclama la República y, aunque con tibieza, gravita hacia ella: se va de *El Sol* cuando este periódico se hace monárquico y acepta dar conferencias en el marco de los Comités de Cooperación Intelectual republicanos. En la plenitud de sus facultades, Ramón se mantiene a flote, pero las circunstancias se van haciendo desfavorables para el ejercicio de la literatura tal como él lo entendía. Intelectuales y artistas son instados al alistamiento en una u otra ideología. La torre de marfil, a la que años después dedicará un ensayo, se convierte en símbolo de cobardía o de egoísmo culpable. Pese a todo, su producción no decae. En 1931 publica *Ismos*, su más importante conjunto de ensayos sobre teoría artística, y *Elucidario de Madrid*, contribución mayor al madri- leñismo, iniciado más de diez años antes. Especialmente fecundo es el año 1935, en el que publica *Flor de greguerías* (selección de ellas), la biografía *El Greco*, la obra teatral *Escaleras* y el libro misceláneo *Los muertos, las muertas y otras fantasmagorías*, cuya primera parte (*Los muertos, las muertas*) explaya su obsesión por el paso del tiempo y en el que la crítica ha visto cierto retorno a la tradición realista española.

Me detendré un poco en el «ramonismo» y en las greguerías, lo más personal del período de madurez. *Ramonismo* es el título de un libro en particular, de 1923, ilustrado (como algunos otros) por el autor. La crítica se ha servido de él para designar una serie de obras cuyo denominador común radica en el descubrimiento de una

manera inédita de expresarse. Ioana Zlotescu lo aplica a
uno de los «espacios literarios», en que, como editora de
las obras completas, divide la totalidad de éstas. Incluye en
él tres grandes conjuntos: 1) las greguerías; 2) los libros
monográficos, es decir, dedicados a un solo tema; 3) los
libros misceláneos o compuestos por multitud de textos
breves heterogéneos. Por mi parte, prefiero considerar por
un lado las greguerías y, por otro, las obras incluidas en los
grupos 2 y 3, reservando para éstas la etiqueta de
ramonismo. La justificación de este criterio sería, muy en
resumen, la siguiente: enfrentado a un elemento de la
realidad, Ramón lleva a cabo tres operaciones distintas
pero complementarias: 1) lo relaciona con otros (cuantas
más, y más sorprendentes, sean las relaciones establecidas,
mejor); 2) lo desmenuza en sus variaciones con un
pormenor que idealmente las agotaría; 3) indaga en su yo,
capta la incidencia en la propia subjetividad del elemento
de que se trate. De todo este trabajo obtiene muchas
observaciones, apuntes o notas, en un principio desorganizados, para cuya utilización ulterior caben también
tres posibilidades: a) si no pasa del atisbo, del destello, de
la captación instantánea, le sale una greguería; b) si el
elemento de la realidad consigue de él una atención
sostenida y, en consecuencia, le proporciona material
abundante, aunque sea desorganizado, le resulta una
monografía; es coherente, pues, que las monografías
emanen de vivencias importantes: frecuentación de los
rastros y los circos (*El Rastro, El circo*, 1917), obsesión por
los senos (*Senos*, 1917), costumbre de trabajar hasta el
amanecer (*El alba*, 1923), angustia ante la muerte (*Los
muertos, las muertas*, 1935), liderazgo en Pombo (*Pombo,
La sagrada cripta de Pombo*); c) si, contrariamente, la

atención sostenida falta, si lo obtenido son materiales heterogéneos, elabora misceláneas —*Muestrario* (1918), *Libro nuevo* (1920), *Variaciones* (1922), *Otras cosas* (publicado con *El alba*), *Ramonismo* (1923), *Caprichos* (1925), *Gollerías* (1926)—en las que destacan la innovación, la sorpresa, la diversidad, el carácter lúdico (superfluidad, intrascendencia). El hecho de que cada una de estas tres posibilidades produzca sendas series de libros, con centenares y centenares de páginas, da muestra de sus facultades y es lo más definitorio de su perfil de escritor.

Pero la fama de Ramón, en la medida en que existe, es inseparable de las greguerías. Su descubrimiento viene a corregir, paulatinamente, la tendencia originaria al párrafo largo, ramificado y difuso. Una vez acuñada la greguería, dispondrá de un modo de expresión bien adaptado a su manera dispersa, fragmentaria, asistemática y no jerarquizada de percibir el mundo. Claro está que no lo consigue de un golpe; por eso he escrito «paulatinamente». Considerando los extremos del proceso, se distinguen bien las greguerías juveniles y las maduras. Las primeras eran extensas (una página o incluso más), verbosas y llenas de adherencias que hacían confuso su sentido. Las segundas, en cambio, se hacen breves (de tres palabras a un par de líneas), escuetas y de sentido obvio. No es tanto que éstas sean mejores que aquellas, que también, sino que aquéllas son otra cosa, aún no bien diferenciada del ramonismo misceláneo. Con muy buen criterio, Ioana Zlotescu les ha asignado, a unas y a otras, lugares diferentes.

La crítica ha insistido en el papel de la greguería en cuanto núcleo en torno al cual se constituye la peculiaridad más notable del estilo de Ramón. Ha llegado a decir que

sus obras, cualesquiera que sean, se reducen a conste-
laciones o racimos de greguerías. Pero todo esto resulta
muy impreciso. Me parece preferible distinguir entre
sintaxis greguerística y greguería propiamente dicha y,
dentro de ésta, entre greguería autónoma y greguería
intratextual. Por sintaxis greguerística entiendo la yuxtaposición de párrafos cortos, de sentido poco concatenado,
parcos en el uso de elementos gramaticales marcadores de
las transiciones del pensamiento (conjunciones, locuciones
conjuntivas). Considero greguerías autónomas los millares
de textos brevísimos, por lo general frases sintácticamente
completas, sin contexto, en los que el autor hace alguna
observación sobre la realidad («No desesperemos de
esperar, el esperar agranda el tiempo», «El arte no sólo es
no admitir lo inadmisible, sino exigir lo inexigible»),
establece asociaciones sorprendentes y humorísticas entre
elementos de la misma («El ciprés es un pozo que se ha
hecho árbol», «Libélula: sacacorchos de las flores»), o se
dedica a jugar con las posibilidades internas del lenguaje
(«Viernes: día picudo», «Grajo: palabrota con alas»). Las
greguerías intertextuales, por último, son las que, en textos
de cualquier tipo, se entretejen en el enunciado básico,
resultando más o menos reconocibles según se acerquen o
alejen de la formulación ideal, que es siempre la más breve.
En este sentido hay una gradación que va desde las que son
idénticas a las autónomas (por ejemplo: «Las cazoletas del
telégrafo son palomas ahorcadas», frase aislada en una
novela) hasta las «nucleares» o diluidas en el enunciado
básico («Hay días en que se me acentúa ese pájaro de
sombra, ese ibis sombrío que simula el relieve de la frente
sobre las cejas, acampado sobre el entrecejo», que contiene
la greguería autónoma «Cejas fruncidas: pájaro de

sombra»), pasando por diferentes formas intermedias. Concluyo que, en general, se ha venido confundiendo sintaxis greguerística y greguería. Por su parte, las greguerías intratextuales, a menudo desapercibidas al no aparecer exentas, se han sumado a la confusión. El período de plenitud encuadra también la producción de la mayoría de novelas y relatos.

De las primeras, destaco algunas, sorprendentes por el tema o por la forma de tratarlo. En *El secreto del acueducto* (1922) el monumento segoviano alcanza protagonismo, junto a don Pablo, su estudioso y cronista, quien, movido por la sexualidad, se casa con su sobrina y acaba en marido burlado (por un cura), deslizándose hacia un desquiciamiento mental que acabará con su vida. *El incongruente* (1922), que Ramón consideraba la más innovadora de sus novelas, inicia la fórmula que más tarde se consolidará en las «novelas de la nebulosa»: *¡Rebeca!* y *El hombre perdido*; consiste en una serie de sucesos vividos por Gustavo (alter ego del autor) en la que la suplantación de lo plausible por lo irreal se da de manera definitiva; la crítica ha visto en ella un anticipo de Kafka. *Gran Hotel* (1922), novela del desengaño erótico, narra las aventuras amorosas vividas por el abogado Manuel Quevedo, que en pocos días derrocha una herencia haciendo vida de gran señor en un hotel de lujo de Ginebra. En *La quinta de Palmyra* (1923) una réplica femenina de Manuel Quevedo vive en una quinta portuguesa varias experiencias amorosas y acaba encontrando en otra mujer lo que parece el objeto erótico perfecto. *Cinelandia* (1923) es la novela de Hollywood, un espacio donde se escamotea la realidad (sustituida por los escenarios), donde lo real y lo imaginado confunden sus fronteras, donde rigen unas normas

peculiares y que no coartan el acceso al placer. *El novelista*
(1923) se suele considerar la obra maestra del Ramón
narrador; su protagonista, Andrés Castilla (doble del autor),
aparece en su trabajo de forjador de ficciones; se hace aquí
materia narrativa el hecho mismo de novelar: búsqueda de
argumentos, entrevistas con los personajes, etc. De 1928
son *La mujer de ámbar* y *El caballero del hongo gris*. En la
primera, el protagonista, Lorenzo, vive en Nápoles —la
ciudad pasa de escenario a personaje— una aventura
amorosa a la que pone fin el suicidio de la protagonista,
Lucía. La segunda es un folletín moderno cuyo protagonista, prototipo del seductor, sabe armonizar sus
impulsos eróticos con el afán de lucro y de dominio. Al
final de esta etapa, *Policéfalo y señora* (1932) intenta ser
transposición literaria de un tipo humano, mezcla biológica
y cultural de razas distintas, hecho realidad en Argentina a
causa de la inmigración. En general, como novelista,
Ramón descuida los argumentos, dejándose solicitar por
hallazgos laterales insólitos que van en detrimento de la
continuidad y la claridad de aquéllos. Tampoco se detiene
a caracterizar psicológicamente a los personajes, que
suelen actuar movidos por impulsos eróticos cuya
preeminencia, más que justificada en términos de
coherencia interna, aparece como un apriorismo de la
composición. Si algo tienen en común estos rasgos, es su
rechazo de la fórmula realista decimonónica.

Respecto de los relatos, en cuya naturaleza y grado de
originalidad no voy a detenerme, se distinguen tres grupos
bien diferenciados, por orden decreciente de extensión: 1)
Los que constan de 4 a 8 capítulos y tienen de 15 a 25
páginas de extensión; especialmente cuidados son los
incluidos en la *Revista de Occidente*; muchos aparecieron

en colecciones de periodicidad semanal frecuentes en el primer tercio del siglo XX y se fueron reuniendo en volúmenes encabezados por el título de uno de ellos: *La malicia de las acacias* (1927), *El dueño del átomo* (1928), *La hiperestésica* (1931); dos variantes importantes son las «novelas superhistóricas» y las «falsas novelas», que, por referirse de manera consciente a sucesos reales o a formas narrativas preexistentes, mantienen con unas y otras un juego determinado de correspondencias semánticas o estructurales; las *Seis falsas novelas* (1927), en particular, son un intento de renovar el género imitando creativamente el clima y los tipos humanos que Ramón consideraba peculiares de ciertos mundos, ya exóticos, ya extraños a los españoles, sin más. 2) Los que tienen de 2 a 4 subdivisiones y una extensión de otras tantas páginas, aparecidos en revistas como *La Esfera*, por ejemplo; éstos no se recopilaron más tarde y la crítica los ha desatendido; 3) los brevísimos, de entre unas pocas líneas a un tercio de página o media página, cuyo número se eleva a centenares y que se incluyen en los libros del «ramonismo misceláneo».

Período de estancamiento

Ante la amenaza de la guerra, Ramón abandona España en el otoño de 1936. Antes de irse, destruye sus papeles, lo que no deja de ser chocante dado el apoliticismo de lo que escribía. Aun apolítico, debió de sentirse —y con razón— más implicado en la España vencida que en la victoriosa. Llega a Buenos Aires con todo el prestigio de triunfador en Europa (y, poco antes, en la Argentina misma). Pero las circunstancias tampoco le son propicias del otro lado del Atlántico. Allí, todo el mundo toma posición respecto de la guerra española, pero él se niega a ser portavoz de uno u otro bando. Rechazando —con coherencia loable—cuanto pueda comprometer su independencia, se refugia en las colaboraciones periodísticas para subvenir a las necesidades básicas. Su calvario va a tejerse de extrañamiento, desasosiego, pobreza, soledad. A su lado siempre, Luisa Sofovich, apoyo constante y vínculo con el país de acogida. Tras un período de inestabilidad, se instalan en un piso donde Ramón puede reconstruir su despacho. En 1944 obtiene una colaboración bien retribuida en *Arriba*, periódico emblemático del franquismo, que le viene muy bien pero que, como cabía esperar, le aumenta la hostilidad de la izquierda. Para colmo, en 1949, invitado oficialmente, realiza un viaje de dos meses a España. Este viaje, con eco amplio en la prensa, incluye una visita a Franco. Sin que los motivos acaben de estar claros, se desvanece en él la idea del regreso. De nuevo en la Argentina, al correr de los años, se le va infiltrando en el alma una desilusión radical. Nace así el último Ramón, «rehumanizado», ascético, reabierto a la trascendencia. Desde 1950, de creer a quienes lo trataron, se convierte en un místico, desasido como tal de toda vanidad. Su salud va decayendo. En 1962 el gobierno argentino vota una pensión vitalicia para él, pero no le queda ya tiempo de disfrutarla, puesto que muere en enero de 1963. Su cuerpo es llevado a Madrid y depositado en el Panteón de Hombres Ilustres de la sacramental de San Justo.

Durante este período, la actividad de Ramón no se detiene pero hay en ella más continuidad que innovación. En 1936 publica *¡Rebeca!*, historia novelada de su propia vida en la que el protagonista aparece empeñado en la búsqueda de la mujer perfecta, a la que en sus ensueños llama Rebeca, y a la que por fin encuentra encarnada en una judía viuda, Leonor (la referencia a Luisa Sofovich es diáfana). En 1937, una colección de relatos: *El cólera azul*. Se concentra en las biografías mayores, iniciadas en el período de plenitud con la de Azorín. Entre 1941 y 1944 publica: *Don Ramón María del Valle-Inclán* y *Lope viviente*. De 1944 es *Doña Juana la Loca* (reúne la de este título y otras cinco novelas «superhistóricas»), que reedita en 1949, con una novela más. Ya en los años cuarenta empiezan las recopilaciones: *Retratos contemporáneos* (1941) y *Nuevos retratos contemporáneos* (1945), que, más tarde, reforzados por *Otros retratos*, formarán un grueso volumen de *Retratos completos* (1961). En 1953, una última y gran biografía: *Quevedo*. Las biografías grandes las reúne en *Biografías completas* (1959). Sobre las biografías, grandes o pequeñas, hay que decir que, cuando Ramón se interesa por un personaje, lo hace en virtud de su propia identificación con él; es decir, le importan quienes corroboran su ideario estético y su manera de trabajar. En los últimos cuarenta, dos novelas más, *El hombre perdido* y *Las tres gracias*, y dos libros a su manera ensayísticos en los que intenta captar el secreto de su ciudad de adopción (*Explicación de Buenos Aires*) y de una conocida manifestación del arte argentino (*Interpretación del tango*). *El hombre perdido* (de 1947) es una última «novela de la nebulosa» en la que un personaje sin nombre vive una existencia irreal, a la que intenta encontrar sentido, para acabar muriendo trágicamente. *Las tres gracias* (1949), subtitulada *Novela madrileña de invierno*, recrea el ambiente de su ciudad natal, a la que seguía vinculado a despecho del tiempo y la distancia. En la misma línea se sitúa *Nostalgias de Madrid* (1956), aportación tardía, nostálgica, al madrileñismo. Pero el acontecimiento de este período lo constituye, sin lugar a dudas, en 1948, *Auto-*

moribundia (1888-1948), la gran autobiografía de Ramón, y quizás también la mejor del siglo XX español, en la que el relato de la vida va referido a la época que le tocó vivir. Una obra magna, inseparable de la reflexión sobre el hecho de la escritura y que es la vez un muestrario de los géneros ramonianos. En la línea autobiográfica aún hay otra entrega, menor en todos los conceptos, *Nuevas páginas de mi vida* (1957), anunciada como continuación de *Automoribundia. Total de greguerías* (dos ediciones: 1955 y 1962) reúne millares de ellas. Las recopilaciones, en vida suya, culminan con los dos rotundos tomos de las *Obras completas* (1956-1957) que, aunque están lejos de serlo, sí forman el mayor repertorio de textos ramonianos disponible hasta entonces.

Resumiendo

Desde la perspectiva disponible (a 115 años de su nacimiento y a 40 de su muerte), Ramón se perfila en la historia literaria española como un gran ensayador de innovaciones y como un desmantelador incansable de géneros. La de género —entendiendo por tal cada uno de los grupos en que se pueden incluir las obras de arte según rasgos formales y de contenido— ha sido una noción inveterada de la cultura europea, conviene recordarlo. La clasificación acuñada por la retórica clásica se mantuvo vigente hasta el siglo XVIII y fueron los románticos quienes, con su afán liberador, empezaron a quebrantarla, iniciando un proceso que desde entonces no ha hecho sino intensificarse. Los géneros, sin embargo, no desaparecieron. Cuando Ramón se forma como escritor, la retórica clásica ha quedado atrás, es verdad, pero los géneros conservan cierta vigencia en cuanto conjuntos de convenciones y procedimientos compositivos mediante los cuales cada texto nuevo se relaciona con la serie de otros anteriores pertenecientes a una tradición cultural común. Desde este punto de vista, él aplica una vuelta de tuerca más. Hace estallar las burbujas de los géneros, los destruye desvirtuando unos y creando otros. Lo hace aplicando un ideario (sobre lenguaje y estilo) que el lector atento puede abstraer de algunos textos teóricos (a partir del juvenil *Concepto de la nueva literatura*, publicado en *Prometeo* en 1909), y de juicios diseminados por su obra. Desde este punto de vista, su gran creación es el «ramonismo», un macrogénero, a partir de su yo personal e intransferible, constituido por la serie de libros que inauguran formas nuevas para las que, lógicamente, no había nombre disponible. Se dirá que, en cualquier circunstancia, sobre todo desde el Romanticismo, es propio del escritor de raza sentirse insatisfecho de los modelos recibidos. Aun así, el caso de Gómez de la Serna es, en este sentido, extremo, en la medida en que, dando un paso más, concibe el arte como provisional y renovable. Para él, no hay que detenerse en ninguna fórmula, sino dejarlas atrás todas para pasar a otras y a otras. Está claro que este desiderátum tropieza en la práctica con grandes dificultades. Ningún vanguardista consigue innovar tanto como proclama y querría, pero el hecho de intentarlo, con independencia del logro mayor o menor que se consiga, es el único camino. En el caso de Gómez de la Serna, su extensísima y heterogénea obra literaria se mantiene fiel a este principio. Valga, como emblema de su estética, una cita del ex-libris de la primera edición de *El Rastro*: «La perfección del balbuceo, el no avergonzarse y corregir el balbuceo [...] es la única manera de que haya potencialidad en el estilo.»

NOTA BIBLIOGRÁFICA

Obras de Ramón Gómez de la Serna

GÓMEZ DE LA SERNA, Ramón

— (1996). *Obras completas.* Ed. de Ioana Zlotescu. Barcelona: Galaxia Gutenberg/ Círculo de Lectores. [Constará de veintiún volúmenes.]

— (1995). *Teatro muerto.* Ed. de Agustín Muñoz-Alonso López y Jesús Rubio Jiménez. Madrid: Castalia.

— (1955). *Total de* greguerías. 2a ed. Madrid: Aguilar, 1962.

Obras sobre Ramón Gómez de la Serna

CARDONA, Rodolfo

— (1957). Ramón: A Study of Gómez de la Serna and his Works. Nova York: Eliseo Torres and Sons.

GÓMEZ DE LA SERNA, Gaspar

— (1963). Ramón. Obra y vida. Madrid: Taurus.

GRANJEL, Luis S.

— (1963). Retrato de Ramón. Madrid: Guadarrama.

LÓPEZ MOLINA, Luis

— (2002). «El estilo ramoniano: Creación literaria e ideario lingüístico». En: *Lengua y diccionarios. Estudios ofrecidos a Manuel Seco.* Madrid: Arco / Libros, p. 161-172.

MARTÍN HERNÁNDEZ, Evelyne

— (1999). (ed.) Ramón Gómez de la Serna. Clermont-Ferrand: Université Blaise Pascal / Centre de Recherches sur les Littératures Modernes et Contemporaines.

Sitios en Internet

— www.ramongomezdelaserna.net
Al cuidado de Juan Carlos Albert. Contiene: Estudios, Diccionario de su vida, Bibliografía, Periodismo, BoletínRAMÓN, Noticias, Foro. Proporciona información general.

— www.geocities.com/greguerias/
Al cuidado de Martín Greco.

Apéndices

Criterios de la edición

Este volumen recoge los trabajos que Luis López Molina (profesor en la universidad de Ginebra desde 1996 y catedrático entre 1972 y 1997), ha dedicado al análisis de la obra de Ramón Gómez de la Serna y publicado en diversos medios académicos.

La Asociación Internacional Ramón Gómez de la Serna, aiR, quiere rendir con este libro el merecido homenaje a uno de los principales estudiosos de Ramón.

Los trabajos aquí reunidos aparecieron en los años ochenta y noventa y en la primera década de este siglo, por lo que, a la vez que se cumple el primer objetivo enunciado, y a la par, se consigue el segundo: poner al alcance del lector y del investigador de Ramón un *corpus* teórico que hoy resultaba en parte inaccesible por haber aparecido en publicaciones académicas de difícil localización.

Hemos transcrito fielmente los trabajos y respetado la numeración de las notas a pie de página y su contenido, por respeto intelectual y para mantener la continuidad de todas las referencias utilizadas.

Hemos renunciando, por el mismo motivo, a incorporar las posibles aclaraciones —en forma de notas del editor— que, al reunir en un solo volumen todos los trabajos, podría pensarse que son necesarias para justificar repeticiones o cubrir lagunas que hoy, años después de escrito el artículo, pueden estar ya cubiertas.

Esta edición sí lleva, sin embargo, una cierta revisión, meramente técnica: se ha intentado corregir las pocas erratas advertidas, se ha actualizado la ortografía conforme las últimas propuestas de la Real Academia de la Lengua y se ha procurado armonizar la presentación.

Algunos de los trabajos están escritos antes de la publicación de las *Obras completas* de Ramón Gómez de la Serna por Círculo de Lectores / Galaxia Gutenberg, lamentablemente abandonadas cuando todavía falta por publicar el tomo dedicado a los *Pombos*.

A continuación, una breve nota biográfica del autor y las referencias bibliográficas de los artículos aquí publicados.

Breve nota biográfica de Luis López Molina

— Licenciado y doctor en Filosofía y Letras (Filología Románica) por la Universidad Complutense de Madrid.

— Catedrático por oposición de lengua y literatura españolas en institutos de enseñanza media.

— Miembro del Seminario de Lexicografía de la Real Academia Española (responsable del Diccionario histórico); trabajo en equipo, durante siete años.

— Ha ejercido la docencia universitaria en Alemania (Universidad de Heidelberg) y en los Estados Unidos (Princeton, State University of New York at Buffalo, Middlebury College).

— De 1969 a 1972, "professeur extraordinaire" de la Facultad de Letras de la Universidad de Ginebra. De 1972 a 1997, "professeur ordinaire" (= catedrático) de esta misma facultad.

— Como profesor visitante ha enseñado en otras universidades suizas: Lausana (tres años), Berna (unos 10 años), Basilea (un semestre), Zúrich (tres semestres).

— Autor de más de medio centenar de publicaciones: algunas en forma de libro y otras en forma de artículos publicados en revistas especializadas o de difusión más general.

- Dirección de trabajos de licenciatura (más de un centenar) y de doctorado (doctorandos suyos son ahora profesores en universidades de Suiza o del extranjero).

- Actividad como conferenciante en Europa y América.

- En 1998, por su trabajo de difusión de la cultura española en el extranjero, el rey de España le concedió la encomienda de número de la Orden de Isabel la Católica.

Referencias bibliográficas de los trabajos

— «Nebulosa y sistema en las greguerías ramonianas». En: *Versants*, 1, 1981, pp. 109-120.

— «Le donjuanisme et les littératures d'avant-garde: un exemple espagnol» [sobre *El incongruente*]. En: *Les Actes du Colloque de Treyvaux*, 1981. Editions Universitaires Fribourg Suisse, 1982, pp. 83-93 [Aquí traducido al español por el autor, 2023].

— «Notas sobre el léxico ramoniano». En: *Miscelánea de estudios hispánicos*. Homenaje de los hispanistas de Suiza a Ramón Sugranyes de Franch. Publicacions de l'Abadia de Montserrat, 1982, pp. 207-220

— «Un recurso ramoniano: la greguería intratextual». En: *Crítica semiológica de textos literarios hispánicos. Actas del Congreso Internacional sobre Semiótica e Hispanismo* (Madrid, 20-25 junio 1983). Madrid, Consejo Superior de Investigaciones Científicas, 1986, vol. II, pp. 711-718. Reimpreso, sin el aparato crítico, en: *La moderna crítica literaria hispánica* (ed. Miguel Angel Garrido Gallardo). Madrid, Mapfre, 1996, pp. 227-234.

— «Relatos ramonianos en la *Revista de Occidente*». En: *Philologica hispaniensia in honorem Manuel Alvar*. Madrid, Gredos, 1987, tomo IV, pp. 253-265.

— «Los relatos vanguardistas de Ramón Gómez de la Serna». En: *Versants*, 17, 1990, pp. 119-150.

— «Ramón Gómez de la Serna o el autobiografismo totalizador». En: *La autobiografía en lengua española en el siglo veinte*. Lausanne, Imprimerie de la Cité, 1991, pp. 95-105.

— «La literatura francesa en *Prometeo*». En: *Literatura y bilingüismo*. Homenaje a Pere Ramírez. Kassel, Edition Reichenberger, 1993, pp. 185-201.

— «*La abandonada en el Rastro*: un relato ramoniano arquetípico». En: *Lucanor*, 11 mayo 1994, pp. 101-127.

— «Ramón Gómez de la Serna frente al Quijote». En: *Huellas del Quijote en la Narrativa Española Contemporánea*. Actas de las Jornadas Hispánicas Neuchâtel, 24 y 25 de noviembre 1995, pp. 55-66.

— «Ramón en *La Esfera*». En: *Boletín de la Sociedad Castellonense de Cultura*, t. LXIII, oct.-dic. 1997, cuad. 4, pp. 527-551.

— «El ramonismo: género y subterfugio». En: *Mestizaje y disolución de géneros en la literatura hispánica contemporánea*. Madrid, Verbum, 1998, pp. 37-47.

— «Gómez de la Serna en *La Gaceta Literaria*». En: *Estudios de literatura española de los siglos XIX y XX. Homenaje a Juan María Díez Taboada*. Madrid, Consejo Superior de Investigaciones Científicas, 1999, pp. 569-577.

— «Un aspecto de la creatividad léxica ramoniana: la derivación (formaciones en *-ismo*)». En: *Estudios de Lingüística y Filología Españolas. Homenaje a Germán Colón*. Madrid, Gredos, 1998, pp. 271-281.

— «Las acotaciones del teatro ramoniano juvenil (1909-1912)». En: *Lengua y discurso. Estudios dedicados al profesor Vidal Lamíquiz*, Madrid. Arco-Libros, 1999, pp. 567-578.

— «El estilo ramoniano: creación literaria e ideario lingüístico». En: *Lengua y diccionarios. Estudios ofrecidos a Manuel Seco* (Pedro Álvarez de Miranda y José Polo, eds.). Madrid. Arco-Libros, 2002, pp. 161-172.

— «Ramón Gómez de la Serna o la escritura incontenible». En: *Quaderns de Vallençana,* núm, 1, juny 2003, época 1, pp. 72-81.

SOBRE RAMÓN GÓMEZ DE LA SERNA
de Luis López Molina,
es el volumen nº 2
de la colección de la

aiR

Asociación Internacional
Ramón Gómez de la Serna

ejemplar nº
30
de los 100 ejemplares impresos
en Madrid en marzo de 2024